선정겸수
禪淨兼修

생각 생각 화두, 걸음 걸음 정토

생각 생각 화두
걸음 걸음 정토

선정겸수

禪淨兼修

―― 월암 月庵

담앤북스

책을 펴내며

조사가 말했다. "아미타불이 곧 내 마음이요, 내 마음이 곧 아미타불이다. 정토가 곧 이곳이요, 이곳이 곧 정토이다." 가슴 뛰는 법문이다. 내 마음이 부처요, 내 마음이 정토이다. 유심이 정토요, 자성이 미타라는 말이다. 이 명제 앞에 숙겁의 업장이 녹아내리고 업생이 바뀌어 원생으로 거듭나게 될 것이다.

산승에게는 종조모가 한 분 계셨다. 할머니께서 워낙 입담이 좋으셔서 마을 사람들을 모아 놓고 이야기를 하면 온 동네가 웃음바다가 되었다. 어릴 때 무슨 내용인지는 잘 몰랐지만 나도 할머니의 이야기 듣는 것을 좋아했다.

할머니가 젊었을 때 어느 여름날 밤 참외밭 원두막에서 잠을 자고 있었다. 무슨 소리에 잠이 깨서 보니 큰 호랑이 한 마리가 원두막 밑에서 쿵쿵거리며 원두막을 빙빙 돌고 있었다고 한다. 급한 마음에 평소 하던 대로 염주를 잡고 염불을 하는데 '나무아미타불'을 부른다는 것이 "타불" "타불" "타불" "타불"만 계속 나오더라고 했다. 그때 급박했던 정황을 온몸으로 흉내를 내면서 '타불 타불 타불 타불' 하는 모습에 온통 웃음바다가 되고 말았단다.

할머니께서 평소에 나무아미타불 염불을 많이 하셨다고 하지만,

무섭고 급하니까 '나무아미타불' 6자염불도 아니고, '아미타불' 4자 염불도 아닌 '타불 타불'이라는 2자염불밖에 나오지 않더라는 것이다. 부처님께서 말씀하시기를, 임종 시에 '나무아미타불'을 열 번만 부르면 극락세계에 왕생한다[十念往生]고 하셨다. 원두막 밑에 호랑이 한 마리가 나타났는데도 정상적인 염불이 안 되고 '타불 타불'밖에 되지 않았는데, 사대육신이 무너지고 혼비백산하는 임종 시에 어떻게 열 번을 부를 수 있겠느냐고 하셨다. 이 이야기가 내가 태어나고 처음 들은 염불법문이다.

산승의 노스님은 용성 선사의 제자인 동헌 선사이시다. 맑고 단아한 인상이 전형적인 수좌의 모습이었으며, 인자하고 자상하며 선지가 고준하면서도 꾸밈없는 대선사이셨다. 처음 출가하여 사미 시절에 노스님의 시자가 되어 가까이에서 시봉하였다. 노스님의 탁자 구석에는 작은 글자로 '是甚麽'라고 적혀 있었다.

"노스님, '시심마是甚麽'가 무엇입니까?"
"시심마란 너의 본래면목을 깨닫는 것이다."
"본래면목이 무엇입니까?"
"네가 지금 묻고 있는 그것이다."

그때는 무슨 말인지 몰랐다. 잘 모르면서 어른 스님께 따박따박 더 물을 수가 없었다. 멍해 있는 시자를 향해 큰스님은 빙그레 웃으며 "평생을 참구하면 된다."라고 하셨다. 이것이 내가 화두 참선에 대해 처음 들은 기연이다.

이와 같이 출가하기 전에 종조모를 통해 '나무아미타불'을 부르는 염불에 대해 들었고, 출가하여 사미 시절에 노스님을 통해 화두 참구에 대한 귀한 법문을 일깨우게 되었다. 세 살 버릇 여든 간다고, 어릴 때 마음에 박힌 가르침은 평생 간다는 말이 옳은 것 같다.

세월이 많이 흘러 중국으로 건너가 중원 천하의 선문 조정을 두루 참문하고 있을 때, 강서의 동림사東林寺를 참배하고 머물면서 여산혜원 선사의 백련결사白蓮結社에 대해 관심을 가지게 되었고, 또 절강의 항주 정자사淨慈寺에 머물 때 영명연수 선사의 행적에 대해 천착하는 고귀한 인연을 갖게 되었다.

중국의 대부분의 절도량에서는 "조고화두照顧話頭 염불시수念佛是誰"라는 문구를 볼 수 있다. 특히 중국의 남화사, 용천사, 운거사, 청원사 등지의 선당禪堂에서 안거할 때 거의 대부분의 납자들이 염불과 함께 "염불시수念佛是誰" 화두를 참구하는 것을 볼 수 있었다. 이러한 수행의 역정 속에서 선과 정토에 대한 관심은 자연스럽게 나의 삶 속에 자리 잡게 되었다. 동헌 노스님의 가르침에 의해 '시심마(이뭣고)'가 평생의 본참 공안으로 결택되었고, 종조모의 염불 이야기를 듣고 '나무아미타불'을 알게 되었다. 또한 중국의 선림 천하를 행각하면서 선과 정토에 대한 관심이 고취되어 자연스레 선과 정토의 융합에 대한 공부에도 관심을 갖게 되었다.

한국의 대부분의 불자들은 기도라는 이름으로 염불을 많이 하고 있다. 불이선회를 통해 재가자들에게 화두참선을 지도해 보면 화두참구가 잘 되지 않는다는 말을 많이 듣는다. 그래서 평소에 기도하는 명목으로 염불을 자주 하고 있으니, 염불을 소원성취라는 기복적 차원에만 머물게 하지 말고 염불수행으로 승화시켜 보라고 권할 때가 많다.

즉 염불할 때 생각 생각에 소원을 담지 말고, 순수하고 지극한 일념으로 염불하되 "염불하는 이것이 누구인가[念佛是誰]?", 혹은 "염불하는 이것이 무엇인가[念佛是啥]?" 하고 염불화두를 참구하라고 권할 때가 더러 있다. 어차피 염불은 하고 있으니 좀 더 간절한 수행심으로 염하고, 염하는 거기다가 '염불하는 이것이 무엇인가?' 하고 화두를 겸해서 참구염불, 즉 염불선을 지향하게 한다.

물론 화두를 오랫동안 참구하고 자기 근기에 화두가 합당한 사람은 화두 공부에 집중하는 것이 마땅하다고 말해 준다. 염불을 하든 참선을 하든 결국 일심으로 하는 것이니, 제대로만 한다면 자신에게 잘 맞는 수행법이 최상승이 되는 것이다.

염불과 화두는 결코 둘이 아니다. 혹자는 상근기는 참선하고 하근기가 염불한다고 편향적인 인식을 드러내기도 하지만, 사실 어느 경지에 이르러 온몸과 온 마음으로 염불하고 참선하게 되면 아미타불이 화두가 되고 화두가 아미타불이 되는 것은 분명하다.

그러나 굳이 참선과 염불을 겸수하라는 뜻은 아니다. 참선은 스스로 참선이고, 염불은 스스로 염불이다. 다만 근기에 합당한 수행자로서 정도正道든 조도助道든 겸수해서 공부에 상보적 이익이 된다면 권할 뿐이다. 선을 선방에 앉는 좌선의 모습으로 국한시키거나, 염불을 염불당의 염불 소리에 한정시키면 깨어 있고 열려 있는 수행이 되지 못한다. 삶이 그대로 참선이고, 일이 그대로 염불이 되어야 진정한 수행이다.

오랫동안 선문에 몸담아 수행과 교화를 행해 오던 중에, 염불을 꾸준히 해 오던 불자들과 참선 공부에 향상이 더딘 불자들을 위해, 문득 선과 정토에 대해 지금까지 천착하고 참구한 선정일치에 대한 책을 한 권 엮어 보기로 마음을 먹었다.

아직 공부가 미진하여 감히 선과 정토를 융회하는 선정겸수에 대한 소회를 다듬는 것이 부족하다는 생각이 든다. 그렇지만 선과 정토의 역사 속에서 선정일치, 선정겸수에 대한 여러 조사들의 견해를 탐구해 본다는 데 의의를 두고 본서를 집필하게 되었다. 눈 밝은 강호제현의 질정을 달게 받겠다.

먼저 선과 정토에 대해 선행연구를 진행한 선학들의 노고와 은혜에 감사드린다. 그리고 본서를 편찬하는 데 기꺼이 응해 준 천목天目 거사 오세룡 담앤북스 대표와 직원들의 노고에 깊이 감사드리고, 출판에 크게 기여해 준 예진, 선운 두 스님과 교정에 힘써 준 인선, 천인, 묵인, 평인, 명정, 진정, 여연 등 스님들과 무영 박정미 님, 법운행 이수연 님, 불연 김지훈 님에게도 감사드린다.

어느 대학의 철학 교수께서 한산사에 와서 고언해 주신 말씀이 지금도 귀에 역력하다.

"한국불교는 바닷물을 접시 물로 사용하고 있습니다."

바닷물을 온전히 바닷물로 활용하기 위한 참회와 서원을 다짐하며 회한과 용기를 담아 이 글을 마무리하고자 한다.

세존응화 을사년 부처님오신날
백두대간 한산사 不二堂에서
古月 비구 月庵 화남

목차

책을 펴내며 • 4
서론 • 12

제1장 **원효의 일심정토**一心淨土 • 25

제2장 **선종에 있어서 선정겸수의 연원** • 47

　제1절　도신의 선과 정토 • 48
　제2절　신수 북종의 선과 정토 • 71
　제3절　혜능 『단경』의 정토관 • 86
　제4절　무상의 인성염불과 남산염불문선종 • 97

제3장 **정토종에 있어서 선정겸수의 연원** • 105

　제1절　자민혜일의 선정일여禪淨一如 • 106
　제2절　법조의 오회염불五會念佛 • 127

제4장 **선정겸수의 확립 및 전개** • 137

 제1절 영명연수의 선정일치와 선정겸수 • 138
   1. 일심중도一心中道 • 138
   2. 유심정토唯心淨土 • 147
   3. 원력정토願力淨土 • 167
   4. 선정겸수禪淨兼修 • 192
 제2절 몽산덕이의 염자시수念者是誰 • 215
 제3절 중봉명본의 선정겸수 • 235
   1. 만법귀일심萬法歸一心 • 235
   2. 선정겸수禪淨兼修 • 249
 제4절 천여유칙의 선정겸수 • 285
 제5절 감산덕청의 염불시수念佛是誰 • 323

제5장 **한국 선사들의 정토 사상** • 377

결론 • 421

| 서론 |

　선禪에서는 중생이 본래부처라고 말한다. 이 말은 인류 역사에서 가장 위대한 법음이요, 가장 아름다운 복음이다. 중생이란 유정무정의 모든 생명을 말한다. 유정이란 생명이 있는 것을 말하고, 무정이란 생명이 없는 것을 말한다. 경에 설하기를, 유정과 무정 모두가 불성이 있다고 규정하고 있다. 이 위대한 가르침을 믿고[信], 이해하고[解], 실천 수행하고[行], 깨달아 증득하여[證] 부처로 살아가는 것이 불교이다.
　그럼에도 불구하고 본래부처를 망각하고 무명번뇌에 덮여 탐진치 삼독을 살림살이로 하는 중생으로 전락하여 고통 속에 헤매고 있는 것이 현실이다. 본래부처라면 부처로 돌아가 부처로 살면 된다. 그러기 위해서는 믿고 이해하고 수행하고 깨달아야 한다. 그래서 정견正見을 세우고 발심發心을 하여 참선이나 염불수행을 통해 본래부처를 깨달아야 한다.

마음이 부처요, 중생이 부처다. 마음과 부처와 중생은 하나이다. 모든 생명이 부처라서 그 이름이 아미타이니, 수명이 무량이요, 광명 또한 무량이다. 모든 세계가 정토라서 그 이름이 극락이니, 마음에서는 유심정토요, 원력에서는 서방정토이다. 마음마다 부처를 지으니 한 마음도 불심 아님이 없고, 곳곳마다 도가 이루어지니 한 티끌도 정토 아님이 없다.

선에서는 "마음이 부처이며 부처가 마음이니, 마음을 떠나서 부처가 없고 부처를 떠나서 마음이 없다."라고 말한다. 정토에서도 "마음이 부처이며, 마음이 부처를 짓는다."라고 말한다. 그러므로 내 마음이 곧 미타요, 내가 사는 곳이 정토이다. 이것을 유심정토唯心淨土 자성미타自性彌陀라고 한다.

선은 직지인심直指人心 견성성불見性成佛을 종지로 하여 오직 마음[心]을 알고, 성품[性]을 보는 식심견성識心見性을 핵심 수증문修證門으로 삼는다. 정토 또한 일심으로 일심불란一心不亂의 염불삼매를 얻어 견불왕생見佛往生하는 것을 종지로 한다. 참선은 생각을 여의는 것이며, 정토는 생각을 모으는 것이다. 생각을 여의든 생각을 모으든 생각이 공空한 중도실상中道實相을 깨닫는 것이 불교의 수증방편이다. 또한 유심唯心이 정토이고 자성自性이 미타라면, 선은 곧 정토의 선이 되고 정토는 곧 선의 정토가 되는 것이다.

유심정토가 이러한데 선과 정토에서는 굳이 원력정토로서 서방정토 극락세계를 말하는 이유가 무엇인가. 이근利根 보살은 유심과 자성의 도리를 단박에 깨칠 수 있지만, 둔근鈍根 중생은 점차적인 방편이 필요하기 때문에 정토왕생의 입론을 세우는 것이다. 즉 상근기의 사람들은 중도실상을 깨닫는 실상염불에 바로 나아갈 수 있지만, 중하근기의 사람들은 칭명염불로부터 점차적으로 실상염불로 나아갈 수밖에 없다. 이와 같이 근기론적 방편을 달리함에 따라서 유심정토와 서방정토라는 수증의 분기점이 갈라지는 것이다.

석가세존 이래 오늘에 이르기까지 오랜 불교 수증의 전통에서 볼 때, 수많은 조사들이 선과 정토를 겸兼하여 수증하는 사상과 실천을 제시하였다. 이것을 선정일치禪淨一致, 선정겸수禪淨兼修라고 한다.

구체적으로 선정겸수란 선과 정토를 겸하여 닦는 것을 말한다. 선 수증의 종지는 견성見性이요, 정토 수증의 종지는 견불見佛이다. 종지의 견지에서 논하면, 견성과 견불을 함께 닦는 것이 선정겸수가 되는 것이다. 따라서 성품[性]과 부처[佛]를 일치시키면 선정일치가 되고, 성품과 부처를 보는 방편을 겸하여 닦으면 선정겸수가 되는 것이다.

불교 수증의 전통에서 선정겸수를 주장하고 있는 주체의 측면에서 살펴보면, 다음과 같이 몇 갈래로 분류할 수 있겠다. 첫째, 선에서 정토를 수용하여 선정일치, 선정겸수를 주장하는 것이며, 둘째, 정토에서 선을 수용하여 즉정즉선卽淨卽禪을 주장하는 입장이고, 셋째, 천태에서 정토를 수용하여 태정융회台淨融會를 주장하는 경우이며, 넷째, 율종에서 정토를 수용하여 계정겸수戒淨兼修를 주장하는 입장 등이다.

본서에서는 주로 첫 번째에 해당하는 선禪에서 정토淨土를 수용하는 선정일치와 선정겸수의 사상과 실천에 대한 연원과 전개 및 발전을 중심으로 고찰해 보고자 한다. 아울러 두 번째, 정토에서 선을 수용한 혜일과 법조 대사의 정토와 선에 대한 관점에 대해서도 간략하게 살펴보도록 하겠다.

그러면 직지인심直指人心 견성성불見性成佛을 종지로 하는 선종의 입장에서 말하는 견성見性에서의 성性이란 무엇인가? "만약 성품을 보면 곧 부처요, 성품을 보지 못하면 곧 중생이다. 만약 중생의 성품을 여의고 달리 불성을 얻을 수 있다고 한다면 부처는 지금 어느 곳에 있는가. 중생의 성품이 곧 불성이다. 성품 밖에 부처가 없으며, 부처가 곧 성품이다. 이 성품을 제외한 밖에서 부처를 가히 얻을 수 없으며, 부처 밖에서 성품을 얻을 수 없다."[1]

선종에서는 분명하게 "중생의 성품이 곧 불성"이라고 정의하고 있다. 따라서 선에서는 성품을 보는 것[見性]이 부처를 이루는 것[成佛]이 되는 것이다. 선에서는 또한 불성 사상을 적극 수용하고 있다.

그렇다면 이때 불성이란 무엇인가? "불성이란 얻을 수 없고, 생한 바 없다. 왜냐하면 색色이 아니고 색 아님도 아니며, 길지도 않고 짧지도 않으며, 높지도 않고 낮지도 않으며, 불생불멸不生不滅인 까닭이다. 생멸하지 않는 까닭에 항상하다고 말할 수 있다. 항상한 까닭에 근본이 된다고 말할 수 있다."[2]라고 하였다. 그러므로 불성이란 다름 아닌 불생불멸不生不滅의 중도실상中道實相을 가리킨다. 중도실상을 깨치는 것이 견성이며 성불이 되는 것이다.

그러면 정토에서 말하는 견불이란 무엇인가? 『관무량수경』에 이르기를, "모든 부처님의 법신이 중생의 심상心想에 들어가니, 이 마음이 부처요[是心是佛], 이 마음이 부처를 짓는다[是心作佛]."라고 하

---

[1] 『血脈論』. "若見性卽是佛, 不見性卽是衆生. 若離衆生性, 別有佛性可得者, 佛今在何處. 衆生性卽是佛性也. 性外無佛, 佛卽是性. 除此性外, 無佛可得, 佛外無性可得."
[2] 『涅槃經』 제15권.

였다.

"마음이 부처요, 마음이 부처를 짓는다."라고 한다면, 정토에서 말하는 궁극적인 견불見佛이란 마음을 보는 것이다. 여기서 마음을 본다는 것은 선에서 말하고 있는 중생의 마음 성품을 본다는 것이니, 중생의 성품이 불성이므로 선과 정토에서 각각 주장하고 있는 견성과 견불은 결국 동일한 의미가 된다.

그러므로 『오성론』에서는 선의 성性과 정토의 상相을 융회하여 일심중도一心中道의 입장에서 선과 정토의 일치에 대해 이렇게 논하고 있다.

"눈이 색을 볼 때에 색에 물들지 않고, 귀가 소리를 들을 때에 소리에 물들지 않으면 모두 해탈하게 된다. 눈이 색에 집착하지 않으면 눈은 선문禪門이 되고, 귀가 소리에 집착하지 않으면 귀도 선문이 된다. 총괄해서 말하면 색의 성품을 보는 자는 항상 해탈을 이루고 색의 형상을 보는 이는 항상 얽매이게 된다. 번뇌에 얽매이지 않는 것을 곧 해탈이라 말하고, 별도로 해탈이 있는 것이 아니다. 색을 잘 관찰하면 색이 마음에서 생긴 것이 아니고 마음이 색에서 생긴 것이 아니며 곧 색과 마음이 함께 청정함을 보게 된다.

망상이 없을 때는 하나의 마음[一心]이 바로 하나의 부처님 나라[一佛國]요, 망상이 있을 때는 하나의 마음이 바로 하나의 지옥[一地獄]

이다. 중생이 망상을 조작하여 마음으로써 마음을 내기 때문에 항상 지옥에 있지만 보살은 망상을 관찰하여 마음으로써 마음을 내지 않기 때문에 항상 부처님 나라에 있게 된다.

만약 마음으로써 마음을 내지 않는다면 곧 마음과 마음이 공空에 들어서 생각마다 고요함으로 돌아가 한 부처님 나라로부터 한 부처님 나라에 이르게 된다. 만약 마음으로써 마음을 내면 곧 마음과 마음이 고요하지 않아서 생각마다 움직임으로 돌아가, 한 지옥으로부터 또 하나의 지옥을 지나가게 된다."

이른바 "색의 성품을 보면 해탈이요, 색의 형상을 보면 얽매임"이라고 한 말을 선에서는 "견상見相하면 중생이요, 견성見性하면 부처이다."라고 바꾸어 말한다. 그러나 상相 가운데 성性이 있고, 성 가운데 상이 드러나는 성상융회性相融會, 즉성즉상卽性卽相의 불이중도에서 보면 견상 가운데서 견성하니 중생이 부처요, 견성 가운데서 견상하니 부처가 중생이다. 이와 같이 이해하면, 선의 견성과 정토의 견불은 심성의 입장에서는 선정일치가 되고, 수증의 입장에서는 선정겸수가 되는 것이다.

여기서 더 나아가 선종의 사조 도신 선사는 『대품경』을 인용하여 "무념無念이 염불"이라 정의하고, "염불이 곧 염심念心이며 구심求心이 곧 구불求佛"이라고 주장하였다. 또한 『관무량수경』의 "이 마음이 부처요[是心是佛], 이 마음이 부처를 짓는다[是心作佛]."라는 구절을 인용하여 선과 정토를 회통시키고 있다. 마음이 부처라는 것은 견성의 선을 내포하는 말이며, 마음이 부처를 짓는다는 것은 견불의 정토를 포괄하는 말이다. 이와 같이 초기 선종에서부터 이미 선과 정토가 융회되는 수증 풍토가 이루어지고 있음을 볼 수 있다.

정토종에서도 담란과 선도 대사가 순수정토의 칭명염불을 주장하면서도 다른 한편으로 "정토는 아미타불의 청정 본원의 무생無生이 된다."라고 하여 왕생이 곧 무생이라고 말한다. 그 이유를 "제법은 인연으로 생하는 까닭에 곧 이것은 무생이다."라고 하였다. 이는 무생의 중도실상을 깨닫는 것이 정토왕생이라는 말이다.

이에 의거하면, 정토종 대사들의 정토 사상은 철저하게 무생의 중도실상中道實相에 입각해 있음을 알 수 있다. 이러한 정토왕생의 관점은 선에서 주장하고 있는 유심정토의 무생지생無生之生의 사상과 일치하고 있음을 알 수 있다.

혜원 선사는 일찍이 『반주삼매경』에 의거하여 도속 123인과 더불어 백련결사白蓮結社를 결행하면서 정토염불삼매를 닦은 바가 있다. 『반주삼매경』의 반주般舟란 '가까이 선다'는 의미로서, 즉 염불삼매를 증득하게 되면 시방의 제불이 눈앞에 서 있음을 볼 수 있다는 것이다. 이 또한 염불삼매라는 선정을 통해 아미타불을 관상하므로 선정겸수의 한 방편이 될 수 있다.

『반주삼매경』에서는 마음과 부처에 대한 관점도 제시하고 있는데, 염불삼매를 통해 견불할 수 있는 원리를 설하고 있다. 즉 "마음이 부처이며, 그 마음은 여래장인 불성이므로 마음과 부처와 불성이 하나이다."라고 설하고 있다. 그러므로 마음으로 관상하는 염불을 통해 견불과 견성이 동시에 이루어지고 있음을 시사하고 있다. 이러한 바탕 위에 혜원 선사는 특히 '정중견불定中見佛'을 강조하고 있다. 정중견불이란 말 그대로 선정 가운데 부처를 친견한다는 관상염불의 수증방편을 말하고 있다. 선정을 통해 견불이 이루어지는 선정겸수를 말하고 있는 것이다.

그러면 자기 마음이 정토이고, 자기 성품이 아미타불인데 굳이 정토왕생을 말하고, 다시 아미타불을 보려고 할 것이 무엇인가. 유심과 자성을 말하는 것은 본지풍광本地風光을 요달한 본분종사의 분상이고, 중생의 성품은 비록 본래부처이지만 현실의 업식業識은 무명에 가리어 고통 속에 헤매이고 있기 때문에 견불왕생을 말하는 것이다.

저절로 된 석가가 없고, 자연히 이루어진 아미타가 어디 있겠는가. 사대육신이 각각 흩어져 무너지고 육진 심식마저 흩어지는 임종에 이르러 자유자재할 수 있어야 유심과 자성을 논할 수 있다.

그렇지 못하다면 일생의 수행이 온전하지 못했다는 방증이 아니겠는가. 부처님과 마명, 용수 등 정안正眼 조사가 한결같이 왕생정토를 간절히 권했거늘 도대체 어떤 사람이기에 윤회를 벗어나는 지름길을 마다하겠는가.

『아미타경』에서 "서방정토가 여기서 멀다. 십만 억 국토를 지나가야 한다."라고 한 것은 둔근 중생을 위하여 현실만을 말한 것이요, 역대 조사가 "정토가 멀지 않고 마음이 곧 부처"라고 말한 것은 영리한 사람들을 위하여 성품을 바로 가리킨 것이다. 그러므로 팔만사천법문에는 권실權實(방편과 실상)이 있고, 교문에는 현밀顯密(드러남과 비밀)이 있는 것이다. 권실에 자재하고 현밀이 융회될 때에 생사해탈의 진여문이 열리게 된다.

사실 선과 정토에서 보편적으로 주장하는 유심정토 자성미타의 이론과 실천이 하루아침에 형성된 것이 아니고, 오랜 불교 역사의 흐름 속에서 개화되고 형성되어 온 것이 분명하다.

그러므로 유구한 선과 정토의 사상사 가운데서 선의 참구와 정토의 염불이 어떻게 융회되고 회통되어 선정일치와 선정겸수가 이루어져 염불선念佛禪이라는 수증의 방편으로 제시되고 있는지를 구체적으로 살펴볼 필요가 있겠다.

일반적으로 근기론에 입각해서 상근기는 참선을 하고 중하근기는 염불을 한다는 관념이 보편화되어 있지만, 앞서 살펴본 바와 같이 이 둘의 수증방편은 결코 둘로 나누어질 수 있는 것이 아니다. 선의 참구와 정토의 염불은 결코 둘이 아니다.

수선자는 참선이 우월하다는 증상만增上慢의 상을 버리고 참구에 오롯해야 할 것이며, 염불자는 염불자 스스로가 부처임을 망각하고 구복에 만족하는 신행을 이어 간다면 백천 겁의 선근을 저버리는 일이다. 칭명염불에서 부르는 주체와 불려지는 객체가 본래 공空한 그 자리에서 염불한다면 이 또한 실상염불이요, 참선수행이 되는 것이다.

연지 대사는 하루 종일 부처를 염해도 무념에 어긋나지 않으며, 또한 부처를 염하는 것은 곧 마음을 염하는 것이다. 또한 생生의 체體를 가히 얻을 수 없음을 깨달으면 생生해도 생한 바가 없는 불생不生이며, 불생인 생이기에 이로 인해 간절하게 왕생往生을 구하더라도 실은 이 세계를 여읜 것이 아니라고 하였다. 이것이 바로 자성미타 유심정토의 뜻이고, 자기 마음이 곧 부처이기에 선과 정토는 가는 길은 다르지만 돌아가는 곳은 동일하다고 하였다.

그러면 어떻게 수행하여야 선정일치가 되고 선정겸수가 이루어질 수 있겠는가. 이를 위해 보다 구체적이고 체계적인 선과 정토에 대한 탐구를 해 보고자 한다. 따라서 선정일치와 선정겸수의 사상과 실천에 대한 연원과 전개 및 확립의 과정을 살펴보고서 과연 이 시대에 어떻게 참다운 수행 방편으로 적용될 수 있는가를 탐색하는 것이 본서 집필의 의도이다.

이를 위해 서론에 이어 본론의 큰 단락을 총 5장으로 나누고, 그 안에 다시 소제목을 11절로 분류하여 논구하고, 마지막으로 결론을 맺는 것을 내용으로 하여 본서를 구성하였다.

먼저 제1장에서는 한국불교의 새벽이라 칭하는 신라의 원효 대사가 주장하는 일심정토一心淨土 사상에 대해 논구해 보겠다.

제2장에서는 선종에서의 선정겸수의 연원淵源에 대해 살펴보겠다. 구체적으로 제1절에서는 선종의 사조 도신 선사와 홍인 선사의 동산법문東山法門에서의 선과 정토의 융합에 대해 살펴보고, 제2절에서는 신수 선사를 중심으로 한 북종의 정토관에 대해 탐구해 보고, 제3절에서는 혜능 선사의 『단경』에 나타난 정토관에 대해 살펴보도록 하겠다. 제4절에서는 신라 무상 선사의 인성염불引聲念佛과 홍인 문하인 선십 선사의 남산염불문선종南山念佛門禪宗의 염불과 선의 융회에 대해 탐색해 보겠다.

다음 제3장에서는 정토종에서의 선정겸수의 연원에 대해 논구해 보기로 하겠다. 많은 정토종 조사 가운데 제1절에서는 자민혜일慈愍慧日 대사의 선정일여禪淨一如에 대해 살펴보고, 제2절에서는 법조法照 대사의 오회염불五會念佛을 중심으로 선정일치의 사상적 연원을 살펴보려 한다.

제4장에서는 선정일치와 선정겸수를 본격적으로 주장하고 실천한 선문禪門의 선사들에 대해 탐구해 보도록 하겠다. 제1절에서는 선정일치와 선정겸수의 중심 인물이라 할 수 있는 영명연수 선사의 일심중도와 유심정토, 원력정토 및 선정겸수에 대해 논술하고, 제2절에서는 몽산덕이 선사의 염불화두에 대해 살펴보고, 제3절에서는 중봉명본 선사의 일심 사상과 선정겸수 사상에 대해 천착해 보고, 제4절에서는 천여유칙 선사의 선정겸수의 주장에 대해 살펴보고, 제5절에서는 감산덕청憨山德淸 선사의 염불시수念佛是誰로 대변되는 염불선念佛禪에 대해 탐구해 보도록 하겠다.

제5장에서는 한국 선사들의 정토 사상에 대해 살펴보기로 하겠다. 지면 관계상 보조지눌·태고보우·나옹혜근·청허휴정·허주덕진·무주청화 선사들에 한정해 그들의 정토관에 대해 소략하게 탐구해 보겠다.

선정일치와 선정겸수에 대한 결론을 마지막으로 오늘날 명상과 선수행의 실천으로 염불선이 어떻게 그 효용 가치를 나타낼 수 있는지를 탐색해 보면서 대미를 장식하고자 한다.

제1장

원효의 일심정토
一 心 淨 土

정토 사상의 중심 과제는 정토와 왕생에 있다. 정토란 지극히 청정하고 지극히 즐거운 불국토를 말하고, 왕생이란 불국토인 정토에 태어나는 것을 말한다. 본서에서는 이와 같은 정토 사상의 핵심 주제인 정토와 왕생에 대한 원효 대사(617~686)의 관점을 선정겸수 禪淨兼修의 견지에서 살펴보기로 하겠다.

원효 대사의 사상과 실천의 종지는 "귀일심원歸一心源 요익중생 饒益衆生"이다. 즉 원효의 가르침은 시종일관 일심과 중생이라는 종지의 바탕 위에 세워졌다. 따라서 그의 정토관 역시 일심과 중생을 중심으로 이루어지고 있는 것이다. 이는 『무량수경종요』에서 "예토와 정토는 본래일심本來一心이요, 생사와 열반도 궁극에는 둘이 아니다."[3]라는 구절에 잘 나타나 있다. 이 말에 비추어 볼 때, 예토의 중생심과 정토의 불심이 일심의 근원으로 돌아가게 하는 것이 원효 정토관의 핵심이라고 할 수 있다. 이와 같이 원효는 예토와 정토, 생사와 열반을 융회하는 일심정토一心淨土를 제시하고 있다.

원효 대사가 말하는 중생심은 일심一心의 다름 아니다. 중생심이 바로 일심의 드러남이므로 "저 중생심의 성품은 밝게 통하여 막힘

---

3 『無量壽經宗要』. "穢土淨土 本來一心 生死涅槃 終無二際."

이 없다."4라고 규정하고, 허공과 바다에 비유하여 중생심의 성품을 밝히고 있다.

"크기는 허공과 같고 넓기는 바다와 같다. 허공과 같기 때문에 그 체성體性이 평등하여 차별된 모습을 얻을 수 없는데 어찌 깨끗하고 더러운 곳이 있겠는가. 넓은 바다와 같기 때문에 그 본성이 빛나고 부드러워 능히 인연을 따를 뿐 거역하지 않으니 어찌 움직이고 고요할 때가 있겠는가."5

즉 중생심을 들어 허공과 바다에 비유한 것은 다름 아닌 『대승기신론』에서 설하고 있는 "일심이문一心二門"에 바탕을 둔 이해이다. 중생심의 근원이 바로 일심이므로, 일심一心이 진여眞如와 생멸生滅의 이문二門으로 드러남으로써 생멸의 중생은 진여의 본성을 깨달아 일심의 근원으로 돌아가야 한다는 것이다.

아울러 원효 대사는 또한 허공(진여)의 고요함도 바다(생멸)의 움직임도 모두가 큰 꿈속의 일이기에 꿈을 깨고 나면 진여도 생멸도

---

4 위의 책. "衆生心性 融通無碍."
5 위의 책. "泰若虛空 湛猶巨海 若虛空故 其體平等 無別相而可得 何有淨穢之處 猶巨海故 其性潤滑能隨緣而不逆 豈無動靜之時."

일심의 깨달음일 뿐이라고 밝히고 있다. 이것은 마치 의상 대사의 「법성게」에서 "생사와 열반이 항상 함께한다[生死涅槃常共和]."라는 말과 동일 선상에서 이해되는 말이다. 그래서 "깨달음의 경지에서 보면 이 언덕[此岸: 예토]도 없고 저 언덕[彼岸: 정토]도 없으므로 예토와 정토가 본래일심本來一心이요, 생사와 열반이 종극에는 둘이 아니다."라고 주장하는 것이다.

원효 대사는 다른 한편 일심의 정토를 법성정토法性淨土로 표현하고 있다. 일심의 본체를 증득한 부처님은 그 머무는 국토가 물질이나 형상으로 이루어진 곳이 아니므로 색상色相에 얽매인 망념을 떨치고 일심의 근원에 돌아가 법신을 체득하여 법의 성품을 국토로 삼는다. 이것이 법성정토이다.

"자수용신自受用身은 색과 형상을 멀리 떠난 법성정토法性淨土를 머무는 곳으로 삼는다. 그러므로 도무지 색이나 모양을 얻을 수가 없다. 『본업경』에서 설하기를, … '청정국토는 끝이 없고 이름도 없으며 모양도 없어서 일체 법을 가히 얻을 수 없으니 본체가 있는 것도 아니요, 없는 것도 아니다.'라고 널리 설

한 것과 같다."⁶

부처님이 증득한 법신은 원만하여 덕을 갖추지 않음이 없으며 진리가 두루하지 않은 곳이 없는 중도제일의제中道第一義諦에 머물러 계신다. 부처님의 청정국토는 다함이 없으며, 또한 이름과 모양을 여의었으니 가히 얻을 수 없다. 명상을 떠났으니 그 본체는 있는 것도 아니고, 원만한 과덕을 갖추었으니 없는 것도 아니다. 즉 일체 법의 성품이 진공묘유眞空妙有하여 유有와 무無를 떠나고, 불생불멸不生不滅하여 나지도 않고 멸하지도 않는 중도제일의제를 증득한 부처님이 머묾 없이 머물러 계신 곳이 바로 법성정토法性淨土이다.

그러면 원효 대사가 주장하는 일심정토와 법성정토는 어떻게 구현될 수 있는가. 깨달은 자의 입장에서 보면, 예토와 정토가 본래 일심의 드러남에 불과하며, 생사와 열반이 둘이 아니라고 하지만, 깨닫지 못한 범부는 마땅히 일체 법의 근원인 큰 깨달음으로 돌아가기 위해서 번뇌에 물든 오랜 꿈에서 단박에 깨어나는 수행의 공덕을 쌓아야 한다고 역설하고 있다.

---

6 위의 책. "自受用身遠離色形 法性淨土爲所住處 是故都無色相可得 如本業經說 … 淸淨國土無極無名無相 非一切法可得 非有體非無體 乃至廣說."

"그러하지만 일체 법의 근원인 대각으로 돌아가기 위해서[歸原大覺] 공덕을 쌓아야 비로소 얻을 수 있다. 번뇌의 흐름을 따르는 오랜 꿈에서 단박에 깨어날 수는 없다. … 진실로 석가세존께서 이 사바세계에 출현하시어 오악을 경계하고 선행을 권장하시고, 아미타 부처님께서 저 안양국安養國을 열어 중생을 이끌어 왕생하도록 인도하시는 일과 같은 것이다."[7]

원효 성사는 본래일심을 "일체 법의 근원인 대각"으로 표현하고 있다. 여기서 주목할 만한 대목이 바로 "귀원대각歸原大覺"이라는 말이다. 대사는 '대각을 얻는다.' 혹은 '대각을 깨닫는다.'라는 말을 사용하지 않고, '대각에 돌아간다.'라는 표현을 쓰고 있다. '대각에 돌아간다.'라는 것은 중생의 일심 가운데 이미 대각이 원만하게 갖추어져 있음을 전제하고 이르는 말이다. 이것은 대승불교와 선불교에서 강조하는 본각本覺과 본래부처[本來是佛]와 같은 맥락에서 이해할 수 있는 것이다. 즉 일심의 수증修證의 관점에서 볼 때 원효의 '귀원대각'이라는 언어 표현과 혜능의 『단경』에서 인용하고

---

[7] 위의 책. "然歸原大覺 積功乃得 隨流長夢 不可頓開 … 至如牟尼世尊 現此娑婆 誡五惡而勸善 彌陀如來 御彼安養 引三輩而導生."

있는 본래일심本來一心을 전제로 한 '즉시활연卽時豁然 환득본심還得本心'의 언어 표현은 동일한 의미를 내포하고 있다고 하겠다.

그리고 원효 대사의 『기신론소』에서 『기신론』 서두의 귀경게歸敬偈 중에 '귀명歸命'을 주석함에 있어 "귀명이란 환원還源의 의미이다."라고 정의하고 있음을 볼 수 있다. 그 이유에 대해 "중생의 육근六根은 일심으로부터 일어나서 자신의 근원을 등지고 육진六塵을 향해 산만하게 치달으나, 이제는 목숨을 들어 육정六情을 모두 포섭하여 그 근본인 일심의 근원으로 다시 돌아가는 것이다[還歸其本一心原]."8라고 하였다. 이른바 "환귀본일심還歸本一心" 또한 『단경』의 '환득본심還得本心'과 동일한 맥락에서 이해할 수 있는 것이다.

선불교든 정토불교든 중생이 일심을 미혹하여 번뇌의 흐름 속에서 윤회의 고통을 받고 있다면, 번뇌의 고통을 벗어나기 위해서는 본래일심의 근원으로 돌아가야 되는데, 그 일심의 근원이 바로 본각이요, 대각인 본래부처인 것이다. 이 본각 혹은 대각으로 돌아가기 위해 석가세존께서는 성도문聖道門을 열어 보이시고, 아미타불께서 정토문淨土門9을 열어 보이신 것이 되는 것이다.

---

8 『大乘起信論疏』. "又復歸命者還源義 所以者 衆生六根 從一心起 而背自原 馳散六塵 今擧命總攝六情 還歸其本一心原."
9 중국의 도작道綽 선사의 『안락집』 상권에 정토종의 입장에서 불교를 분류하기를,

위 인용문에서 오악五惡을 경계하고 선善을 권장했다는 어구는 제불통계諸佛通誡를 가리키는 말이다. 즉 "악을 짓지 말고[諸惡莫作], 선을 행하여[衆善奉行], 스스로 그 마음을 깨치는[自淨其意], 이것이 부처님의 가르침[是諸佛敎]"이라는 제불통계를 표현한 말로 이해할 수 있다. 이 말이 바로 사바세계에 출현하신 석가세존이 천명한 '자등명自燈明 법등명法燈明'의 유계遺誡에 의한 '스스로 마음을 깨치게' 하는 성도문을 의미하는 것이다. 이에 대비하여 서방의 원력정토願力淨土를 예비한 아미타불께서는 중생들로 하여금 왕생정토로 인도하는 정토문을 개연하고 있다는 의미가 되는 것이다.

이러한 사실은 원효 대사가 최상근기를 위해 일심정토一心淨土를 깨칠 것을 주장하면서도 한편으로 중하근기를 위한 서방정토西方淨土의 왕생을 권장하고 있음에서 알 수 있다. 다시 말하면, 선종에서 표방하는 유심정토를 포괄하는 일심정토(법성정토)와 정토종에서 주장하는 서방정토를 동시에 제시하고 있다고 보아야 할 것이다.

"총괄적으로 이를 말한다면, 초지初地 이상은 자비와 원력이

자력으로 도를 이루는 성도문聖道門과 타력에 구제되어 정토에 왕생하는 정토문淨土門이 있다고 하였다.

자재하여 태어나지 않을 곳이 없으니 다시 무엇을 권할 필요가 없다. 그리고 십해十解(十住) 이상도 종성이 결정되었으므로 다시 물러남을 슬퍼할 것이 없으니, 또한 정식으로 그들을 위한 것이 아니다. 십신十信 이전과 모든 범부는 발심이 굳건하지 못하여 오르고 내리는 연을 따르며, 예토를 싫어하고 정토를 기뻐하기 때문에 부처님께서 (이들에게 정토왕생을) 권하고 거두어들이신 것이다."[10]

원효 대사의 법문에 의거하면, 무루의 정토종자가 이미 심어져 있는 성변인成辨因을 갖춘 초지初地 이상의 보살은 생사에 자재하고, 십해十解 이상의 수행인은 이미 종성이 정해져 있기에 굳이 정토왕생을 권장할 필요가 없다는 것이다. 그러나 십신十信 이전의 중하근기 범부들은 발심이 견고하지 못하기 때문에 생사에 유전하고 있다고 진단하였다. 따라서 일심정토를 깨치지 못하고 예토를 싫어하고 정토를 좋아하는 분별심으로 집착하기에 아미타불의 본원력本願力으로 정토왕생을 권장하고 있는 것이다.

---

10 『遊心安樂道』. "總而言之 初地以上 悲願自在 無所不生 更何須勸 十解以去 種姓決定 復無悲退 亦非正爲 十信以前 及諸凡夫 發心未固 昇降隨緣 厭穢欣淨 故佛勸攝."

원효 대사의 『기신론소』에서도 정토왕생의 방편에 대한 해설을 하고 있다.

"또한 중생이 이 법을 처음 배우면서 바른 믿음을 구하고자 하지만 그 마음이 겁약怯弱하여 이 사바세계에 머물면서 항상 모든 부처님을 만나 친히 받들어 공양하지 못할까 봐 스스로 두려워하며, 신심이 성취되기 어렵다고 말하며 물러나려고 하는 자가 있다. (이런 이들에게는) 여래의 빼어난 방편이 있어 그 믿음의 마음을 거두어 줌을 마땅히 알아야 한다. 뜻을 오로지하여 염불한 인연으로 원을 따라 타방의 불토에 생生하여 항상 부처님을 뵙고 영원히 악도를 떠난다. 수다라에 설한 바와 같이 만약 사람이 서방 극락세계 아미타불에 전념專念하고, 닦은바 선근善根을 회향하여 그 세계에 나는 것을 구하면 바로 왕생하고 늘 부처님을 뵙는 까닭에 끝내 물러남이 없다. 만약 그 부처님의 진여법신眞如法身을 관하여 항상 부지런히 닦아 익히면 필경에는 왕생하여 바른 선정에 머물기 때문이다."[11]

---

11 『大乘起信論疏』. "復次衆生初學是法 欲求正信 其心怯弱 以住於此娑婆世界 自畏不能常値諸佛 親承供養 懼謂信心難可成就 意欲退者. 當知如來 有勝方便 攝護信心 謂以專意念佛因緣隨願得生他方佛土 常見於佛永離道. 如修多羅說 若人專念西方

원효 대사는 『기신론소』에서 '만약 법신을 관하면' 이하의 문장을 다음과 같이 해석하고 있다.

"만약 법신을 관하면 필경에는 왕생하게 된다고 한 것은 십해+解 이상의 보살들이 적은 부분이지만 진여법신을 친견할 수 있다는 것을 설명한 것이다. 그러므로 법신을 일부분만이라도 친견한 사람은 필경에는 능히 왕생할 수 있게 된다고 말한 것이다. … 그리고 초지 이상의 보살들 (또한) 저 부처님의 진여법신을 깨닫고 친견할 수 있는 것이며, 그런 연고로 필경에는 왕생할 수 있다고 말한 것이다."[12]

『기신론소』에서 언급하고 있는 이 구절은 『종요』에서 말하고 있는 내용과 완전히 일치하고 있다. 정리해서 말하면, 상근기 중생 가운데 조금이라도 법신을 본 십해 이상의 보살이나 초지 이상의 보살들은 필경에 왕생하게 된다는 것이다. 여기서 말하는 필경왕

極樂世界阿彌陀佛 所修善根廻向 願求生彼世界 卽得往生 常見佛故 終無有退. 若觀彼佛眞如法身 常勤修習 畢竟得生住正定故."

[12] 『大乘起信論疏』. "若觀法身畢竟得生者 欲明十解以上菩薩 得少分見眞如法身 是故能得畢竟往生. … 又復初地以上菩薩證見彼佛眞如法身 以之故言畢竟得生."

생畢竟往生은 결정성을 말하는 것이다. 물론 아직 법신을 감득하지 못한 중하근기 중생일지라도 오롯한 마음으로 염불한 인연과 여래 본원력의 가피로 왕생할 수 있다는 것이다.

그러면 원효 대사가 생각하고 있는 정토의 모습[相]과 왕생의 태어남[生]에 대해 살펴보기로 하자.

"또한 법문의 울림을 듣고 무상無相에 들어가고, 부처님의 광명을 보고 무생無生을 깨닫는다. 무생無生을 깨달았기 때문에 생生하지 않는 바가 없고, 무상無相에 들어갔기 때문에 상相 아닌 바가 없다."[13]

물론 이것은 대심범부大心凡夫에 해당하는 왕생의 행상行相을 말하는 것이다. 정토의 장엄한 모습[相]은 모습 없는 모습[無相]이며, 정토에 태어남[生]은 태어남이 없는 태어남[無生]임을 밝히고 있다. 즉 정토의 상은 무상의 상[無相之相]이며, 정토에 왕생함은 무생의 생[無生之生]이라는 것이다. 즉 무상의 상이기에 극락정토를 장엄하고,

---

[13] 『無量壽經宗要』. "況復 聞法響入無相 見佛光悟無生 悟無生故 無所不生 入無相故 無所不相."

무생의 생이기에 연화왕생蓮花往生을 수용하는 귀원일심歸原一心의 정토불사淨土佛事가 성취되는 것이다.

이러한 원효 성사의 정토왕생의 행상은 선종에서 주장하고 있는 "유심정토唯心淨土와 자성미타自性彌陀"의 선리禪理와 궤를 같이하고 있음을 알 수 있다. 운문종의 설두중현 선사가 제시한 정토왕생의 법문을 들어보자.

"정토에 왕생함은 결정적으로 생生하나, 정토에 가는 것인즉 실로 가는 것이 아니다. 정토에 가는 것은 결정적으로 가되, 생生한즉 실로 생함이 아니다."[14]

최상승을 표방하는 선禪의 입장에서는 일반적으로 '유심정토唯心淨土 자성미타自性彌陀'를 주장하기에 극락세계에 왕생함에 있어서, 나도 남이 없는 남이며[生而無生], 남이 없되 결정코 남이기에[無生而生] 정토와 예토가 일심이며, 부처와 중생이 둘이 아닌 불이不二의 경지를 나타내는 것이 된다. 진여일심眞如一心은 내외가 명철明徹하

---

14 雪竇重顯. "生則決定生 去則實不去 去則決定去 生則實不生."

여 안과 밖이 없고, 생사가 본공本空하여 오고 감이 없기에 온 우주가 불이중도不二中道인 일진법계一眞法界의 현현일 뿐이다. 여기서 우리는 원효의 일심정토에 대한 인식과 선종에서 표방하는 유심정토가 동일한 지평에서 제시되고 있음을 분명하게 알 수 있다.

그리고 원효 대사는 왕생의 인연을 드러냄에 있어서 일반적으로 말하는 왕생의 인因은 정보正報의 장엄뿐만이 아니라, 의보依報의 정토도 감득할 수 있다고 말하고, 왕생인往生因은 "오직 여래의 본원력을 이어받기 때문에 (아미타불의) 감응에 따라서 수용되는 것이지 자기 업인業因의 힘으로 성취되고 결정되는 것이 아니다."[15]라고 하였다.

다시 말하면, 왕생의 인因은 중생의 업인業因이 아니라, 아미타여래 본원력에 있다고 주장하고 있는 것이다. 원효 성사는 아미타불의 사십팔대원은 먼저 모든 범부를 위한 것이며, 다음에 겸하여 삼성三聖의 성인을 위한 것이라고 말하고 있다. 그러면서 다른 한편 "정토의 깊은 뜻은 본래 범부를 위한 것이지 보살을 위한 것이 아님을 알아야 한다."[16]라고 하고 있다.

---

15 『遊心安樂道』. "但承如來本願力故 隨感受容 非自業因力之所成辦."
16 위의 책. "故知淨土奧意 本爲凡夫 非爲菩薩."

정토왕생이 여래의 본원력에 있다고 주장하는 일면에서 보면, 대승불교와 선불교에서 중생이 본래부처임을 강조하며, 발심행자의 수증修證 자체가 중생의 발심과 정진으로 이루어짐과 동시에 본래부처의 무한 공덕의 작용으로 이루어지고 있기 때문에 일체중생이 종국에는 모두 성불할 수 있다고 보는 것과 동일한 가르침이라고 할 수 있다. 즉 자력自力의 무한 공덕(지혜)과 타력他力의 본원(자비)이 결코 둘이 아님을 알 수 있는 것이다.

그러면 중생의 입장에서 미타의 본원력에 대응하기 위해서는 어떻게 해야 하는가. 왕생인往生因에는 두 가지가 있는데, 하나는 정인正因이고 다른 하나는 조연助緣이다. 정인이란 다름 아닌 보리심을 발하는 것이다. 원효 성사는 정인으로서의 보리심은 "세간의 부귀를 원하거나 이승二乘의 보리를 원하지 않고, 보살이 한결같은 의지로 삼신三身의 보리를 원하는 것을 위없는 보리의 마음[無上菩提心]이라 부른다."[17]라고 말하고 있다.

원효 대사는 『무량수경종요』에서 발심의 중요성을 강조하기 위해 『열반경』의 게송을 인용하고 있다.

---

[17] 위의 책. "所言正因 謂發無上菩提心也. 卽不願世間富樂 及與二乘菩提 菩薩一向志願三身菩提 名無上菩提之心."

"경에서 말씀하시기를 '발심發心과 필경畢竟(열반)은 둘이 차별이 없다. 이와 같은 두 마음 중에 앞 마음이 더 어렵다. 자신을 제도하지 못했지만 남을 먼저 제도한다. 그러므로 나는 초발심初發心에 예배하노라.'고 하였다. 초발심의 과보는 비록 보리이지만 그 화보華報(꽃이 피는 과보)는 정토에 있다."[18]

초발심의 열매는 보리, 즉 지혜이다. 그러나 그 꽃이 피는 과보는 정토에 있다는 말이다. 이 말은 보리심은 왕생의 정인正因임과 동시에 왕생의 과보라는 것이다. 『화엄경』에서 설하는 원인과 결과가 모두 보리심에 있기에 '초발심시변정각初發心時便正覺'이라고 하는 것과 같은 의미이다. 아울러 보리심이 왕생의 인과라면 그 꽃피는 과보는 정토에 있음을 밝히고 있는 것이다.

그런데 선禪의 수증修證에서도 발보리심을 중요시하고 있기는 마찬가지이다. 하택신회 선사 또한 『단어』에서 똑같이 『열반경』의 이 게송을 인용하며 남종 돈오선頓悟禪을 설명하고 있음을 볼 수 있다.

---

[18] 『無量壽經宗要』. "如經言 發心畢竟二無別 如是二心前心難 自未得度先度他 是故我禮初發心 此心果報 雖是菩提 而其華報 在於淨土."

"발심과 필경은 둘이 차별이 없다. 이와 같은 두 마음 중에 먼저 마음이 더 어렵다. 자신을 제도하지 못했지만 남을 먼저 얻게 한다. 그러므로 초발심에 예경하노라. 초발심은 이미 인천의 스승이라 성문과 연각을 뛰어나게 벗어났다."[19]

선종에서도 마찬가지로 초발심을 강조하는 것은 처음 발심한 그 자리가 깨달음의 자리임을 확신하기 때문이다. 일체 법의 공성空性을 깨달아 불이중도不二中道를 행하는 선禪의 입장에서도 역시 깨달음과 자비의 방편인 보리심 자체가 인과로 작용할 수밖에 없는 것이다.

원효 대사는 『무량수경종요』에서 수사발심隨事發心과 순리발심順理發心의 두 가지 발심을 언급하고 있다. 수사발심은 결정된 믿음을 성취하지 못한 부정성인不定性人, 즉 십신위十信位에서 발하는 보리심을 말한다. 순리발심은 결정된 믿음에 의지해서 모든 법이 비유비무非有非無라고 하는 불이중도로 관찰하여 공空·무상無相의 이치에 따라 무상보리심無相菩提心을 일으키는 것이기에 이는 십해위十解位 이

---

19 荷澤神會, 『壇語』. "發心畢竟二不別 如是二心先心難 自未得度先得他 是故敬禮初發心 初發已爲人天師 勝出聲聞及緣覺."

상과 대승보살이 발하는 보리심이다.

다시 말하면 수사발심은 비록 물러남이 있으나 기꺼이 사홍서원을 성취하겠다는 유위有爲의 마음으로 청정한 보리심을 일으키는 것이고, 순리발심은 모든 법이 언어문자를 여의고 생각이 끊어진 중도실상의 무위無爲 경계임을 믿고 요해了解하되 거기에 머물지 않고 다시 광대한 자비심을 일으키는 것이다.

이러한 유위를 버리지 않고 무위에 머물지 않고 자비를 행하는 중도실천행으로서의 보리심을 선종의 하택신회 선사는 『유마경』의 법문을 빌려 와 "유위를 다함도 없고[不盡有爲], 무위에도 머물지 않는다[無住無爲]."라고 표현하고 있다. 이 법문을 하택신회 선사를 계승하고 있는 대주혜해 선사의 해석을 빌려 살펴보면 다음과 같다.

"유위를 다하지 않는다[不盡有爲]는 것은 처음 발심으로부터 드디어 보리수 아래에서 등정각等正覺을 이루시고 마침내 쌍림雙林에 이르러 열반에 드실 때까지 그 가운데 일체 법을 모두 버리지 않음이 곧 유위를 다하지 않는 것이다. 무위에도 머물지 않는다[無住無爲]는 것은 비록 무념無念을 닦는다 할지라도 무념으로써 깨달음을 삼지 않으며, 비록 공空을 닦으나 공으로써 깨달음을 삼지 않으며, 비록 보리·열반·무상·무작을 닦으나 그것으로써 깨달음을 삼지 않음이 곧 무위에도 머물지 않는 것이다."[20]

유위有爲란 함이 있지만 하되 함이 없음이요[爲而無爲], 무위無爲란 함이 없지만 함이 없이 다 함이다[無爲而爲]. 따라서 유위를 다하지 않고, 무위에 머물지 않는 것은 보살의 중도실천행이 되는 것이다. 원효 대사는 수사·순리발심을 통해 중도실천행을 실행하는 정토행자淨土行者의 본분사本分事를 말하고 있는 것이며, 하택 선사와 대주 선사는 유위와 무위의 양변에 치우치지 않는 중도실천행을 실참하는 수선납자의 일대사를 거론하고 있다고 하겠다.

이러한 중도실천행으로서의 정토행과 수선행을 아우르는 입장에서 원효 대사의 「정토증성가」 가운데 한 게송을 음미해 보도록 하자.

법계신의 모습은 헤아리기 어려우니	法界身相難思議
고요하여 함이 없으나 하지 않음도 없네	寂然無爲無不爲
지극히 저 부처님의 몸과 마음을 따르면	至以順彼佛身心

---

20 大珠慧海, 『頓悟入道要門論』.

반드시 어긋나지 않고 저 국토에 태어나리　　必不獲已生彼國

　　법계일상法界一相의 모습은 상相이 없기에 보아도 볼 수 없어 생각으로는 헤아릴 수 없다. 진여일심眞如一心의 성품은 텅 비어 고요하여 함이 없되[寂然無爲], 또한 하지 않음이 없다[無爲而爲]. 모습 없는 모습인[無相之相] 부처님의 몸과 일어난 바 없이 일어나는[無生之生] 부처님의 마음에 수순함은 법계일상法界一相과 진여일심眞如一心에 계합하는 것이다. 법계일상인 불신佛身과 진여일심인 불심佛心을 증득함이 참으로 정토에 왕생함이요, 진실로 견성오도見性悟道이다. 이것이 바로 원효 대사가 말하는 법성정토法性淨土의 발현이며, 선종에서 말하는 유심정토唯心淨土의 증득이다.

　　원효 대사는 최상승의 근기를 위하여 중도제일의제中道第一義諦를 증득하는 법성정토法性淨土에 생生한 바 없이 생生함을 설하고, 동시에 둔근 중생을 위해 아미타여래의 본원력本願力에 의해 보리심을 발하여 칭명염불을 통해 서방정토에 왕생할 것을 권장하고 있다.

　　『아미타경소』에서 이르기를, 범부가 곧바로 삼계고해를 벗어나 무상보리에 퇴전退轉함이 없는 지위를 얻는 것에 정토법문의 종취宗趣가 있다고 하였다. 그리고 부처님께서 이 세상에 출현하신 크나큰 의도는 바로 이 믿기 어려운 정토법문을 연설하기 위해서라고 강조하였다.

이러한 원효 대사의 정토관은 근기론에 바탕을 두고 법성정토法性淨土와 서방정토西方淨土를 쌍수하는 종지라고 할 수 있다. 이것이 바로 한국 정토신앙의 새벽을 연 원효 대사가 주창한 일심정토一心淨土의 사상과 실천이다.

제2장
선종에 있어서
선정겸수의 연원

제1절 　도신의 선과 정토

　달마 대사로부터 도신 선사(580~651)에 이르는 초기 달마 선종에서는 4권 『능가경』을 소의경전으로 한 능가선楞伽禪을 표방하면서 자심의 회광반조廻光返照를 통해 안심입명安心立命하는 수증론을 제시하고 있다. 그러므로 달마선을 반조선返照禪이라 칭하고, 그 설한 법문을 안심법문安心法門이라고 말한다.

　또한 초기 선종에서 자심반조自心返照, 좌선간심坐禪看心의 사상과 실천적 기초를 수립하던 시기를 순선純禪 시대라고 주장하기도 한다. 따라서 순선 시대에는 마땅히 자심반조, 좌선간심을 위주로 하는 수선修禪의 실천이 강조될 수밖에 없었다. 이러한 반조返照에 의한 좌선을 강조하는 달마 선종의 전통 속에서 가장 먼저 선과 염불의 겸수에 대한 수증방편을 드러내 보인 선사가 바로 사조 도신이다. 정각正覺 선사가 찬술한 『능가사자기』 「도신장」에서 도신 선사가 천명하고 있는 선법의 종지는 이렇게 표명되고 있다.

　　"나의 이 법요는 『능가경』에서 말한 '모든 부처의 마음이 제일이다[諸佛心第一].'라고 한 법문에 의거하며, 또한 『문수설반야경』의 '일행삼매一行三昧'에 의거한다. 즉 불심佛心을 염念함이 부처이고, 망심妄心을 염念함이 범부이다."21

초기 달마 선종을 능가종楞伽宗이라 칭하고, 능가종에 속한 제사諸師들을 능가사楞伽師라고 한다. 이는 도신 선사가 말하고 있는 바와 같이 능가사들의 선법이 주로 『능가경』의 법문에 의거하고 있기 때문이다. 도신 선사는 특히 자신의 법문을 『능가경』의 '제불심제일諸佛心第一'이라는 구절에 의거한다고 구체적으로 설명하고 있다. 이것은 도신 선사가 표방하는 수증방편이 전적으로 부처님의 마음을 체득하는 것으로 귀결되고 있음을 보여 주고 있는 대목이다.

아울러 그 구체적 방편으로 도신 선사는 『문수설반야경』의 '일행삼매一行三昧'에 의거한다고 주장하고 있다. 동시에 『문수설반야경』에서 설하고 있는 '일행삼매'의 내용을 가지고 와서 염불에 대한 정의를 내리고 있다. 즉 염불이란 "불심을 염하는 것[念佛心]"이라고 규정하고, 불심을 염하면 부처이고[念佛心是佛], 망심을 염하면

---

21 『楞伽師資記』. "我此法門 依楞伽經 諸佛心第一. 又依文殊說般若經一行三昧 即念佛心是佛 妄念是凡夫."

범부[妄念是凡夫]라고 말하고 있다. 이것은 망심을 여의고 불심으로 돌아가는 것이 염불수증의 방편이라는 것을 제시해 주고 있다.

도신 선사의 염불수행에서 가장 강조되는 것이 바로 불심이다. 망심에서 불심으로 회귀하기 위해서 당연히 일행삼매를 닦아야 한다는 것이다. 그러면 일행삼매에 들기 위해서는 어떻게 해야 하는가? 도신 선사는 『문수설반야경』에 설해진 일행삼매에 대한 법문을 인용해 다음과 같이 제출하고 있다.

"법계는 일상이니 법계에 계연繫緣(合一)하는 것을 이름하여 일행삼매라 하느니라. 만약 선남자 선여인이 일행삼매에 들어가고자 하건대, 마땅히 먼저 반야바라밀을 듣고 설한 대로 수학하여야 하나니, 그러한 후에야 능히 일행삼매에 들어가 법계에 그대로 합일하여 물러남이 없고, 무너짐도 없으며, 사의思議함도 없고, 걸림 없는 무상無相에 처할 수 있느니라. 선남자 선여인이 일행삼매에 들어가고자 할진대 마땅히 여유 있고 한가로운 곳에 처하여 모든 어지러운 생각을 버리고, 모습을 취하지 아니하며, 마음을 일불一佛에 두어, 오로지 불佛의 명호를 부르고, 불의 방소方所에 따라 바로 향하여 몸을 단정히 지니고, 능히 일불一佛에 염념상속念念相續하면 곧 이 염念하는 가운데 능

히 과거 미래 현재의 모든 부처님을 볼 수 있느니라."²²

『문수설반야경』에서 설하고 있듯이 일행삼매에 들어가는 방편에는 두 종류가 있다. 첫째, 마땅히 먼저 반야바라밀을 듣고 설한 바와 같이 수학한 연후에 능히 일행삼매에 들어갈 수 있으며, 둘째는 한적한 곳에 머물러 부처님 명호를 마음으로 끊임없이 염念하여 염하는 가운데 부처님을 친견하는 것이다.

이른바 반야바라밀을 수행하여 일행삼매에 들어가 견성見性하는 방편은 선禪이 되고, 일불一佛의 명호에 전념專念하여 염념상속하는 가운데 견불見佛하는 방편은 염불이 되는 것이다.

따라서 『문수설반야경』에서 설하고 있는 일행삼매에 대한 "법계일상法界一相 계연법계繫緣法界"의 내용은 반야바라밀행을 통한 선수행과 염념상속念念相續의 일심불란一心不亂을 통한 염불수행을 동시에 겸수하는 수증의 종지를 드러내고 있다.

뒷날 혜능 대사가 『단경』에서 "행주좌와에 항상 직심直心을 행하

---

22 『入道安心要方便法門』. "法界一相 繫緣法界 是名一行三昧. 若善男子善女人欲入一行三昧 當先聞般若波羅蜜, 如說修學, 然後能入一行三昧, 如法界緣, 不退不壞不思議 無礙無相. 應處空閑 捨諸亂意 不取相貌 繫心一佛 專稱名字 隨佛方所 短身正向 能於一佛念念相續 卽是念中能見過去未來現在諸佛."

는 것"을 일행삼매라고 설하고 있듯이, 일행삼매란 일상에서 직심을 행하여 일체 법에 집착과 망념을 일으키지 않아 걸림이 없는 경지를 말하는 것이다. 혜능 선사는 『문수설반야경』에서 제시하고 있는 두 가지 방편 가운데 첫 번째 방편인 반야바라밀행을 통한 선수행을 강조하는 방식으로 직심을 행하는 것이 일행삼매라고 정의하고 있다. 이를 뒷받침하듯이 『유마경』에서도 "직심이 바로 도량이며[直心卽是道場], 직심이 정토[直心卽是淨土]"라고 설하고 있다.

이와 같이 일행삼매를 닦는 것은 선수행이자 염불수행이어서 당연히 선염겸수禪念兼修의 수증방편이 될 수 있는 것이다. 위의 인용문에서 살펴보면, "먼저 반야바라밀을 듣고 설한 대로 닦고 배워야 하나니, 그러한 후에야 능히 일행삼매에 들어가 법계에 그대로 합일하여 물러남이 없고, 무너짐도 없으며, 사의思議함도 없고, 걸림 없는 무상無相에 처할 수 있는" 것이 바로 선禪에 이입理入하는 수행의 전형이라 말할 수 있다. 그리고 "마음을 일불一佛에 두어, 오로지 (부처님의) 명호를 외우고, … 능히 일불一佛에 염념상속念念相續하면 곧 이 염念하는 가운데 능히 과거 미래 현재의 모든 부처님을 볼 수 있는" 것이 또한 염불수행의 모범임을 말하고 있는 것이다.

이른바 '일불에 염념상속하여 염하는 중에 모든 부처님을 보는 것'을 견불見佛이라고 말한다. 부처를 보는 '견불見佛'이 염불수행의 목적이라면, 선수행의 목적은 불성을 보는 '견성見性'에 있다고 하겠다. 도신 선사가 제시하고 있는 염불수증으로서의 견불은 그 내용으로 미루어 보아 선수증으로서의 견성과 동일한 경지를 말하고 있는 것이다. 즉 도신 선사에 있어서는 견성이 견불이요, 견불이 견성이 되는 것이다. 이러한 수증방편을 선과 염불을 함께 닦는 선염병수禪念幷修라고 할 수 있다.

견성성불의 선수행과 정토왕생의 염불을 함께 닦는 것을 일반적으로 선정쌍수禪淨雙修 혹은 선정겸수禪淨兼修라고 말한다면, 선수행과 무상실상無相實相에 합일하는 실상염불實相念佛을 일치시키는 것을 굳이 선염겸수禪念兼修의 염불선念佛禪이라고 말할 수 있다.

일반적으로 불명호의 칭념稱念을 통해 오로지 정토왕생을 발원하는 것을 전수염불專修念佛이라 말한다. 그에 비해 자심에 내재된 자성불自性佛을 견증見證하는 것을 염불선念佛禪이라고 한다. 굳이 염불과 염불선을 구분하여 말한다면, 바로 자심에서 자성불自性佛을 요지了知하였다면 자연히 염불선이 되는 것이고, 그 이전은 염불이 되는 것이다.

그런데 염불에도 왕생을 발원하는 염불, 즉 자성불을 요지하지 못한 채로 명호나 상호를 전념하는 염불이 있다. 염불과 염불선을 이렇게 구분하여 본다면 근기에 따라 자신에게 합당한 방편에 의거해야 되겠지만, 왕생 발원의 여부에 관계없이 어떠한 염불수행도 궁극에는 마땅히 자성불을 요지해야 되는 것이기에 염불선念佛禪으로 진전되지 않으면 안 된다.23

그런데 오로지 불명호를 염하는 것을 칭명염불稱名念佛이라 하고, 일체 법이 공空한 무상실상無相實相의 법신을 관하는 것은 실상염불實相念佛이라고 한다. 그러면 도신 선사가 제시하고 있는바 '일불一佛에 염념상속念念相續하여 견불見佛하는' 일행삼매의 수증으로서 염불방편은 '불명호를 부르는' 칭명의 의식을 띠고 있기는 하지만, 이 칭명을 통해 결국 실상實相의 법신불法身佛을 증득하는 실상염불로서 염불선念佛禪이 되는 것이다. 그러므로 도신 선사가 제시하고 있는 염불수증 방편은 당연히 선염병수禪念幷修적인 염불선의 형태를 띠고 있다고 말할 수 있다.

『능가사자기』「도신장」에서 마침 실상을 염念하는 것에 대해 다음과 같이 언급하고 있음을 볼 수 있다.

"『보현관경』에서 말한다. 일체 업장의 바다는 모두 망상으로부터 생긴다. 만약 참회하고자 하건대 단정히 앉아 실상實相을

---

23 원조 박건주 著, 『달마선』, (운주사, 2006년), p.91.

염念하라. 이를 첫째가는 참회라 하며 아울러 삼독심과 반연심 攀緣心(대상에 끄달리는 마음), 각관심覺觀心(생각하는 마음)을 제거한다. 불심을 염念하는 마음이 이어지면 홀연히 맑고 고요해지며 다시는 대상에 끄달리는 생각이 없게 된다."[24]

염불선念佛禪의 수증에 입각해 보면, 불심을 염하는 것이 바로 실상을 염하는 것이다. 이러한 염불선의 견지에서 도신 대사는 『대품경』을 인용하여 "생각하는 바가 없는 것[無所念]이 염불"[25]이라고 정의하고 있다. 어찌하여 무소념無所念이 염불이 되는가. "불심을 염하는 것이 무소념無所念"[26]이라고 말하고, 그 이유에 대해 "마음[心]을 떠나서 따로 불佛이 없고, 불을 떠나서 따로 마음이 없는 것"[27]이기 때문이라고 하였다. 『소품반야경』에서는 반야바라밀이 무소념無所念이라고 다음과 같이 설한다.

---

24 『楞伽師資記』. "普賢觀經云 一切業障海 皆從妄想心. 若欲懺悔者 端坐念實相. 是名第一懺 併除三毒心 攀緣心 覺觀心 念佛心心相續 忽然澄寂 更無所緣心."
25 위의 책. "無所念者 是名念佛."
26 위의 책. "念佛心名無所念."
27 위의 책. "離心無別有佛 離佛無別有心."

"선남자야, 이 반야바라밀이라고 하는 것은 이른바 모든 법 가운데 생각하는 바가 없는 것[無所念]이다. 우리들이 무념無念의 법 가운데 머물러 이와 같은 금색신金色身, 삼십이상三十二相, 대광명大光明, 불가사의不可思議한 지혜, 제불의 무상삼매無上三昧, 무상지혜無上智慧, 모든 공덕을 얻는다."[28]

이른바 대소품의 『반야경』에서 설하고 있는 '무소념無所念'이란 말은 선어록에서는 '무념無念'이라는 말로 정착되고, 나아가 '무념위종無念爲宗'이라고 하는 심지법문心地法門으로 설해지고 있다.

신회 선사는 『단어』에서 "무념이란 이른바 유무有無를 생각하지 않고, 선악善惡을 생각하지 않고, … 보리菩提도 생각하지 않고, 보리로써 생각을 삼지도 않고, 열반을 생각하지 않고, 열반으로써 생각을 삼지도 않는 것이 무념이다."[29]라고 말하고 있다.

거듭 말하길, "무념이라는 것은 곧 반야바라밀이며, 반야바라밀

---

28 『小品般若經』. "善男子 是爲般若波羅蜜 所謂於諸法中無所念. 我等住於無念法中 得如是金色身 三十二相 大光明 不可思議智慧 諸佛無上三昧 無上智慧 盡諸功德."
29 『壇語』. "云何無念 所謂不念有無 不念善惡 … 不念菩提 不以菩提爲念 不念涅槃 不以涅槃爲念 是爲無念."

이라는 것은 곧 일행삼매이다."**30**라고 하였다. 이 외에도 신회 선사는 무념이라는 것은 "일체의 경계가 없는 것[無一切境界]"이라 말하고, 만약에 일체 경계가 있다면 이는 무념과 상응하지 못하기 때문이라고 말하고 있다. 이와 같이 여실하게 보는 자는 깊고 깊은 법계法界를 요달하는 것이니, 이것이 바로 일행삼매라고 설명하고 있다. 그러므로 "무념을 보는 것은 중도제일의제[見無念者 中道第一義諦]"라고 주장하고 있다.

도신 선사는 일행삼매의 실천으로 무념이 염불이라 주장하고, 신회 선사는 무념이란 반야바라밀이며 일행삼매라고 말하고, 무념을 보는 것은 중도제일의제라고 주장하고 있다. 이로 미루어 보아 결국 도신 선사가 말하는 염불이란 중도를 증득하여 생사를 해탈하는 염불선으로서의 방편인 것이다.

다시 말하면, 도신 선사가 무념이 염불이라고 제시하고 있는 것은 염불이 단순히 칭명稱名을 통하여 정토왕생을 염원하는 데 그치지 않고, 생각하되 생각하는 바가 없는 무념의 일행삼매를 수행하여 법계를 요달하고 중도제일의제를 증득하는 최상승의 수행법임을 강조하는 것이다.

---

30 위의 책. "是無念者 卽是般若波羅蜜 般若波羅蜜者 卽是一行三昧."

『대품반야경』에서는 "생각하는 바가 없음[無所念]이 염불"이라는 명제에 대해 다음과 같이 부연하고 있다.

"보살마하살은 염불함에 색色으로써 염념念하지 아니하고, 수상행식受想行識으로써 염념하지 아니한다. 왜냐하면 이 색은 자성이 없고 수상행식도 자성이 없기 때문이다. 만약 법에 자성이 없다면 이것은 무소유無所有이다. 왜냐하면 생각함이 없는[無憶念] 까닭이니, 이것이 염불이다. … 만약 법에 자성이 없다면 이는 법이 아닌 것이니 생각하는 바가 없는 것[無所念], 이것이 염불이다."[31]

『대품반야경』에서 이른바 "생각하는 바가 없는 것[無所念]이 염불"이라고 정의하고 있는 연유가 무엇인가. 색수상행식 오온의 일체 법이 자성이 없으므로 무소유無所有이다. 무소유인 자성은 염념念하려 해도 염할 수 없기에 무념無念이 되는 것이다. 부처의 마음(자성) 또한 무자성無自性이라서 무념無念이기 때문에 무념이 곧 염불

---

[31] 『大正藏』 8, p.385下. "菩薩摩訶薩念佛 不以念色 不以受想行識念. 何以故 是色自性無 受想行識自性無 若法自性無 是爲無所有. 何以故 無憶故 是爲念佛. … 若法自性無 是爲非法 無所念 是爲念佛."

이 되는 것이다. 마음이 부처인 까닭에 부처를 염하는 것은 바로 마음을 염하는 것이 되고, 마음을 구하는 것이 부처를 구하는 것이 된다. 따라서 도신 선사는 이렇게 말하고 있다.

"염불念佛이란 바로 염심念心이며, 구심求心이 바로 구불求佛이다. 어째서 그러한가. 식識이란 형상이 없고 부처란 모양이 없다. 이와 같은 도리를 안다면 바로 안심安心이다."[32]

도신 선사는 "형체 없는 식識, 모양 없는 부처"의 도리를 아는 것이 안심입명安心立命이라고 말하고 있다. 이러한 안심법문을 체득하는 것은 단순히 칭명을 통해 정토왕생을 발원하는 것만으로 이루어지는 것이 아니라, 도신 선사가 『입도안심요방편법문』에서 언급한 바 있는 "무릇 몸과 마음이 현행하는 자리, 발을 들고 내리는 그 자리가 항상 도량에 있음이며, 거동擧動함이 모두 보리"[33]라고 하는 실상의 자리를 체득하는 염불선의 수증방편에 의해서 이루어지는 것이다.

---

32 『楞伽師資記』. "念佛卽是念心 求心卽是求佛. 所以者何 識無形 佛無相貌. 若也知此道里 卽是安心."
33 위의 책. "夫身心方寸 擧足下足 常在道場 施爲擧動 皆是菩提."

"항상 부처를 염하여 반연攀緣하는 마음이 일어나지 않아 상相이 소멸하여 무상無相하고, 평등平等하여 불이不二하다. 이 경지에 들어가면 불佛을 염念하는 마음도 사라져서 다시는 앞의 법에 반드시 의거할 필요가 없게 된다. 이와 같은 마음으로 본다면, 이것이 바로 부처님의 진실한 법성신法性身이요, 또한 정법正法이고, 불성佛性, 제법실상諸法實相, 실제實際, 정토淨土, 보리菩提, 금강삼매金剛三昧, 본각本覺, 열반계涅槃界, 반야般若 등이라고 이름한다. 이름은 비록 한량없으나 일체가 다 같아서 주관(인식주체)과 객관(인식대상)이 없다는 뜻이니라."[34]

여기에서 언급하고 있는 "법성신, 정법, 불성, 실상, 실제, 정토, 보리, 금강, 본각, 열반, 반야" 등은 불교의 심지법문心地法門을 일이관지一以貫之로 드러내고 있을 뿐만 아니라, 선禪과 교敎 및 정토淨土를 융회하는 중요한 핵심 용어들이다. 이러한 용어의 나열 역시 선禪과 염불을 융회하는 기제로 이해해도 별 무리가 없을 것 같다.

---

[34] 위의 책. "常憶念佛 攀緣不起 則泯然無相 平等不二. 入此位中 憶佛心謝 更不須徵 卽看此等心卽是如來眞實法性之身 亦名正法 亦名佛性 亦名諸法實相實際 亦名淨土 亦名菩提金剛三昧本覺等 亦名涅槃界般若等. 名雖無量 皆同一切亦無能觀所觀之意."

그런데 도신 선사가 말하는 염불은 단순한 칭명염불稱名念佛이 아니라, 선염겸수禪念兼修의 염불선念佛禪이므로 염불수행을 통하여 일체의 반연심攀緣心이 끊어져서 일체 상相이 무상無相이며 평등하여 불이不二한 경지를 증득하는 것을 내용으로 하고 있다. 사실 이러한 무상실상無相實相의 이치를 증득하게 되면 더 이상 좌선, 염불이라는 방편을 사용할 필요조차 없어지게 되는 것이다. 이것이 바로 능소能所가 끊어진 심지心地를 요달하는 법이기에 선禪에서는 불성을 보는 것[見性]이며, 정토淨土에서는 왕생하는 것[見佛]이 된다.

그러면 도신 선사는 견성과 견불이 함께 이루어지는 선정겸수의 근거를 어디에 두고 있는 것인가? 이에 『무량수경』의 한 구절을 인용해 와서 선정겸수의 경증經證으로 삼고 있다. 그 유명한 구절은 다음과 같다.

> "모든 부처님의 법신이 일체중생의 심상心想에 들어가니, 이 마음이 부처요[是心是佛], 이 마음이 부처를 만든다[是心作佛]."[35]

도신 선사는 부처가 곧 마음이라고 말하고, 이와 같은 마음과 부

---

35 위의 책. "諸佛法身入一切衆生心想 是心是佛 是心作佛."

처의 도리를 명확히 하기 위해 다섯 가지로 부연하여 설명하고 있다. "첫째, 마음의 본체[心體]를 아는 것이니, 마음 본체의 성품이 청정하여 마음 본체와 부처가 동일하다고 아는 것이다. 둘째, 마음의 작용[心用]을 아는 것이니, 마음 작용이 법보法寶를 생生하고 영원한 적멸을 내니, 모든 미혹이 모두 여여如如하다. 셋째, 항상 멈춤 없이 깨닫는[覺] 것이다. 마음이 현전하여 있음을 깨닫고, 법이 무상無相임을 깨닫는다. 넷째, 항상 몸이 공적空寂함에 몸의 내외가 하나로 통해 있고, 법계 가운데서 입신入身하되 일찍이 걸리는 바가 없음을 관함이다. 다섯째, 수일불이守一不移함이다. 움직임과 고요함에 상주하는 것은 능히 수학자修學者가 불성을 명견明見하도록 해 주며, 선정의 문에 빨리 들어가게 한다."

이와 같이 도신 선사는 마음의 본체와 작용, 그리고 깨달음과 몸의 공적함 및 수일불이守一不移의 견성법見性法 등으로 선정겸수의 당위성을 내포한 해설을 하고 있는 것이다. 도신 선사의 입장에서는 이러한 마음과 부처가 불이不二라는 도리를 깨닫는 데 있어서 참선수행을 통하든지 혹은 염불수행을 통하든지 간에 전혀 문제가 되지 않는 것이다. 더 정확하게 말하면 선수행과 정토수행이 둘이 아닌 선정겸수의 수증론이 오히려 선교善巧방편이 될 수 있는 것이다.

그런데 선정겸수의 사상적 연원의 경증經證으로 가장 중요하게 제시되는 문구가 바로 도신 선사가 위에서 인용하고 있는 『관무량수경』의 "시심시불是心是佛 시심작불是心作佛"의 경구이다. 시심시불是心是佛이기 때문에 선禪에서는 '직지인심直指人心 견성성불見性成佛'이 가능하고, 시심작불是心作佛이기에 정토에서는 '구심구불求心求佛 견불왕생見佛往生'이 성립될 수 있는 것이다. 이른바 '시심시불是心是佛 시심작불是心作佛'이기 때문에 견성見性과 견불見佛이 둘이 아닌 선염일치禪念一致 선정겸수禪淨兼修가 이루어지게 되는 것이다.

다시 말하면, 마음이 부처이고 마음이 부처를 만들기에 마음 이외에는 따로 부처가 없고 부처 이외에는 마음이 없는 까닭에 제불의 법신과 중생의 마음이 서로 교철交徹할 수 있는 것이다.

그래서 『유마경』「불국품」에 "만약 보살이 청정한 국토를 얻고자 한다면 마땅히 그 마음을 청정하게 하여야 하나니, 그 마음이 청정함을 따라서 곧 불국토가 청정하여지느니라."[36]라고 설하고 있는 것이다.

즉 보살의 마음이 청정하므로 불국토가 청정해지는 것이다. 마음이 청정한 그 자리가 바로 불국토이므로 마음이 본래 청정함을 깨친 이는 더 이상 서방정토를 향할 필요가 없게 된다. 그러므로

---

36 『維摩經』「佛國品」. "若菩薩欲得淨土 當淨其心 隨其心淨 則佛土淨."

『능가사자기』「도신장」에 "서방을 향한 수행을 해야 하는가?"라는 물음에 도신 선사는 이렇게 답하고 있다.

"만약 마음이 본래 불생불멸不生不滅이며, 구경청정究竟淸淨함을 안다면 곧 이것이 청정한 불국토(정토)라서 다시 서방을 향한 수행을 할 필요가 없다."[37]

중생의 심상이 본자청정本自淸淨하고 불생불멸不生不滅임을 알게 되면 이것이 청정한 불국정토에 생生함이 없이 생한 것이기 때문에 굳이 다시 서방의 불국토를 구할 필요가 없게 되는 것이다. 다만 마음이 본래 불생불멸不生不滅의 불이중도不二中道임을 깨치게 되면 마음이 맑고 밝아 청정하게 되므로 수행을 가자假資할 필요가 없게 되는 것이다.

비유하면 마치 밝은 거울이 그 대상에 따라 비출 뿐 그 어디에도 물들지 않고 스스로 맑고 밝은 광명을 발하고 있는 것과 같다. 밝은 거울 자체는 염정染淨의 어지러운 경계에서도 항상 텅 비어

---

[37] 『楞伽師資記』. "用向西方不." "信日 若知心本來不生不滅 究竟淸淨 卽是淨佛國土 更不須向西方."

고요하기에 어떠한 닦음의 행위를 더 보태어 청정해지는 것이 아니다. 본래 있는 그대로 명정明淨할 뿐이다. 마음 또한 본래 스스로 밝고 청정한 까닭에 여하한 수행도 다시 보탤 필요가 없다는 것이다. 그래서 "어떻게 하여야 능히 법상을 깨닫고 마음이 명정明淨해질 수 있습니까?"라는 물음에 이렇게 답하고 있다.

"또한 염불하지도 않고, 또한 마음을 잡으려고 하지도 않고, 또한 마음을 보려고 하지도 않고, 또한 마음을 분별하지도 않고, 또한 사유하지도 않고, 또한 관행觀行하지도 않고, 또한 산란하지도 않아서 단지 바로 임운任運할 뿐이다."[38]

도를 배우는 이는 먼저 마음(일심)의 근원과 체용體用을 알아서 그 이치를 관하여 명정明淨해지고 두렷하고 분명하여 미혹이 없어야 한다. 마음에 미혹이 없으면 일체 법이 본래 청정하고 본래 무념無念이어서 보탤 것도 없고 덜어 낼 것도 없음을 알게 된다. 그러므로 염불念佛, 착심捉心, 간심看心, 계심計心, 사유思惟, 관심觀心, 산란散亂

---

[38] 위의 책. "云何能得悟解法相 心得明淨. 亦不念佛 亦不捉心, 亦不看心 亦不計心 亦不思惟 亦不觀行 亦不散亂 直任運."

할 필요도 없이 임운자재任運自在할 뿐이라고 말하는 것이다. 즉 선수행도 염불 방편도 필요 없이 오직 수연자재隨緣自在하게 살아가면 되는 것이다. 따라서 선문에서는 일찍이 "도는 닦을 필요가 없다[道不用修]."라고 말하는 것이다.

그런데 이와 같은 구경청정究竟淸淨, 불생불멸不生不滅의 불이중도를 깨쳐서 임운자재任運自在한 법을 쓰는 것은 근기가 하열한 둔근鈍根 중생을 위한 것이 아니라, 모름지기 이근利根 행자를 위한 수승한 방편에 해당하는 것이다.

도신 선사는 수행하는 자에게 네 종류의 사람이 있음을 밝히고 있다. 즉 행行이 있고 해解가 있으며 증證함이 있는 상상인上上人, 행行이 없고 해解가 있으며 증證함이 있는 중상인中上人, 행行이 있고 해解가 있으며 증證함이 없는 중하인中下人, 행行이 있고 해解가 없으며 증證함도 없는 하하인下下人이 그것이다. 도신 선사는 부처님께서 근기가 하열한 중하인과 하하인의 둔근 중생들을 위해 서방정토에 왕생하는 방편을 제시하고 있다고 말하는 것이다.

"부처님께서 둔근鈍根의 중생을 위해 서방을 향하도록 한 것이지 이근인利根人을 위해 설한 것이 아니다."[39]

도신 선사가 제시한 염불수증의 행법이 근기가 예리한 상근인을 위한 가르침이라면 근기가 하열한 둔근 중생은 어떻게 해야 하는가? 여기에 대해 명확히 제시한 바는 없으나 지금까지 살펴본 도신 선사의 법문에서 유추할 수 있듯이 좌선, 염불을 비롯한 여러 수증의 방편으로 이고득락離苦得樂해야 할 것이다.

지금까지 살펴본 바에 의하면, 달마 선문에서 최초로 선염겸수禪念兼修적인 염불선念佛禪의 색채를 띤 수증론을 제시한 조사가 바로 사조 도신이다. 근기론적인 입장에서 보면, 상근上根의 대심범부大心凡夫는 자성이 구경청정究竟淸淨하여 불생불멸함을 바로 깨쳐 임운자재할 뿐이라고 하고, 반면에 둔근鈍根 중생은 불명호佛名號를 전념專念하여 서방정토를 구하게 하는 것이라고 구분하고 있음을 알 수 있다. 이것이 초기 달마 선종에서 정토의 염불을 통한 일행삼매의 수증방편으로 선과 염불을 회통하고 있는 선례이다.

스승 도신 선사의 선법을 계승하여 동산법문을 개연開演하고 있는 오조 홍인 선사 역시 도신 선사의 염불 사상을 전승하고 있음을

---

[39] 위의 책. "佛爲鈍根衆生 令向西方 不爲利根人說也."

볼 수 있다. 즉 홍인 선사 역시 선禪 우위의 입장에서 자성청정심을 자각하는 것이 염불하는 것보다 수승하다고 하는 선종 초기의 입장을 고수하고 있다. 홍인 선사의 『수심요론』에 다음과 같은 법문이 기술되어 있다.

"무릇 수도의 본체는 자심의 당체가 본래 청정하여 불생불멸하고, 분별함이 없음을 알아야 한다. 자성이 원만한 청정심이라는 이 지견이 곧 본사本師이고 시방의 모든 부처님을 염하는 것보다 뛰어나다."**40**

불생불멸한 자성의 당체를 깨닫는 것을 수행의 본령으로 간주하는 선종에서는 정토에의 왕생을 목적으로 하는 정토종의 염불수행을 하근 범부들이 행하는 것이라고 폄하하는 수행풍토가 분명 존재하고 있었다. 심지어 홍인 선사는 '본래 마음을 지키는 것[守本眞心]이 불심을 염하는 것보다 더 수승한지' 묻는 질문에 '염불로는 생사를 해탈할 수 없다.'라고 단언할 정도로 선법 수행의 우월을

---

40 『修心要論』. "夫言修道之體, 自識當身本來淸淨, 不生不滅, 無有分別. 自性圓滿, 淸淨之心, 此見本師. 乃勝念十方諸佛."

강조하고 있다.

> "묻는다. 어째서 범부의 마음을 얻는 것이 불심보다(불심을 염하는 것보다) 더 뛰어나다는 것입니까? 답한다. 항상 타불他佛을 염하여도 생사를 면하지 못한다. 자신의 본심을 지키면 피안에 이를 수 있다. 까닭에 『금강반야경』에 이르기를, '색으로써 나를 보거나, 음성으로 나를 구하면 이러한 이는 삿된 도를 행하는 것이며 여래를 볼 수 없다.'라고 하였다. 그러므로 진심眞心을 지키는 것이 타불他佛을 염하는 것보다 뛰어남을 안다. 또 뛰어나다 함은 단지 행을 위해 사람을 권하는 말이고, 실은 궁극의 과체果體는 평등무이平等無二한 것이다."[41]

홍인 선사는 『금강경』의 게송, 즉 색성色聲의 상에 집착하는 것으로는 여래를 볼 수 없다는 구절을 들어 타방의 부처를 염하는 것으로는 생사를 면할 수 없기 때문에 수본진심守本眞心하는 선수행이 염불행보다 수승함을 말하고 있다. 그러는 한편 선정일치적인 입

---

41 위의 책. "問曰. 云何凡心得勝佛心. 答曰. 常念他佛不免生死. 守我本心得到彼岸. 故金剛般若經云, '若以色見我, 以音聲求我, 是人行邪道, 不能見如來.' 故知守眞心勝念他佛. 又言, 勝者, 只是約行勸人之語, 其實究竟果體平等無二."

장에서 '수승하다.'라고 말하는 것 또한 다만 행을 위한 방편으로 권장하는 것일 뿐 선이든 염불이든 궁극의 과체果體에서 볼 때는 평등무이平等無二한 법임을 강조하고 있다.

이와 같이 도신 선사와 홍인 선사의 동산법문東山法門에서는 선정일치의 수증론을 주장하면서도 직지인심直指人心 견성성불見性成佛이라는 선종의 종지에 충실한 입장을 고취하면서, 근기론적인 입장에서 수일불이守一不移, 수본진심守本眞心의 선수행은 상근 수행자들에게 해당되는 것이고, 당시 도작, 선도 등 정토종에서 주장하는 염불왕생은 하근 수행자들이 행하는 것이라고 폄하하는 종파적 우월성을 드러내고 있음을 볼 수 있다.

제2절 신수 북종의 선과 정토

북종 신수 선사(?~706)의 선법은 동산법문東山法門을 계승하고 있음을 알 수 있다. 『능가사자기』 「홍인장」에 의거하면 신수 대사는 홍인 선사의 십대 제자의 상수로서 "내가 신수와 더불어 『능가경』에 대해 논하였는데 현리玄理를 말함이 통쾌하여 확실히 많은 이익을 얻었다."라고 하며 인가하고 있다. 같은 책 「신수장」에 또한 다음과 같이 신수가 동산법문의 전승자임을 측천무후의 입을 통해 증거하고 있다.

> 측천대성 황후가 신수 선사에게 물었다.
> "전하시는 법은 어느 가家의 종지입니까?"
> 신수 선사가 대답하였다.
> "기주의 동산법문東山法門을 받은 것입니다."
> (측천무후가) 물었다.
> "어느 경전에 의거한 가르침입니까?"
> (신수 선사가) 대답하였다.
> "『문수설반야경』의 일행삼매一行三昧에 의거한 것입니다."

측천무후가 말했다.

"수도에 대해 논하건대 더 이상 동산법문을 넘어서는 것이 없겠습니다."[42]

여기서 알 수 있듯이 신수 선사는 철저히 능가사楞伽師의 법맥을 잇고 있으며, 특히 동산법문의 종지를 계승하여『문수설반야경』의 일행삼매에 의거한 수증을 소의로 하고 있음을 분명하게 밝히고 있다. 즉『문수설반야경』에 설한 일행삼매의 반야바라밀행의 선법과 염불법을 전승하고 있음을 표방하고 있는 것이다.

앞 절에서 언급하였듯이『문수설반야경』에서 설하고 있는 일행삼매의 수증방편은 이理의 방면에서 반야바라밀행으로서의 선수행과 사事의 방면에서 염념상속불명호念念相續佛名號로서의 염불삼매를 동시에 제시하고 있다.

신수 선사 또한 도신 선사의 수증방편의 계승적 측면에서 이理적인 방편으로서의 선수행과 사事적인 방편으로서의 염불수행을 겸하여 제시하고 있음을 볼 수 있다.『대승무생방편문』의 제2「개지혜

---

42 『楞伽師資記』. "則天大聖皇后問神秀禪師曰, 所傳之法, 誰家宗旨. 答曰, 稟蘄州東山法門. 問, 依何典誥. 答曰, 依文殊說般若經, 一行三昧. 則天曰, 若論修道, 更不過東山法門."

문開智慧門」편에 이렇게 말하고 있다.

"화상이 목탁을 치며 물었다. 이 소리를 듣지 못하는가? 들음에 움직임이 없으면 이 움직임 없음, 이것이 선정으로부터 지혜를 발하는 방편이며, 혜문慧門을 여는 것이다. (움직임 없이) 듣는 것이 혜慧이며, 이 방편은 비단 혜慧를 발할 뿐만 아니라 또한 능히 바른 정定이 되는 것이다. 이것이 지문智門을 열어 바로 지智를 얻는 것이니, 이름하여 지혜문을 여는 것이라 한다."[43]

이른바 목탁 치고 염불함에 있어서 소리를 듣되 들은 바 없이 듣는 반문문성返聞聞性의 도리가 정혜定慧를 쌍수하는 의미의 지혜문을 여는 것이라고 하였다. 염불할 때 목탁 소리와 염불 소리를 관하여 소리라는 대상과 소리를 듣는 주체가 함께 공空하여 주와 객이 있되 있지 않음이요, 없되 없지 않음의 중도불이中道不二의 이理를 깨우치게 하는 방편문을 시설하고 있는 것이다. 신수 선사는 더나아가 지혜의 방편으로 해탈하는 것으로써 불국토를 장엄해야 함

---

43 『大乘無生方便門』. "和尚打木問言, 聞聲不, 聞不動此不動, 是從定發慧方便, 是開慧門, 聞是慧. 此方便非但能發慧, 亦能正定. 是開智門, 即得智, 是名開智慧門."

을 이렇게 설하고 있다.

"어떤 것을 일러 방편 지혜로 해탈하는 것이라 하는가? 보살이 애견심 없이 불국토를 장엄하여, 공空·무상無相·무작無作의 법 가운데 스스로 조복調伏하면 방편의 지혜로 해탈하는 것이다. 지혜 방편 없이 열반에 애착하여 불국토를 보고, 육근을 증득하여 불국토로 삼아, 움직임 없음으로 장엄하여 육근이 부동함을 증득하고, 탐진치의 성품이 공空함을 요달하여, 견취공見取空을 깨달음으로 삼아서, 생사를 싫어하고 열반에 머무르면 이것을 이름하여 '지혜 방편 없는 결박'이라 한다. 지혜 방편으로 해탈하는 것은, 보살이 이미 애견심으로 좋아하여 열반을 보되, 청정한 육근을 불국토로 삼아 움직임 없음으로 장엄하여 육근이 부동함을 증득하고, 탐진치의 성품이 공함을 요달하여 공을 보되 불취공不取空을 깨달음으로 삼아, 생사를 싫어하지 않고 열반에 머무르지 않는 것이다. 이것을 이름하여 '지혜 방편의 해탈'이라고 한다."[44]

---

[44] 위의 책. "何謂有方便慧解, 菩薩不以愛見心莊嚴佛土. 於空無相無作法中而自調伏, 是名有方便慧解. 無慧方便縛愛愛涅槃見見諸佛土, 證得六根爲佛土. 不動爲莊嚴, 證得六根不動, 了貪瞋癡性空, 見取空爲證 厭生死住涅槃, 是名無慧方便縛. 有慧方

보살이 다 같이 불국토를 장엄하되 움직임 없음으로 장엄하여 육근이 부동함을 증득하고, 탐진치의 성품이 공함을 요달하였다 하더라도 공에 집착하는 견취공見取空을 깨달으면 지혜 방편 없는 결박이 되고, 공空을 보되 공에 집착하지 않는 불취공不取空을 깨달으면 지혜 방편의 해탈이 된다고 하였다. 육근 그대로를 불국토로 삼는 것이 아니라, 육근이 텅 비어 공空한 청정 본연의 육근을 불국토로 장엄해야 '부주생사不住生死 부주열반不住涅槃'을 성취한 보살의 중도정견이 이루어지는 것이다. 이 또한 불이중도의 이理를 증득하게 하는 일행삼매의 수증인 것이다.

이와 같이 신수 대사는 일행삼매의 이理의 방편에서 반야바라밀다행의 실천행으로서의 선수행을 강조하는 한편, 사事의 방편으로 염불수행을 말하고 있다.

그리고 『대승무생방편문』에서는 5문門의 대승 무생無生의 수증 방편문을 시설하고 있는데, 제1문은 『기신론』을 소의로 하여 총체적으로 불佛의 체體를 밝히고, 제2문은 『법화경』을 소의로 하여 지혜문(불지견)을 개시하고, 제3문은 『유마경』에 의거하여 부사의법不

便解, 菩薩已愛見心愛愛涅槃見, 淸淨六根爲佛土, 不動爲莊嚴, 證得六根不動, 了貪瞋癡性空, 見空不取空爲證, 不厭生死不住涅槃, 是名有慧方便解."

思議法을 현시하고, 제4문에는 『사익경』에 의거하여 제법의 정성正性을 밝히고, 제5문에는 『화엄경』을 소의로 하여 자연의 무애해탈無礙解脫을 설하고 있다.

그런데 신수는 제1문에서 불佛의 본체를 밝히면서 다음과 같이 설하고 있다.

"불심은 청정하여 유有와 무無를 여의고, 몸과 마음은 일어나지 않아[身心不起] 항상 진심眞心을 지킨다. 이것이 몰沒(숨음, 비었음)이며 진여이다. 심불기心不起가 심진여心眞如이며, 색불기色不起가 색진여色眞如이다. 심진여心眞如이므로 심해탈心解脫이며, 색진여色眞如이므로 색해탈色解脫이다. 심心과 색色을 모두 여읜 것이 무일물無一物이요, 대보리수大菩提樹이다."⁴⁵

부처의 체를 밝힘에 있어서 『문수설반야경』의 일행삼매를 바탕으로 하여 홍인 선사의 수본진심守本眞心을 계승하여 심불기心不起로 심진여心眞如를 삼고, 색불기色不起로 색진여色眞如를 삼아 진여삼매

---

45 위의 책. "佛心淸淨離有離無, 身心不起常守眞心. 是沒是眞如. 心不起心眞如, 色不起色眞如, 心眞如故心解脫. 色眞如故色解脫. 心色俱離卽無一物, 是大菩提樹."

眞如三昧를 밝힘으로써 본래무일물本來無一物의 돈오선지를 표방하고 있다. 신수 대사는 또한 북종에서 주장하는 '심체이념心體離念'의 이념선離念禪의 종지를 밝혀 수증론을 제시하고 있다. 즉 '마음의 본체는 망념을 여의었다.'라고 하는 것은 『기신론』에서 깨달음[覺]은 심체이념心體離念이고, 이념離念의 상은 법계일상法界一相으로 일행삼매와의 연관성을 내포하고 있다.

연이어 대승 무생방편의 수증에 대한 행법을 자세히 논술하고 있는데, 그 구체적 행법은 대중이 다 함께 호궤합장하여, 제1 사홍서원을 발원하고, 제2 시방제불을 청해 화상으로 모시고, 제3 삼귀의를 봉행하고, 제4 오능五能을 맹서하고, 제5 삼세의 죄업과 현재의 십악죄를 참회하고, 제6 보살계를 삼설三說하고, 제7 결가부좌해서 좌선입도방편을 수행하고, 제8 목탁과 함께 일시염불一時念佛하고, 제9 반야바라밀법을 강설하는 것 등으로 구성되어 있다.

여기에서 주목되는 것은 '지계持戒'와 '일시염불一時念佛'이라는 부분이라고 할 수 있다. 먼저 지계 부분에 대해 살펴보면, 주지하는 바와 같이 초기 달마 선종의 구성원들이 최상승의 본분납자들로 이루어졌기 때문에 지계의 중요성에 대해서는 굳이 강조할 필요가 없었다고 한다. 그러나 달마 이래 일화오엽一花五葉하여 남북종으로 분립된 이후에는 지계의 당위성을 강조하고 있다.

위의 제4 오능五能, 즉 다섯 가지를 능히 지킬 것[能持]을 다짐하는 오능의 세 번째, 목숨이 다할 때까지 금계禁戒를 다짐하고 있으며, 제6에서 보살계가 바로 심불기心不起의 심지계心地戒이며 불성계佛性戒임을 설하고 있다. 다시 말하면, 보살계가 불성계이기 때문에 삼업을 소멸하여 불성을 청정하게 하기 위해 비유를 들어 설명하고 있다.

"너희 등이 참회를 다해 삼업이 청정해짐이 마치 유리가 청정하여 내외명철內外明徹함과 같다. 기꺼이 정계淨戒인 보살계를 받는 이것은 심계心戒를 지키는 것이며, 불성으로써 계를 삼는 것이다. 성품의 마음을 문득 일으키면 불성을 위배하는 것이니 보살계를 파하는 것이며, 호지護持하여 마음을 일으키지 않으면 곧 불성에 수순하는 것이니 보살계를 지키는 것이다."[46]

이와 같이 신수 선사의 북종에서는 지계를 강조하고 있는데, 이때의 계는 정계淨戒로서의 보살계이며, 보살계는 심지계心地戒이며

---

[46] 위의 책. "汝等懺悔竟三業淸淨, 如淨琉璃內外明徹. 堪受淨戒菩薩戒, 是持心戒, 以佛性爲戒. 性心瞥起卽違佛性, 是破菩薩戒. 護持心不起, 卽順佛性, 是持菩薩戒."

불성계佛性戒라고 정의하고 있다. 심지계인 불성계는 일념불기一念不起(한 생각도 일으키지 않음)가 지계이며, 일념별기一念瞥起(한 생각이 문득 일어남)가 파계가 되는 것이다. 일념당처가 본래 청정하고 원만구족하기가 유리의 광명이 내외명철內外明徹함과 같다고 하였다.

그러므로 한 생각 일으키되 일으킨 바 없이 일으키는 무념無念이 바로 지계가 되는 것이다. 이러한 불성청정佛性淸淨의 지계의 바탕 위에 일시염불一時念佛을 행하고 있음을 볼 수 있다.

즉 제8에서 목탁을 치면서 대중이 함께 일시에 염불하는 행법을 실행하고 있는 것이다. 또한 『대승무생방편문』에서도 "불자여, 제불여래께서는 도에 들어가는 큰 방편이 있다. 일념의 청정한 마음으로 단박에 부처의 경지를 초월한다. 화상은 목탁을 치며 일시에 염불한다."47라고 설하였다.

이것으로 미루어 볼 때 북종선에서는 '일념정심돈초불지一念淨心頓超佛地'48라고 하는 반야바라밀의 돈오선법을 설함과 동시에 지계를 강조하고 염불을 겸수하는 수증가풍이 제시되고 있음을 볼 수 있다. 좌선수행과 지계 및 염불 등을 등지等持하는 것으로써 북종선

---

47 위의 책. "佛子, 諸佛如來有入道方便. 一念淨心頓超佛地. 和(尙)擊木, 一時念佛."
48 일념정심돈초불지一念淨心頓超佛地란 한 생각 청정한 마음이 단박에 부처의 지위를 뛰어넘는다는 뜻이다.

의 수증방편을 삼고 있는 것이다.

　도신, 홍인의 동산법문에서는 둔근인들을 위해 방편으로 염불수행을 제시한다고 분명하게 근기론으로 대처하고 있지만, 시대가 변해 장안과 낙양을 중심으로 한 제도권 불교에서 정토종의 염불수행이 광범하게 유포되어 종파 간의 수증론이 각축을 벌이고 있던 남북종 시대에는 일정 부분 선수행과 함께 염불수행이 수용되고 있었음을 짐작하게 된다. 염불수행을 수용하되 선禪적인 수행의 바탕 위에서 정토왕생의 법문이 설해지고 있음을 볼 수 있다. 신수선사의 『관심론』에 『유마경』에서 설한 '심청정心淸淨이 불토청정佛土淸淨'을 인용하여 다음과 같이 주장하고 있다.

　"만약 자심이 청정하면 일체중생이 모두 청정해진다. 그러므로 경에 설하기를, '마음이 더러운즉 중생이 더러워지고 마음이 청정한즉 중생이 청정해진다.' 하였다. 또 말하기를, '불토를 청정하게 하려면 먼저 그 마음을 청정히 할지니, 마음이 청정해지면 불토가 청정해진다.'라고 하였다."[49]

49　『觀心論』. "若自心淨, 一切衆生, 悉皆淸淨. 故經云, 心垢則衆生垢, 心淨則衆生淨. 又云, 欲淨佛土, 先淨其心, 隨其心淨, 則佛土淨."

신수 선사는 자심청정이 일체중생의 청정이며, 자심청정이 불토청정이라는 선종의 기본적 정토관인 유심정토에 입각하여 불국토를 설명하고 있다. 이러한 『유마경』의 불국토 개념을 인용하여 유심정토를 주장하는 것은 초기 선종으로부터 조사선에 이르기까지 거의 대부분 조사들의 공통된 견해라고 할 수 있다. 북종의 신수 선사와 남종의 혜능 선사 역시 마찬가지로 유심정토설을 제기하고 있음을 볼 수 있다.

유심정토에 입각한 신수 선사의 북종에서는 구체적인 염불수행에 대한 방편을 제시하고 있지는 않지만 간략하게 염불과 정토에 대한 소회를 밝히고 있다. 『관심론』에 "경에 설한 바와 같이 지심으로 염불하면 반드시 해탈을 얻는다고 했다."라고 하는 것에 이렇게 답하고 있다.

> "무릇 염불이라는 것은 마땅히 정념正念을 바로 함이다. 요의了義가 정正이요, 불요의가 사邪이다. 정념이면 반드시 왕생정토하게 되고 사념邪念이면 어떻게 그곳(정토)에 도달하겠는가."[50]

---

50 위의 책. "又問, 經所說言, 至心念佛, 必得解脫. 答曰, 夫念佛者 當須正念爲正. 了義爲正, 不了義爲邪. 正念必得往生淨國, 邪念如何達彼."

요의了義란 불교의 핵심 종지로서 생사를 여의고 해탈열반을 성취하는 궁극의 가르침이다. 요의가 바른 법이므로 생사해탈을 위한 정념의 수행으로서의 염불이라야 왕생정토를 할 수 있으며, 그렇지 못한 삿된 법인 사념邪念의 염불로는 정토에 왕생할 수 없음을 밝히고 있다. 또한 "염念이라는 것은 억념憶念하는 것이니, 계행을 억념하여 잊지 않고 부지런히 하는 것"이라고 부연하고 있다.

즉 계행을 잘 억념하여 정념으로 염불하면 정토왕생이 확실하다고 역설하고 있다. 정토왕생의 정인正因 중의 하나로써 지계를 강조하고 있는 것은 북종선 특유의 견해라고 할 수 있다.

이와 같은 염불행은 정토종의 자민혜일 대사에게도 영향을 주고 있으며, 당말 오대의 영명연수 선사의 정토 사상에도 지대한 영향을 미치고 있다고 하겠다. 내적 관심수행이 강조되는 북종선에서 계행에 충실한 것은 신수 대사 염불관의 한 특징이다.[51]

염불 또한 참선처럼 실참실구實參實究로서의 방편을 구사함으로써 일심불란一心不亂이라는 염불의 본체를 행해야지, 소리라는 형상에 치우쳐 입으로 불러 복을 구하고 있다면 이는 사념邪念이 되어 결코 왕생할 수 없다는 것이다.

---

51 혜원 著, 『北宗禪』, (운주사), p.183. 참조.

"이미 염불이라는 명칭을 붙였다면 모름지기 염불의 본체를 행할지니라. 만일 생각에 실다운 본체가 없이 입으로 헛된 명호만 외운다면 무슨 이익이 있으리오. 또 외우는 것과 염하는 일은 이름과 뜻이 아득히 다르니, 입으로 하면 외운다 하고 뜻으로 하면 염한다 하느니라. 그러므로 염하는 것은 마음에서 일어나는지라 깨닫는 수행의 문이요, 외우는 것은 입에 속하는지라 음성의 모습이니 형상에 집착하여 복을 구하는 것은 끝내 옳지 못하니라."[52]

입으로 행하는 송불誦佛은 아무 이익이 없음이요, 뜻으로 염念하는 염불念佛이라야 깨달음에 이르는 수행의 문이 될 수 있다는 것이다. 이로 미루어 보아 신수 선사 당시에는 이미 마음속으로 염하는 실상·관상觀想의 염불뿐만이 아니라 소리로 염하는 칭명염불이 광범하게 유행하고 있었음을 짐작할 수 있겠다. 또한 이러한 사실을 『전법보기』에 다음과 같이 서술하고 있다.

---

[52] 『觀心論』. "旣稱念佛之名, 須行念佛之體. 若念無實體, 口誦空名, 徒自虛空, 有何成益. 且如誦之與念, 名義懸殊, 在口曰誦, 在心曰念. 故知念從心起, 名爲覺行之門, 誦在口中, 卽是音聲之相, 執相求福, 終無是乎."

"인忍(홍인), 여如(법여), 대통大通(신수) 때에는 법문을 크게 열어 근기를 택하지 않고 일제히 빠르게 불명佛名을 염念하도록 하였다."[53]

이로 미루어 두 가지 점을 유추할 수 있다. 첫째는 수행자의 근기에 입각하여 정념과 칭명염불을 주장했으며, 둘째는 시대적 역사적 변화에 발맞추어 염불이 수행과 교화를 아우르는 행화行化의 방편으로서 혹은 신앙으로서 중요시되었음을 알 수 있다. 북종선의 일행삼매로서 염불선이 강조되었음을 알 수 있다.[54]

도신 선사와 신수 선사는 다 함께『문수설반야경』에서 설한 일행삼매에 의거하여 반야행으로서의 선수행과 염불행으로서의 정토수행을 동시에 제시하고 있다. 다만 양 선사 모두 선禪의 입장에서 염불을 수용하는 선법 우위의 선정일치를 주장하고 있다고 하겠다.

다만 신수 선사는 시대적 변화에 따른 수행과 신앙의 기조에서 좀 더 구체적인 행법으로 염불을 수용하고 있음을 알 수 있다. 일행

---

53 『傳法寶紀』. "忍如大通之世, 則法門大啓, 根機不擇, 齋速念佛名."
54 혜원 著,『北宗禪』, (운주사), p.184. 참조.

삼매의 내용으로 설해진 '법계일상法界—相 계연법계繫緣法界'는 진여의 이치를 관하는 진여삼매이며, 아울러 염불삼매이기도 하다. 달마 선종의 기본 입장이 선禪 우위의 염불 수용이라는 원칙 아래에 선정일치를 주장하고 있는 것이다. 다만 신수 선사의 선과 염불에서는 계율의 준수가 강조되고 있음이 그 특징의 하나라 할 수 있다.

제3절 혜능 『단경』의 정토관

앞 절에서 언급하였듯이 초기 선종의 도신 선사는 선의 입장에서 정토를 수용하되, 정토는 하근기의 중생에게 방편으로 설해지는 수행임을 분명히 하였다. 도신 선사와 홍인 선사의 동산법문을 계승하고 있는 남종선의 혜능慧能 선사(638~713)는 과연 어떠한 정토관을 가지고 있는지 살펴보도록 하자. 돈황본 『단경』에서 혜능 선사는 정토왕생에 대한 위사군의 물음에 이렇게 설하고 있다.

"세존께서 사위국에 계시면서 서방정토로 인도하여 교화하는 말씀을 하셨느니라. 경에 분명히 말씀하시기를, '여기서 멀지 않다.'라고 하였나니, 다만 낮은 근기의 사람을 위하여 멀다 하고, 가깝다고 말하는 것은 다만 지혜가 높은 사람 때문이니라."[55]

---

[55] 燉煌本 『壇經』. "世尊在舍衛國 說西方引化 經文 分明去此不遠 只爲下根說遠 說近只緣上智."

혜능 선사의 정토 사상은 기본적으로 도신 선사의 정토관을 계승하고 있음을 볼 수 있다. 즉 선수행 우위의 입장에서 특별히 하근 중생을 위하여 방편으로 서방정토西方淨土 왕생을 말하고, 상근 중생을 위하여 유심정토唯心淨土를 설하고 있는 것이다. 혜능 선사는 그 까닭에 대해 이렇게 말하고 있다.

"사람에게는 자연히 두 종류가 있으나 법에는 그렇지 않나니, 미혹함과 깨달음이 달라서 견해에 더디고 빠름이 있을 뿐이니라. 미혹한 사람은 염불하여 저곳(서방정토)에 나려고 하지마는 깨달은 사람은 스스로 그 마음을 깨끗이 하느니라."[56]

혜능 선사는 수증의 돈점頓漸에 의거한 근기론으로 대처해 서방정토와 유심정토를 설명하고 있다. 견해의 미迷와 오悟에 따라 더디고 빠름이 있을 뿐이라고 하였다. 즉 단박 깨달은[頓悟] 사람은 다만 그 마음을 청정히 할 뿐이니, 이것이 바로 유심정토이다. 반면에 견해가 더딘 사람은 점차적인 수행[漸修]을 통해 서방정토에 왕생하고자 하는 것이라고 말하고 있다. 이러한 『단경』의 유심정토관은

---

56 위의 책. "人自兩種 法無不同 迷悟有殊 見有遲疾. 念佛生彼 悟者自淨其心."

전적으로 『유마경』의 불국정토설과 궤를 같이하고 있는 것이다.

"그러므로 부처님께서 '그 마음이 청정함을 따라서 곧 불국토(정토)가 청정해진다.'라고 말씀하셨느니라."[57]

『유마경』에서는 "온갖 중생이 보살의 불국토"[58]라고 설하고, 그 인유因由에 대하여 "보살이 교화할 바의 중생을 따라서 불국토를 취한다."라고 하였다. 왜냐하면 "보살이 청정한 국토를 취하는 것은 모두가 중생을 이익되게 하기 위한 까닭이다."라고 말하고 있기 때문이다. 중생이 없으면 불국토를 세울 필요가 없다. 다만 중생을 깨우치기 위한 방편으로 정토로 향하기를 원할 뿐이다. 그러므로 "직심直心·심심深心·보리심菩提心·회향심廻向心·방편方便" 등이 보살의 정토라고 설하고 있는 것이다.

그 이유는 "보살이 곧은 마음[直心]을 따라서 곧 능히 행동에 옮기고, 행동에 옮김을 따라 곧 깊은 마음[深心]을 얻고, 그 깊은 마음을 따라 곧 생각이 조복調伏되고, 그 조복됨을 따라 곧 말한 대로 행

---

57 위의 책. "所以佛言 隨其心淨 則佛土淨."
58 『維摩經』. "衆生之類 是菩薩佛土."

동하며, 말한 대로 행동함에 따라 곧 능히 회향하고, 그 회향을 따라 곧 방편이 있게 되고, 그 방편을 따라 곧 중생을 성취하게 된다."라고 하였다.

그러므로 『유마경』은 "만약 보살이 청정한 국토(정토)를 얻고자 한다면 마땅히 그 마음을 청정하게 하여야 하나니, 그 마음이 청정함을 따라서 곧 불국토가 청정해진다."[59]라고 결론을 말하고 있는 것이다.

이와 같이 혜능 선사가 말하고자 하는 정토는 『유마경』에서 설하고 있는 "마음이 청정함을 따라 청정해지는 정토", 즉 유심정토를 가리키고 있는 것이다. 유심정토에서 중요한 것은 마음을 청정히 하는 것이다. 이와 같이 선종에서는 견성見性이든 견불見佛이든 마음으로부터 이루어지는 것이므로 '직지인심直指人心 견성성불見性成佛'을 강조하고 있는 것이다. 선禪에서는 마음이 중심 주제가 될 수밖에 없다. 마음이 부처이고, 마음이 정토이기에 왕생정토는 당연히 마음을 청정하게 함이 선행되어야 한다.

"동방 사람일지라도 다만 마음이 청정하면 죄가 없고, 서방

---

59 위의 책. "若菩薩 欲得淨土 當淨其心 隨其心淨 則佛土淨."

사람일지라도 마음이 청정하지 않으면 허물이 있느니라. 미혹한 사람은 정토에 왕생하기를 원하나 동방이든 서방이든 사람이 있는 곳으로는 다 마찬가지이다. 다만 마음이 청정하면 서방정토가 여기서 멀지 않고, 마음에 청정하지 않은 생각이 일어나면 염불하여 왕생하고자 하여도 이르기 어려우니라."[60]

종보본宗寶本과 덕이본德異本의 『단경』에는 이 단락을 더 구체적이고 사실적인 표현으로 이렇게 기술하고 있다.

"동방 사람이 죄를 지으면 염불하여 서방정토에 나기를 구하면 되지만, 서방 사람이 죄를 지으면 염불하여 어느 국토에 나기를 구할 것인가? 어리석은 범부가 자성을 밝히지 못하여 이 몸 가운데 정토가 있음을 알지 못하기 때문에 동쪽을 원하고 서쪽을 원하지만, 깨달은 이는 있는 곳마다 한가지니라. 그러므로 부처님은 '머무는 곳을 따라 항상 안락하다.'라고 말씀하셨느니라."[61]

---

60 燉煌本 『壇經』. "東方 但淨心無罪, 西方 心不淨有愆 迷人願生 東方西方 所在處竝皆一種. 心但無不淨 西方去此不遠 心起不淨之心 念佛往生難到."
61 宗寶本, 德異本 『壇經』. "東方人造罪, 念佛求生西方, 西方人造罪 念佛求生何國? 凡

동방 사람이든 서방 사람이든 자성自性을 사무쳐 깨닫지 못한 범부의 입장에서는 염불하여 동방이든 서방이든 정토에 왕생하기를 바라지만, 자성청정을 단박 깨달은 사람은 자신의 몸 가운데 정토가 있음을 알기 때문에 동방에 있든 서방에 있든 있는 그 자리가 바로 안락국토이니, 경에서는 '머무는 곳을 따라 항상 안락하다.'라고 설하는 것이다. 이것을 선적인 표현으로 "수처작주隨處作主 입처개진立處皆眞"이라고 말한다.

어차피 깨달은 사람은 있는 그 자리가 안락국토이지만 자성을 요달하지 못한 어리석은 중생들의 입장에서는 어쩔 수 없이 타방정토他方淨土를 구할 수밖에 없다. 『아미타경』에 설하기를, "이 사바세계로부터 서방으로 십만억 불국토를 지나 세계가 있으니 그 이름이 극락이며, 그 불국토에 부처님이 계시니 호가 아미타요, 현재 설법하고 계신다."[62]라고 하였다. 이에 근거하여 혜능 선사 당시 사람들은 십만 팔천 리를 지나 저 먼 곳에 서방정토 극락세계가 있다고 믿고 있었던 것이다. 이런 믿음의 바탕 위에 혜능 선사는 일심청정一心淸淨의 입장에서 다음과 같이 말하고 있다.

愚不了自性, 不識身中淨土, 願東願西, 悟人在處一般. 所以佛言, 隨所住處恒安樂."

62 『阿彌陀經』. "從是西方 過十萬億佛土 有世界 名曰極樂 其土 有佛 號阿彌陀 今現在說法."

"십악十惡을 제거하면 바로 십만 리를 가고 팔사八邪가 없으면 바로 팔천 리를 지난 것이니, 다만 곧은 마음[直心]을 행하면 도달하는 것은 손가락 튕기는 것과 같으니라. 사군이여, 다만 십선十善을 행할지니, 어찌 모름지기 짐짓 왕생하기를 바랄 것인가. 십악의 마음을 끊지 못하면 어느 부처님이 와서 맞이하겠는가. 만약 무생無生의 돈법頓法을 깨달으면 서방정토를 찰나에 볼 것이요, 대승 돈교頓敎를 깨닫지 못하면 염불을 하여도 왕생할 길이 멀거니, 어떻게 도달하겠는가."63

십악十惡64을 제거하는 것이 십만 리를 가는 것과 같고, 팔사八邪65를 다스리면 이미 팔천 리를 지난 것과 같기 때문에 다만 직심直心을 행하면 한 걸음도 옮기지 않고 그 자리에서 손가락 튕기는 찰나의 순간에 서방정토에 왕생하는 것이 된다고 말하고 있다.

---

63 燉煌本『壇經』. "除十惡 卽行十萬 無八邪 卽過八千, 但行直心 到如彈指. 使君 但行十善 何須更願往生 不斷十惡之心 何佛卽來迎請. 若悟無生頓法 見西方 只在刹那 不悟頓敎大乘 念佛 往生路遙 如何得達."

64 십악十惡: 살생殺生, 투도偸盜, 사음邪婬, 망어妄語, 기어綺語, 양설兩舌, 악구惡口, 탐욕貪慾, 진에瞋恚, 우치愚癡.

65 팔사八邪: 팔정도八正道의 반대 개념. 사견邪見, 사사유邪思惟, 사어邪語, 사업邪業, 사명邪命, 사정진邪精進, 사념邪念, 사정邪定.

그러면 십악을 돌이켜 십선을 닦으면 될 일이지 굳이 왕생을 발원할 일이 없다고 하였다. 설사 왕생을 발원하고 염불을 수행하더라도 십악을 제거하지 못해 마음이 어지러운 경지라고 한다면 임종시에 어느 부처가 내영來迎하겠느냐고 반문하고 있다. 다만 무생무멸無生無滅의 돈오법문을 깨달으면 있는 그 자리에서 서방정토의 아미타불을 친견할 수 있는 것이며, 돈교의 대승법을 깨닫지 못하면 아무리 염불행자라 하더라도 도달하기 어렵다고 주장하고 있다.

혜능 선사는 당시의 대중들을 위하여 서방정토를 찰나에 눈앞으로 옮겨 바로 보게 해 주겠다면서 다음과 같이 '유심정토唯心淨土 자성미타自性彌陀'의 법을 설하고 있다.

"부처는 자기 성품으로 이루어지는 것이니 몸 밖에서 구하지 말라. 자기 성품이 미혹하면 부처가 중생이요, 자기 성품을 깨달으면 중생이 바로 부처이니라. 자비는 관음이요, 희사는 세지라고 부르며, 능히 청정하면 석가요, 평등하고 곧음은 미륵이니라. … 자기 마음자리 위에 깨달은 성품[覺性]의 부처가 큰 지혜를 비추어 광명이 빛나며, 육문六門(안이비설신의)이 청정하고 욕계의 여섯 하늘을 비추어 다스리고 아래로 비추어 삼독을 제거하면 지옥이 일시에 사라져 안팎으로 사무쳐 밝아서

서방극락과 다르지 않나니, 이러한 수행을 하지 아니하고 어찌 피안(정토)에 이를 것인가."⁶⁶

그런데 위의 인용문에서 보듯이, 돈황본 『단경』에서는 '평등하고 곧음은 미륵'이라고 표현하고 있지만, 종보본이나 덕이본 『단경』에서는 '평등하고 곧음은 미타'라고 바꾸어 기술하고 있음을 볼 수 있다. 아마도 시대의 변천에 따라 정토의 대상도 달라지고 있었음을 짐작하게 하는 대목이다.

『관무량수경』에서는 '마음이 부처를 이룬다[是心作佛].'라고 설하고 있는 데 비해, 돈황본 『단경』에서는 '자성이 부처를 이룬다[自性作佛].'라고 설하고 있다. 여기서 마음이나 자성은 같은 의미로 사용된 말이기 때문에 마음이든 자성이든 깨달으면 부처가 되는 것이다.

따라서 혜능 선사는 자성이 미혹하면 부처가 곧 중생이 되고, 자성을 깨달으면 중생이 곧 부처가 된다고 말하는 것이다. 심지心地에

---

66 頓煌本 『壇經』. "佛是自性作 莫向身外求 自性迷 佛卽衆生 自性悟 衆生卽是佛. 慈悲卽是觀音 喜捨名爲勢至 能淨是釋迦 平直是彌勒. … 自心地上覺性如來 放大智慧 光明照耀 六門淸淨 照破六欲諸天 下照三毒若除 地獄一時消滅 內外明徹 不異西方 不作此修 如何到彼."

각성覺性인 여래를 깨닫는 수행을 통하지 않고서는 견성할 수 없으며 왕생할 수도 없게 된다는 것이다. 결국 자성이 미혹하여 중생이 되었기 때문에 미혹한 자성을 밝히는 수행이 관건이 되는 것이다. 혜능 선사는 이러한 자성을 밝히는 수행은 출·재가를 막론하고 이루어질 수 있는 것이라고 주장하고 있다.

"선지식들이여, 만약 수행하기를 바란다면 재가라도 가능한 것이니, 절에 있다고만 되는 것이 아니다. 절에 있으면서 닦지 않으면 서방인의 마음이 악惡함과 같고, 재가자라도 만약 수행하면 동방인이 선善함을 닦는 것과 같다. 다만 바라건대 자기 스스로 청정함을 닦으면 그것이 바로 서방(정토)이다."[67]

동방인이든 서방인이든 장소가 문제가 아니며, 출가나 재가의 차별이 문제가 아니라, 언제 어디에 있든 자성의 청정함을 닦는 것이 중요한 것이다. 이와 같이 돈황본 『단경』에서는 "자기 스스로 청정함을 닦으면 곧 이것이 서방[自家修淸淨 卽是西方]"이라고 기술되고

---

[67] 위의 책. "善知識 若欲修行 在家亦得 不由在寺 在寺不修 如西方心惡之人 在家若修行 如東方人修善 但願自家修淸淨 卽是西方."

있지만, 훗날 편집된 종보본과 덕이본 『단경』에서는 이 구절의 내용이 "다만 마음이 청정하면 곧 이것이 자성의 서방[但心淸淨 卽是自性西方]"이라고 표현되어 있다. 여기서 말하는 '자성서방自性西方'이란 말은 '유심정토唯心淨土'와 '자성미타自性彌陀'라는 말을 합성한 표현으로서 종보본과 덕이본 『단경』에서 기술하고 있는 선정일치禪淨一致 사상의 백미라고 할 수 있다.

'돈오자성청정頓悟自性淸淨'이라는 돈오선법을 강조하고 있는 『단경』은 "마음이 청정하면 불국토도 청정하다."라고 하는 『유마경』의 사상을 적극적으로 차용하여 '자성청정自性淸淨이 자성서방自性西方'이라는 표현으로 선과 정토를 유심정토唯心淨土와 자성미타自性彌陀로 융회하고 있는 것이다.

혜능 선사의 정토관은 전적으로 유심정토이며 자성미타를 주장함으로써 '식심견성識心見性 견성성불見性成佛'이라는 선의 종지 위에 정토를 수용하는 선禪 우위의 선정일치禪淨一致를 우회적으로 표방하고 있다고 할 수 있다.

제4절 무상의 인성염불과 남산염불문선종

초기 선종의 법계도에서 살펴보면, 홍인은 그 문하에 십대 제자를 두고 있다. 그 가운데 자주의 지선智詵 선사와 과랑선십果閬宣什 선사가 있는데, 지선 선사 계통의 신라 왕자 출신인 무상無相 선사(684~762)와 선십 선사가 선수행과 염불수행을 겸행하는 수행법을 제창하고 있다. 특히 무상 선사는 위로 달마선을 계승하고 있음을 표방하고 수계의식을 통해 인성염불引聲念佛과 무억無憶·무념無念·막망莫忘의 선법을 융합하는 선정병수禪淨幷修를 실행하고 있다. 『역대법보기』 「무상」조에 전하고 있는 내용을 살펴보기로 하자.

"김화상(무상)은 매년 12월과 정월正月에 사부대중 백천만 인과 더불어 수계의 법연을 위해 장엄하게 도량을 설치하고 높은 법좌에 올라 설법하였다. 먼저 인성염불을 가르쳐 일기一氣의 숨을 다 내쉰 뒤 염하고, 소리가 끊어지고 생각이 멈췄을 때 이르되, '일체를 기억하지 않고[無憶], 일체 망념을 없애고[無念], 일체를 망각하지 말라[莫忘].'고 하였다. 무억은 계戒이고, 무념은 정定

이며, 막망은 혜慧이다. 이 삼구가 곧 총지문總持門이다."⁶⁸

무상 선사가 가르친 '인성염불'의 구체적 방법은 알 수 없으나 이른바 "일기의 숨을 다 내쉰 뒤 염하고, 소리가 끊어지고 생각이 멈췄을 때"라고 하는 구절로 미루어 보아 일자一字로 된 염불로 숨을 길게 내쉬며 부처를 염하는 수행법임을 유추할 수 있다. 즉 소리를 끌어들여 한 번의 숨을 내쉬며 소리를 끊고, 염불을 멈추었을 때에 무억·무념·막망의 삼구를 설하는 것이다.⁶⁹

무상 선사의 무억·무념·막망의 삼구선법에 대해 종밀은 『원각경대소초』에서 이렇게 평하고 있다.

> "삼구三句라는 것은 무억·무념·막망이다. 마음으로 지나간 일을 생각지 말고, 미래의 성쇠에 대한 일도 염려하지 말며, 항상 지혜와 상응하여 흐리고 혼란하지 않은 것을 막망이라 한

---

68 『曆代法寶記』. "金和上, 每年十二月正月, 與四眾百千萬人受緣, 嚴設道場處, 高座說法. 先教引聲念佛, 盡一氣念. 絕聲停念訖云, 無憶無念莫妄, 無憶是戒, 無念是定, 莫妄是慧, 此三句語, 即是總持門."
69 박기남(普圓), 『金剛心論 修行論 연구』, (박사학위 논문) p.158.

다."70

즉 무억無憶이란 과거의 일을 기억하지 않는 것이며, 무념無念이란 미래를 걱정하지 않는 것이며, 막망莫忘이란 현재에 항상 깨어 있음이라고 하였다. 무상 선사는 "내가 달마 대사로부터 전해 받은 삼구어는 총지문이다."71라고 하였다.

이와 같이 무상 선사는 수계의식을 행하면서 인성염불이라는 독특한 수행 방편과 선법이자 총지문인 무억·무념·막망의 삼구 설법을 융회하여 계戒와 선禪과 염불念佛의 겸수를 실천하였다. 무상 선사의 인성염불은 이후 전개되는 선정겸수에 일정 부분 영향을 미치고 있는 것이다.

한편 홍인 선사의 십대 제자 가운데 한 분인 선십宣什 선사 또한 자주(사천 성도)를 중심으로 하나의 문파를 형성하였으니, 다름 아닌 남산염불문선종南山念佛門禪宗이다. 이것은 선종사에서 선과 염불의 융합인 염불문선종念佛門禪宗(念佛禪)이라는 용어를 가장 먼저 사용하고 있는 사례이기도 하다. 종밀 선사의 『원각경대소초』에 의거하

---

70 『圓覺經大疏釋義鈔』卷3, 『卍續藏經』제9冊, p.533下. "言三句者, 無憶無念莫忘也. 意令勿追憶已過之境, 勿預念慮未來榮枯等事, 常與此智相應不昏不錯名莫忘也."
71 『曆代法寶記』. "我達摩祖師所傳, 此三句語是總持門."

면 선십宣什 선사와 과주미果州未 화상 등이 주도한 '전향존불법傳香存佛法'이라는 선정겸수의 수증방편이 전해지고 있다.

"법을 전수할 때는 향을 전하는 것으로 스승과 제자의 신표로 삼는다. 화상이 손으로 제자에게 건네고 제자는 다시 화상에게 올리고, 화상이 다시 제자에게 주는 의식을 세 번 반복하니, 사람이 모두 이와 같이 한다. 존불存佛이란 바르게 법을 전할 때 먼저 법문의 도리와 수행의 취지를 설한 연후에 일자염불一字念佛을 하게 한다. 처음은 소리를 이끌어 염하고, 다음에 차차 소리를 낮추어 미약하거나 없게 하여 염불 소리를 완전히 없어지게 하여 지극한 뜻에 나아가게 한다. 의념이 아직 거칠면 다시 의념을 없어지게 하여 심념心念에 이르게 한다. 심념 중에 부처의 존상存想이 있게 하니 항상 마음 가운데 있다."[72]

이른바 '전향존불법'이라는 말은 전향傳香과 존불存佛이 어우러

---

72 『曆代法寶記』. "欲授法時, 以傳香為資師之信. 和上手付弟子, 却授和上, 和上却授弟子, 如是三遍, 人皆如地. 言存佛者, 正授法時, 先說法門道理, 修行意趣然後, 令一字念佛. 初引聲由念, 後漸漸沒聲微聲, 乃至無聲, 送佛至意. 意念猶麤又送至心念, 念存想有佛恒在心中."

진 수증법을 말한다. '전향'은 불문에서 전계식 혹은 전법식을 행할 때 '염향사법拈香嗣法'하는 하나의 의식 절차이다. 염향하여 스승과 제자가 서로 주고받는 것은 사자상승師資相承의 증표로서 내적인 신표信標임과 동시에 외적으로 공표公表를 나타내는 것이다. 이 전법傳法 수수授受의 징표인 전향傳香은 가장 수승한 전등의식傳燈儀式의 하나이다. 즉 깨달음의 향을 스승과 제자 그리고 온 누리에 전하는 불사인 것이다.

존불의 수행 방편은 먼저 법문의 종지와 수행 취지를 설한 뒤에 불명호를 일자一字로 칭명하는 일자염불一字念佛을 하게 하는 것이다. 일자염불을 함에 있어서 먼저 소리를 길게 내어 점점 미세한 소리에서 무음에 이르게 하여 부처의 지극한 뜻에 이르게 한다. 망념이 소멸되지 않으면 반복적으로 되풀이하게 한다. 지극한 마음에 이르러 생각이 온전한 마음자리에 머물러 마음과 부처가 하나되게 하는 이것이 존불存佛인 것이다.

이러한 존불存佛의 수행 방편을 자세히 분석하고 단계별로 구분해 보면 다음과 같다.[73]

첫 번째, 법을 전하는 데 있어서 법문의 도리와 수행의 취지를

---

[73] 한보광, 「念佛禪의 수행방법」, 『淨土學硏究』 第五輯(2002), p.106. 참조.

설한다.

두 번째, 일자염불一字念佛로 나무아미타불을 염한다.

세 번째, 소리를 길게 이끌어 염한다.

네 번째, 점차로 소리를 작게 하여 미성微聲에 이르고 무성無聲에 이르게 한다.

다섯 번째, 염불 소리를 완전히 없어지게 한다[送佛].

여섯 번째, 의념에 이르게 한다[至意].

일곱 번째, 의념에 나아갔으나, 아직 의념이 거칠면 다시 의염을 보낸다.

여덟 번째, 심념에 나아간다[至心念].

아홉 번째, 심념 중에 부처의 존상이 있다[存想有佛].

이 전향존불법은 일자염불을 통해 마음의 지극한 경지에 나아가 마음에 부처가 항존하게 하는 염불문선종의 수증방편이다. 이러한 염불행법은 오히려 정토종 계통의 관상염불觀想念佛에 가까운 수행법이라고 할 수 있다. 특이한 것은 달마 선종의 적통인 홍인 선사 문하에서 과감하게 관상염불을 도입하여 선과 염불을 융회하는 염불문선종을 표방하고 있다는 점이다.

무상 선사의 인성염불이나 선십 선사의 전향존불법은 다 같이 수계의식이나 전법의식이라는 대중법회를 통한 포교의 일환으로 거행하면서 또한 대중이 함께하는 염불 방편을 구사하고 있다는 점에서는 매우 유사하다고 하겠다.

특히 무상 선사의 인성염불이 무억·무념·막망이라는 염불기念不起의 선수행을 중심에 두고 염불 방편을 차입하는 방식의 선염겸수禪念兼修의 입장이라면, 선십 선사의 전향존불법은 일자염불이라는 방편을 주로 하여서 존불의 경지에 이르게 하는 염불문의 선종이라고 할 수 있다.

다시 말하면 무상 선사의 인성염불이 선수행이 주主가 되고 염불이 조助가 된다면, 남산염불문선종은 염불수행이 주가 되어 존불이라는 선禪의 경지에 이르게 하는 '염불선'의 전형에 가깝다고 할 수 있다.

제3장

정토종에 있어서 선정겸수의 연원

제1절 자민혜일의 선정일여禪淨一如

　정토종에서 주장하는 가장 중요한 가르침은 타력적 정토왕생에 있다. 그에 비해 선종에서는 자력적 견성성불을 중요시한다. 정토종에서는 정토에 왕생하기 위해 염불수행이 요청되고, 선종에서는 견성성불을 위해 선정수행이 필요하게 된다. 이러한 선과 정토의 수행가풍의 차이 속에서 정토종의 조사이면서 정토와 선의 일치[禪淨一致]를 주장하고, 더 나아가 정토와 선禪 및 계율의 균수均修를 주장하는 조사가 있었으니 그가 바로 정토종의 자민삼장慈愍三藏이라 불리는 혜일慧日 대사(680~748)이다.

　혜일 대사는 인도로 구법여행을 떠나 13년을 머물면서 특히 현실 삶의 고통을 극복하고자 하는 신앙적 체험을 바탕으로 아미타불과 관세음보살의 전기에 많은 영감을 받았다고 한다. 즉 오랜 구법의 현장에서 겪게 되는 인간세계의 고난을 여의고 즐거움을 구하는 이고득락離苦得樂의 염원으로 아미타불과 관음, 세지가 상주설법하는 서방정토를 간절히 염원하게 되었다.

　따라서 귀국하여 경전의 번역보다는 정토교 선양 사업에 주력하게 되었다. 당시 중국은 혜원, 도작, 선도, 혜일로 이어지는 정토신앙이 크게 유행하고 있었으며, 다른 한편 달마 서래 이후 일화오엽一花五葉의 전승 속에 남종혜능 선사의 선법이 그 세력을 확장하고 있던 시기였다.

혜일 대사의 정토종 입장에서 볼 때, 계·정·혜 삼학을 균등하게 닦아야 할 불교 전통에서 계율과 교학의 가르침을 경시하고, 선정만을 강조하는 것처럼 보이는 달마 선종의 수행풍토를 비판적 시각으로 볼 수밖에 없었다. 혜일 대사는 한편으로 선수행자들의 치우친 수증방편을 비판하면서, 다른 한편으로 선禪과 정토淨土의 융합을 주장하고 아울러 선禪과 계戒와 정토淨土를 함께 닦는 이른바 계戒·선禪·정淨의 조화로운 수행을 강조하게 되었다.

먼저 혜일 대사의 정토관부터 살펴보기로 하자. 그의 「반주삼매찬」에서 정토왕생의 당위성을 이렇게 말하고 있다.

> "광겁曠劫 이래 유랑하는 것은 이미 오래되고, 육도에 윤회하면서 모든 고통을 겪는 것을 탄식한다. 지금 마침 사람 몸을 받아 아미타불의 큰 서원을 입을 수 있는 것을 기뻐하며, 노력하고 마음을 돌이켜 극락정토에 왕생하지 않으면 안 된다."[74]

---

74 望月信亨 著, 『中國淨土教理史』, p.266.

먼저 중생들이 시작이 없는 옛날부터 오늘에 이르기까지 삼계 사생 육도에 윤회전생輪廻轉生하면서 수많은 고통을 받아 온 현실을 일깨우고 있다. 다음으로 다행히 사람으로 태어나 아미타불의 본원력의 가피를 받게 되었으니 이보다 더한 기쁨이 없음을 상기시키고, 나아가 한마음 돌이켜 반드시 서방정토에 왕생해야 한다고 그 당위성을 말하고 있다. 그리고『왕생정토집』에 그의 정토관을 이렇게 드러내고 있다.

"만약 능히 회향하여 정토에 나기를 원하는 사람은, 몸을 단정히 하고 바르게 서방정토를 향하여 아미타불로 마음을 묶어 두라. 염념상속하여 명호를 부르며 행주좌와에 항상 칭념하라. 겸하여 관세음보살을 염하고,『관무량수경』과『아미타경』을 매일 한 편씩 독송하라. 술·고기·오신채를 죽음으로 기약하여 끊고 먹지 말고, 약이라 해도 허용하지 말라. 재계齋戒를 받들어 지녀 삼업을 청정히 하고 염불하고 송경하며 회향하여, 상품상생을 서원한다면 목숨을 마칠 때에 결정코 정토에 왕생하리라."[75]

---

[75] 『往生淨土集』. "若能迴向願生淨土者, 端身正向西方淨土, 繫心於彼阿彌陀佛. 念念

여기서 드러난 혜일 대사의 정토관은 첫째, 칭명염불로 아미타불을 염념상속하고, 둘째, 관세음보살을 겸해서 염하고, 『관무량수경』과 『아미타경』을 매일 한 편씩 독송하고, 셋째, 재계를 지켜 삼업을 청정히 하면 임종 시에 결정코 왕생할 수 있다는 것이다.

이와 같이 서방정토에 왕생하는 칭명일념稱名一念의 수행가풍이 생사를 여의고 열반을 구하는 첩경임을 주장하는 것은 정토종의 모든 조사들이 한결같이 염원하는 바이기도 하다. 특히 혜일 대사는 칭명염불稱名念佛을 강조하며 "위로는 일생을 다하고 아래로는 십념十念에 이르기까지 염불행자는 필경에 정토에 왕생한다."[76]라고 주장하고 있다. 여기서 십념은 『무량수경』에 설한 아미타불의 십념왕생원十念往生願으로 "누구나 기쁘고 즐거이 믿는 마음만 있으면 최하로 십념十念으로도 곧 나의 국토에 날 것이니 만일 그리되지 않으면 성불하지 않겠다."[77]라는 것이다.

나아가 『반주삼매경』에 의거하여 직접 부처님을 친견하기를 권

相續, 稱彼名號, 行住坐臥, 常須稱念. 兼念觀世音菩薩, 誦觀無量壽佛經, 及阿彌陀經, 每日一遍. 酒肉熏辛, 以死爲期, 斷而不食, 藥分不通. 奉持齋戒, 淸淨三業, 念佛誦經, 迴向願求, 上品上生, 盡此一形, 必定往生."

[76] 위의 책. "上盡一形下沾十念 必定往生高昇淨刹."
[77] 『無量壽經』. "若有歡喜信樂心 下至十念卽往生 若不爾者不成佛."

장하면서, 『왕생정토집』에서는 "화신이 청정하여 영원히 생사를 끊어, 부처를 보고 경을 듣고서 찰나에 성인(부처)을 이룬다."[78]라고 하여 견불見佛 사상을 고취하고 있다.

혜일 대사는 정토왕생을 불신하는 일부 부류의 도속들을 향해 "마음만 청정히 하면 된다는 말을 듣고 바로 어느 곳에 따로 서방정토가 있는가라고 하니 부처님 말씀을 불신하는 죄업이 무거우니, 어찌 불세존께서 허망한 망설을 하시겠는가."[79]라고 비판하면서 연이어 정토수행이 보리도를 성취하는 여러 문 가운데 요긴한 묘문妙門이라고 역설하고 있다.

"보리도를 성취하는 팔만사천의 방편이 있으나, (정토수행은) 그 가운데 가장 중요하고 묘한 문이니, 노력을 덜 들이고 쉽게 이루어 속히 부처를 친견할 수 있고, 속히 생사를 벗어날 수 있고, 속히 선정을 얻을 수 있고, 속히 해탈을 얻을 수 있고, 속히 신통을 얻어 속히 성스러운 불과佛果를 얻을 수 있다."[80]

---

78 『往生淨土集』. "化身清淨永斷胞胎 見佛聞經刹那成聖."
79 위의 책. "或有一類男女道俗 於彼淨土 都不信有 但令心淨 此間即是 何處別有西方淨土 奇哉罪業 不信聖教 豈佛世尊虛妄說耶."
80 위의 책. "然菩提道八萬四千 其中要妙 省功易成 速得見佛 速出生死 速得禪定 速

혜일 대사는 또한 선종의 선사들마저 "염불하여 정토에 태어나고자 하는 것은 상相에 집착하는 수행이라 허망한 법이며 성불의 인因이 아니다."[81]라고 주장하는 것에 대해 그렇지 않음을 이렇게 항변하고 있다.

> "이러한 여러 경문에서 모두 설하기를, '염불하여 정토에 왕생하면 마땅히 정각을 이룬다.'라고 하였으나 어떤 선사들은 허망하다고 판단하여 성불의 인이 아니라고 하니, 어찌 이 모든 (경전의) 가르침과 서로 위배되지 않는가."[82]

이와 같이 혜일 대사는 마음이 청정하면 따로 서방정토를 찾을 필요가 없다고 말하는 도속들과 정토수행이 성불의 종자가 아니라고 하는 선사들의 의견을 허망한 판단이라고 반박하면서, 보리도를 성취하기 위해 팔만사천의 방편 시설이 있다고 전제하고, 그 가운데 가장 수승한 방편이 바로 정토일문淨土一門이라고 주장하고

得解脫 速得神通 速得聖果."
81 위의 책. "禪師又云 念佛生淨土者 著相修習 是虛妄法 非成佛因者."
82 위의 책. "此等經文 皆云 念佛往生淨土 當成正覺, 如何禪師 判爲虛妄 非成佛因 豈不與此諸敎相違."

있다.

"만행 가운데 원만하게 속히 성불하는 것은 오직 정토의 일문이 있으니, 이 한 몸이 다하도록 오직 마음 다해 배우고 닦으면 원컨대 그 나라에 태어날 것이다."[83]

혜일 대사는 여느 정토행자들과 같이 정토를 닦는 염불문이 여러 만행 가운데 가장 수승한 수증방편임을 강조하고 있다. 또한 여러 대승경전의 가르침을 인용하여 정토수행의 당위를 방증하고 있다. 그 가운데 특히 『문수설반야경』의 일행삼매一行三昧에 의거하여 염불을 통한 견불見佛 사상을 고취하고 있다.

"『문수설반야경』 하권에 설하기를, '만약 선남자 선여인이 일행삼매에 들어가고자 할진대, 마땅히 여유 있고 한가로운 곳에 처하여 모든 어지러운 생각을 버리고, 모습을 취하지 아니하며, 마음을 일불一佛에 두어 오로지 불佛의 명호를 부르고, 불佛의 방소方所에 따라 바로 향하여 몸을 단정히 지니고, 능히 일

---

83 위의 책. "萬行速圓速成佛者 唯有淨土一門 盡此一形 專心修學 願生彼國."

불—佛에 염념상속念念相續하면 곧 이 염念하는 가운데 능히 과거 미래 현재의 모든 부처님을 볼 수 있느니라.'"[84]

선禪의 입장에서 정토를 병수倂修하고자 시도한 도신 선사의 경우와 마찬가지로 정토의 입장에서 선정을 주장하는 혜일 대사 역시 『문수설반야경』의 일행삼매를 인용하여 선정겸수를 논하고 있음을 볼 수 있다. 여기서 알 수 있는 것은 선종과 정토종의 조사들이 공통으로 선정겸수의 경증經證으로 『문수설반야경』에서 설하고 있는 일행삼매를 들고 있다는 점이다.

그리고 혜일 대사의 정토관에서 강조하고 있는 부분이 앞에서 이미 언급하였듯이 아미타불 한 부처님에 국한된 일불염불—佛念佛이 아니라, 『관무량수경』에서 설한 바와 같이 '일불—佛 양대보살兩大菩薩'에 의거하여 염불자가 아미타불 및 관세음보살과 대세지보살을 함께 칭명해야 한다고 하는 점이다.

"『관무량수경』 하문에 설하길, '선남자 선여인이 다만 아미

---

[84] 위의 책. "文殊般若經下卷云 若善男子善女人 欲入一行三昧 應處空閑 捨諸亂意 不取相貌 心一佛 專稱名字 隨佛方所 端身正向 能於一佛 念念相續 即是念中 能見過去未來現在諸佛."

타 부처님 명호와 두 보살의 명호를 듣게 되므로 무량수 억만 겁 동안 지은 생사의 죄를 소멸한다.'라고 하였다. 어떻게 억념해야 하는가. 만약 염불하고자 하면 마땅히 알아라. 이 사람은 사람 가운데 분다리화이니, 관세음보살 대세지보살이 그 수승한 벗이 되어 마땅히 도량에 앉아 모든 부처님 집에 태어나느니라."[85]

혜일 대사는 아미타불과 협시보살인 관음·세지 양대보살을 함께 칭명할 것을 주장하면서도, 특히 아미타불과 관세음보살을 겸념(兼念)할 것을 강조하였는데 이것 또한 혜일 대사 염불 사상의 특이점이라 할 수 있다.

"만약 능히 회향하여 정토에 원생하고자 하는 이는 몸을 단정히 하고 바로 서방정토를 향하여 마음을 저 아미타불에 묶어 생각 생각 상속하여 그 불명호를 불러야 한다. 행주좌와에 항

---

[85] 위의 책. "觀無量壽佛經下文云 善男子善女人 但聞佛名二菩薩名 除無量億劫生死之罪. 何況憶念. 若念佛者 當知 此人是人中分陀利華 觀世音菩薩 大勢至菩薩 為其勝友 當坐道場 生諸佛家."

상 마땅히 관세음보살을 겸해서 염念해야 한다."[86]

혜일 대사가 일불一佛과 양대兩大보살을 함께 염할 것을 주장하면서도 특히 관세음보살을 염하는 것을 강조하는 것은 아마도 인도 구법 활동 당시 고난과 역경 속에서 관음보살을 염하고 입은 신앙적 영험이 크게 작용했을 것으로 짐작된다. 마침 먼 훗날 조선의 백암성총 선사가 편집한 『정토보서』에서 이러한 사실을 뒷받침해 주고 있다.

"당나라 혜일이 큰 배를 타고 바다 건너 천축국에 이르러 선지식들을 찾아뵙고 요법要法에 이르는 지름길을 여쭈었는데 모두 정토를 찬미하였다. 건다라국에 갔을 때 큰 산에 관음상이 있어 혜일은 7일 동안이나 머리를 조아리며 예경하였다. 또 목숨이 마칠 때까지 단식하기로 기약하였는데, 이레가 되는 날 홀연히 자금색 몸으로 보배 연꽃에 앉아 있는 관음보살을 뵈었다. 관음보살은 손을 내려 정수리를 쓰다듬으면서 말하였다.

---

[86] 위의 책. "若能迴向願生淨土者 端身正向 西方淨土 繫心於彼阿彌陀佛 念念相續 稱彼名號. 行住坐臥 常須稱念 兼念觀世音菩薩."

'네가 법을 전하여 자신과 남을 이롭게 하고자 하거든 극락세계 아미타불을 염하라. 마땅히 정토문이 다른 모든 수행보다 뛰어남을 알 것이다.' 보살은 말을 마치고 홀연히 사라졌다. 그 후 혜일은 장안으로 돌아와 널리 염불을 권하였다."[87]

혜일 대사가 주장하는 정토왕생에서 또 하나의 특이점은 지계持戒를 대단히 강조하고 있다는 점이다. 불교 수행의 기본이 계·정·혜 삼학의 근수에 있긴 하지만, 정토와 선을 융회하고자 하는 혜일 대사에 있어서 계율수행의 강조는 이후 전개되는 선정겸수의 종풍에 지대한 영향을 끼친 것이 사실이다. 『정토왕생집』의 도처에서 계율을 강조하고 있음을 볼 수 있는데, 그 가운데 특히 서방극락의 구품연대 가운데 상품상생上品上生자는 반드시 지계를 엄수해야 한다고 강조하였다.

"상품상생자는 반드시 계율을 지키고 염불 송경하고, 아울러 (관음, 세지) 보살을 염해야 하는 까닭이니라. 『관무량수경』 「상품상생문」 가운데 설하기를, '첫째, 자비한 마음으로 살생

---

[87] 백암성총, 김종진 옮김, 『淨土寶書』, (동국대학출판부, 2023년), p.64.

하지 않고 모든 계행을 갖추어야 하며, 둘째, 대승 방등경전을 수지 독송하여야 하며, 셋째, 육념六念을 수행하여 그 나라에 원생願生하기를 회향 발원하여야 한다.'라고 하였다."[88]

여기서 말하는 육념六念이란 초기불교로부터 대승불교에 이르기까지 닦는 여섯 가지 수행법으로 염불念佛, 염법念法, 염승念僧, 염시念施, 염계念戒, 염천念天을 말한다. 이른바 육념을 닦는다는 것은 염불念佛과 염계念戒를 함께 행한다는 당위를 말하고 있는 것이다.

이와 동시에 선종에서 실천하고 있는 선정禪定을 공견空見에 빠진 수행 방편이라고 비판하고 있다. 혜일 대사는 『왕생정토집』 권1에서 당시 선류禪流들이 주장하고 있는 다른 견해에 대해 다각도로 서술하며 비판을 이어 가고 있는데, 그 가운데 다음과 같은 내용이 있다.

"세상이 공적空寂하여 도무지 한 물건도 없다고 보아 구경에 말하기를, '일체의 모든 법이 마치 거북이의 털과 같고 또한 토

---

[88] 『往生淨土集』. "上品上生 必須持戒 念佛誦經 幷念菩薩所以. 觀經上品上生文中說 云 一者慈心不殺 具諸戒行 二者受持讀誦大乘 方等經典 三者修行六念 迴向發願 願生彼國."

끼의 뿔과 같아서 본래 체가 없는 까닭에, 누가 생멸을 당해서 선善을 닦아야 할 것도 없고 악惡을 끊어야 할 것도 없으며, 마음에 취하는바 상相과 경전이니 부처니 하는 것도 마땅히 멀리 떠나야 한다. 다만 속마음을 공空 가운데 안주케 하여 세상은 허망하고 만법은 모두 없는 줄 알아야 한다. 범부가 능히 이와 같이 이해하면 이것이 곧 부처이다. 이미 선정을 증득하고 이미 생사를 끊어 다음 생生의 보를 받지 않으니, 어찌 공功을 들여 고苦를 여의며 멀리서 세존을 찾겠는가. 또한 염불 송경에 의거하지 않는 것으로 출리出離의 인因을 삼으니, 바로 이것이 선정이고 이것이 무위법이다.'라고 하였다."[89]

위의 내용은 당시 공견空見에 집착한 선종의 일부 선류들에게 나타나는 폐단을 지적하고 있는 것이다. 즉 선정을 일체가 공空한 적멸에 안주하는 것으로 착각하고 있는 암증暗證선사들에 대해 비판을 한 것이다. 혜일 대사의 이러한 비판은 일정 부분 타당성이 있

---

[89] 위의 책. "見世空寂都無一物 將為究竟言 一切諸法 猶如龜毛 亦如兔角 本無有體 誰當生滅 無善可修無惡可斷 心所取相及以經佛 盡當遠離. 但令內心安住空中 知世虛妄萬法都無 雖是凡夫能如是解 此即是佛. 已證禪定. 已斷生死 不受後有 何勞勤苦 遠覓世尊. 亦不假念佛誦經為出離因 即此禪定 是無為法."

다고 할 수 있다. 다만 당시 성행하던 종파적 대립에서 자파의 우월성을 드러내기 위해, 정토종의 입장에서 선종의 사상과 실천을 전반적으로 요해하지 못한 면이 있다.

그러나 혜일 대사가 지적하고 있는 이러한 경향은 비단 선종뿐만이 아니라, 고금을 막론하고 어느 종파 어떤 수행자들에게도 나타날 수 있는 폐단이기에 그의 비판은 일정 부분 유효하다고 할 수 있다.

혜일 대사의 입장에서는 선사들이 공空에 대한 그릇된 소견이 깊어져서 경전과 부처님 뜻에 어긋나며, 다만 공문空門에 안주하여 번뇌를 끊지도 않고 마음을 닦지도 않아 게으름에 빠져서 해탈을 구하지 못한다고 생각하였다.

"묻는다. 공空을 관한다고 말하는 이들이 어떤 경전의 가르침을 이해하지 못해 서로 위배됩니까? 답한다. 곧 『무상의경』 상권에 설한 바와 같이 다시 어떤 증상만增上慢을 가진 사람이 있어 정법 가운데 공空을 관함에 유무有無 이견을 내어 진공眞空이라 하여 곧바로 무상보리를 향하여 청정 해탈문이라고 한다. 이것이 정설을 열어 드러낸 것이라 하여 그 가운데 공견空見을

내니 나는 다스릴 수 없다고 말한다."⁹⁰

혜일 대사가 지적하고자 하는 것은 유무有無 이견二見에 떨어진 공견空見으로써 선정을 삼는 것은 잘못된 것이며, 진공묘유眞空妙有의 중도정견中道正見을 확립한 선정이라야만 속히 성불할 수 있다고 말하고자 하는 것이다. 혜일 대사는 자신이 생각하는 선정에 대해 『열반경』을 인용하여 이렇게 설명하고 있다.

"그러므로 『열반경』에 설하였다. '예를 들어 어떤 사람이 배를 타고 유희를 할 때 유리로 된 보배 구슬을 깊은 물속에 빠뜨려서 많은 사람들이 경쟁적으로 취하려 하여 각각 와석瓦石을 얻고는 이것은 진실로 보배 구슬이라고 말하고 기뻐하였다. 만약 어떤 사람이 말하길, 그대들이 얻은 바는 다 와석일 뿐, 유리 보주는 현재 물 밑에 있다고 한다면 또한 믿고 받아들이지 않을 것이다.' 모든 선사들 또한 이와 같아서 함께 허망하고 거짓되며 삿되고 치우친 법을 전하면서 진실이라 말하고 각자 지

90　위의 책. "問曰 向言觀空違聖教者 未審與何經教而有相違. 答曰 即如無上依經上卷云 復有增上慢人 在正法中 觀空生於有無二見 是眞空者 直向無上菩提 一道淨解脫門. 如是顯了開示正說 於中生空見 我說不可治."

켜 아끼며 환희하며 행하고 있다. 만약 지혜로운 이가 있어 모든 부처님 가르침에 의거하여 불법을 설한다면 진실한 선정인 것이다."⁹¹

선정만을 위한 선정, 즉 공견空見에 떨어져 중도정견中道正見을 밝히지 못한 선사들의 선정을 비판하면서 부처님의 가르침에 의거해 설해진 선정만이 '진실선정眞實禪定'이며 '불선정佛禪定'이라고 말하고 있다. 그러면서 여러 대승경전에서 함께 설하고 있는 육바라밀을 통섭하는 선정이야말로 바른 선정이라고 주장하고 있다.

"이와 같은 여러 경전에서 널리 설한 제행(육바라밀)이 성불의 인因이다. 비단 육바라밀뿐만 아니라, 어떤 선사가 선정에 확실히 집착하여 성불의 정인正因이라 한다면 나머지 바라밀은 정인이 아닌 것이 된다."⁹²

---

91 위의 책. "故涅槃經云 譬如有人乘船遊戲 琉璃寶珠 墮落深水 眾人競取 各得瓦石 謂為真實 便生歡喜. 有人說 所得者 是瓦石 琉璃寶珠 現在水下 亦不信受. 然諸禪師 亦復如是 共傳虛偽邪僻之法 謂為真實 各自保愛 歡喜而行. 若有智者 依諸聖教 為說佛法 真實禪定."

92 위의 책. "如是等經 廣說諸行 是成佛因. 非但六度 如何禪師 確執禪定 成佛正因 非餘度耶."

혜일 대사는 특히 정토와 선, 그리고 교와 계율을 두루 융회融會하는 제교일치諸敎一致를 역설하며, 정토행자가 왕생정토하기 위해서는 마땅히 지계持戒에 충실해야 하며, 특히 선사도 재계齋戒가 온전해야 바른 선정을 이룰 수 있다고 강조하고 있다.

즉 "일체 선정을 구하면 먼저 재계齋戒를 갖추어야 하니, 재계를 인因으로 하여 비로소 능히 선정을 이끌게 된다."[93]라고 하였다. 이러한 혜일 대사의 정토에서 지계를 강조하는 것은 신수 대사의 북종선과 궤를 같이하고 있음을 볼 수 있다. 앞 절에서 논술한 바와 같이 신수 선사 또한 선수행과 염불방편에 있어 지계持戒의 중요성을 강조하고 있다. 혜일 대사 또한 좌선자는 마땅히 재계를 지켜야 됨을 이렇게 말하고 있다.

"좌선자는 그 재계齋戒에 있어 마음이 완전히 게으르고 느려 다분히 지키지 못하는데 어떤 것을 인因을 삼아 선정을 얻겠는가. 좌선을 배우는 사람이 재계를 지키지 않으면 현량現量으로 아는 것이지 비량比量으로 아는 것이 아니라서 허망한 것이

---

[93] 위의 책. "一切夫求禪定 先持齋戒 齋戒為因 方能引定."

다.⁹⁴ 텅 비어 한 물건도 없다면 저 외도의 공견空見과 무엇이 다르겠는가."⁹⁵

설사 수행자 개인이 재계齋戒가 없이 현량現量의 깨달음을 얻었다 하더라도 공적인 비량比量의 점검이 없으면, 이는 마치 꿈속에서 아는 것과 같아서 오히려 허망한 일이 될 수밖에 없기 때문에 혜일대사는 선사들의 재계가 없고 공견에 빠진 선정에 대해 비판하면서 정토왕생의 수승함을 동시에 강조하고 있는 것이다.

정토왕생의 수승함을 설명하는 대목에서 초승정찰超昇淨刹 돈사유랑頓捨流浪, 혹은 선정신통禪定神通 생변즉득生便即得, 여탄지경如彈指頃 왕생피국往生彼國, 일념지경一念之頃 변시방계遍十方界, 순식지간瞬息之間 환지본토還至本土 등과 같은 표현을 사용하면서 필정왕생必定往生을 강조하고 있음을 볼 수 있다. 이러한 표현들은 아마도 선종에서 주장하는 돈오견성頓悟見性에 견주어 '돈득왕생頓得往生'의 의미를 내

---

94 현량現量이란, 현재 이 자리에서 직접 진리를 체득하는 것을 말하고, 비량比量이란 많은 현상을 통하여 그 이치를 관찰하여 비유로써 아는 것을 말한다. 다만 점검되지 않는 현량은 자못 독단의 함정에 빠질 위험이 있다.
95 『往生淨土集』. "然坐禪者 於彼齋戒 心全慢緩 多分不持 以何爲因 而得禪定 何以得知. 學坐之人 不持齋戒 以現量知 非比量知也虛妄. 空無一物 與彼外道空見何殊."

포함으로써 정토왕생의 수승함을 우회적으로 드러내고자 함일 것이다.

더군다나 위에서 언급하고 있는 "환지본토還至本土" 그리고 "환지본국還至本國"이란 어구는 혜능 선사가 『단경』에서 돈오선법을 강조하면서 『유마경』에서 인용하고 있는 "환득본심還得本心"이란 말과 흡사한 의미로 사용되고 있음 또한 의미심장한 표현이 아닐 수 없다.

이른바 환지본토의 본토本土나 환득본심의 본심本心은 둘 다 '모두 본래 갖추어져 있다[本來具足].'는 의미를 내포하고 있는 말이다. 본래 구족이란 본래부처를 가리키는 말로서, 중생이 본래부처[衆生本來成佛]라는 대승불교의 수증론적 대전제이기도 하다. 본래 자성이 아미타요, 본래 국토가 정토이며, 본래 마음이 부처라는 입장에서 보면 일체중생이 환지還至하고 환득還得해야 될 곳은 본래 정토이며 본래부처의 그 자리가 되는 것이다.

사실 혜일 대사의 저작인 『왕생정토집』의 전권은 이미 산실되어 제1권만 남아 있다. 그럼에도 불구하고 『왕생정토집』 제1권의 서두에 기술하고 있는 내용, 즉 "(정토종의) 종지를 세우는 것은 먼저 파하고 후에 세운다. 무슨 까닭인가? 만약 삿됨을 꺾지 않고서는 바름을 드러내기가 어려운 것이기 때문이다. 그러므로 제1권에서는 먼저 선사들의 이견異見을 서술하고, 교리를 가려내 잘못됨을 알게 하여 배척하였으며, 제2권에서는 널리 성인의 가르침을 인용하여 정토염불이 정종正宗임을 성립시켰다. 제3권에서는 모든 교에 대한 해석이 예나 지금이나 의문시되고 막힌 부분을 회통하여, 모든 수행이 생사를 벗어나는 데 더디거나 빠름을 비교하였다."[96]라고 하였다.

이러한 서술에서 알 수 있듯이, 비록 짧은 단서이긴 하지만 제3권에서 모든 교파의 회통을 통한 돈점수증의 입장을 비교 분석하고 있음을 밝히고 있다. 지금까지 천착한 연장선에서 보면 혜일 대사는 비록 정토종의 입장에서 정토와 선의 일치를 주장하고 있지만, 나아가 계와 교와 선을 아우르는 삼학등지三學等持의 수증을 역설하고 있다고 할 수 있겠다.

그러면 선종의 선정과 정토종의 왕생이 혜일 대사가 담보하는 선정일치의 입장에서 어떻게 회통되어질 수 있겠는가? 그 해답을 굳이 수증론의 측면에서 살펴보면, 정토수행의 '일심불란一心不亂'과 선수행의 '일념불기一念不起'에 있다고 하겠다. 혜일은 『왕생정토

---

[96] 위의 책. "夫立宗者 先破後立. 何以故. 若不摧邪難以顯正. 所以初卷先敘異見 以敎及理逐遣知非, 次第二卷廣引聖教 成立淨土念佛正宗. 次第三卷會釋諸教古今疑滯 校量諸行出離遲疾."

집』에서 『아미타경』을 인용하여 '일심불란一心不亂'과 '심부전도心不轉倒'를 언급하고,[97] '선정과 신통이 생겨나 곧바로 왕생한다.'[98]라고 말하고 있다.

선종에서도 『능가사자기』의 구나발타라의 법문에서 '심불기心不起'를 설하고 있고, 혜능 대사의 『단경』, 신회 선사의 『단어』 등에서도 '염불기念不起'를 언급하고 있는 바와 같이 선정으로서의 '일념불기一念不起'가 수증의 핵심 종지로 기술되어 있다.

정토의 일심불란과 선종의 일념불기가 정토와 선의 선정으로 회통되는 내용이 혜일 대사에 의해 직접적으로 언급되고 있지는 않지만, 그의 저작을 통해 충분히 유추될 수 있을 것 같다.

---

[97] 위의 책. "『阿彌陀經』云 舍利弗 若有善男子善女人 聞說阿彌陀佛 執持名號 若一日 … 若七日 一心不亂 其人臨命終時 阿彌陀佛 與諸聖眾 現在其前 是人終時 心不顛倒 即得往生阿彌陀佛極樂國土."

[98] 위의 책. "禪定神通 生便即得."

제2절 법조의 오회염불五會念佛

　법조法照 대사의 출생과 입적한 연대는 분명하지 않지만, 여러 전기를 종합한 활동 시기는 당나라 대력大曆(766~779), 정원貞元의 연도(785~804)로 추정된다. 대사는 정토종 계통의 조사로서 오회염불五會念佛법문을 통해 염불삼매念佛三昧에 들어 아미타불을 친견하고 서방 극락세계에 왕생할 것을 주장하였다.

　『정토오회염불송경관행의』권중에 의거하면, 혜원 법사를 흠모하여 여산에 들어가 반주삼매般舟三昧를 닦았으며 담란, 도작, 선도 등 정토종 조사들의 염불삼매를 존숭히 여기고 그 행화를 흠모하였다. 특히 형산의 승원 대사를 직접 찾아가 시봉하면서 정토법문을 닦았다.

　특히 그가 아미타불로부터 오회염불법을 전수받는 과정을 『정토오회염불송경관행의』권중에서 다음과 같이 기술하고 있다.

"법조가 영태 2년 4월 15일 남악 형산의 미타대에 올라 널리 큰 서원을 발하여 오직 깨달음을 위하고 모든 중생을 위할 뿐 다시 구하는 바가 없었다. 이 몸이 다하도록 매년 하안거 구

순 동안 항상 반주염불도량에 들어갈 것을 서원하여 용맹정진
하였다. 두 번째 7일에 이르러 홀로 미타대의 동북도량 안에서
시방 제불정묘국의 모든 불보살 전에 항상 무상심심미묘법無上
甚深微妙法을 듣고, … 염불을 할 때 한 경계가 나타났다. 홀연히
도량이 없어지고 오색 광명이 서린 곳에 서방 극락세계에 이르
러 아미타불께 예배드리고, … 아미타불로부터 오회염불법문
을 전수받았다."99

아미타불께서 법조 대사에게 오회염불법문을 부촉할 때의 정황
을 구체적으로 언급해 보면 다음과 같다.

"나에게 묘법妙法이 있는데 가격으로 매길 수 없는 진보珍寶
라고 하며 그대에게 부촉하니 이 법을 가지고 염부제閻浮提에
가서 널리 행하고 유포하여 천인天人과 무량중생들을 널리 이

---

99 『淨土五會念佛誦經觀行儀』卷中. "照以永泰二年四月十五日, 於南岳彌陀臺, 廣發
弘願, 唯爲菩提, 爲諸衆生, 更無所求. 盡此一形, 每夏九旬, 常入般舟念佛道場, …
勇猛虔誠, 至第二七日夜, 獨在此臺東北道場內, 其夜三更, 自作念言. 只今現有十方
諸佛淨妙國土諸菩薩, 常聞無上甚深微妙法, … 正念佛時, 有一境界. 忽不見道場屋
舍, 唯見五色光明雲臺, … 至西方極樂世界, 須臾卽至阿彌陀佛所, 頭面作禮阿彌陀
佛所, 頭面作禮, 阿彌陀佛歡喜微笑, 告法照言, … 有一無價梵音五會念佛法門."

롭게 하라. 이 법보를 만난 이는 모두 해탈을 얻을 것이다."¹⁰⁰

법조 대사가 아미타 부처님께 아뢰기를, "어떤 묘법이 있습니까? 오직 원컨대 그것을 설해 주옵소서!"라고 하니, 부처님께서는 "하나의 무가범음無價梵音은 오회염불법문이다. 바르게 저 혼탁한 악세惡世에서 부흥시켜라. 금시 말법 시대에 일체중생이 기감機感이 상응하여 잠시라도 염불을 듣게 되면 모두 다 발심하게 될 것이다."¹⁰¹라고 당부하셨다.

그리고 오회염불의 수행 근거와 그 공덕까지 자세히 말씀하셨다. "이와 같이 『무량수경』에서 설한 극락의 칠보수七寶樹는 '맑은 바람이 불어오면 다섯 가지 음악 소리가 나온다.'라는 구절이 있나니, 그 '다섯 가지 음악 소리'가 바로 오회불성五會佛聲이니라. 이러한 인연으로 능히 아미타불의 명호를 부르게 되면 그 과보로 반드시 나의 국토에 태어나게 되느니라."¹⁰²

100　위의 책. "我有妙法, 無價珍寶, 今付屬汝, 今將此法寶, 於閻浮提, 廣行流布, 普利人天無量衆生. 遇斯法寶. 皆得解脫."
101　위의 책. "法照白佛言, 有何妙法? 唯願說之. 佛言, 有一無價梵音五會念佛法門. 正興彼濁惡世. 今時末法一切衆生, 機感相應, 聞汝暫念, 皆悉發心."
102　위의 책. "如是無量壽經, 說寶樹五音聲, 卽斯五會佛聲是. 以是因緣, 便能稱念佛名, 報盡定生我國."

또한 "너희 등 미래의 가난하고 고생스러운 일체중생이 이 오회염불의 무가보주無價寶珠를 만나게 되면, 가난하고 고통스러운 것이 다 제거되고, 아플 때 약을 얻는 것과 같고, 목마를 때 음료수를 얻는 것과 같고, 굶주릴 때 밥을 얻는 것과 같고, 헐벗은 몸이 옷을 얻는 것과 같고, 어두운 곳에서 밝음을 만난 것과 같고, 바다를 건너려 할 때 배를 만난 것과 같고, 보물창고를 만난 것과 같아서 반드시 안락安樂을 얻게 되느니라."[103]고 하셨다.

이와 같이 법조 대사는 염불삼매에 들어 극락세계를 감득感得하고 아미타불로부터 직접 오회염불법문을 전수받아 왔음을 알 수 있다. 또한 오회염불은 『무량수경』에서 설하고 있는 극락세계의 보배 나무[寶樹]가 바람에 울려서 일어나는 '다섯 가지 하늘 음악 소리[梵音]'를 불성佛聲으로 승화시킨 것임을 알 수 있다. 오회염불법의 구체적인 법사의法事儀는 다음과 같다.

"제1회는 평성平聲으로 느리게 나무아미타불을 염하고, 제2회는 평성과 상성上聲으로 느리게 나무아미타불을 염하며, 제3

---

[103] 위의 책. "汝等未來一切貧苦衆生, 遇斯五會念佛無價寶珠, 貧苦皆除, 亦如病得藥, 如渴得漿, 如飢得食, 如裸得衣, 如闇遇明, 如過海得船, 如遇寶藏, 必獲安樂."

회는 급하지도 느리지도 않게 나무아미타불을 염하고, 제4회는 점점 급하게 나무아미타불을 염하며, 제5회는 아주 급하게 아미타불 4자를 염한다."[104]

그리고 『정토오회염불송경관행의』 권중에 따르면, 법조 대사는 인도의 용수, 천친, 여산의 혜원, 현중사 담란, 천태 지자, 현중사 도작, 자민삼장 등 수백 고승들이 염불삼매를 닦았음을 상기시키고, 현재와 미래의 모든 중생들이 정토오회염불교문과 인연이 되어 염불삼매를 수행할 것을 독려하였다.

법조 대사가 말한 염불삼매란 것은 심념구칭心念口稱의 법에 의해서 삼매를 얻을 수 있다는 것을 설한 것으로, 그 취지는 선도·회감 등의 구칭삼매口稱三昧와 다른 것이 아니다. 다만 그가 자타의 신심을 경책하고, 또한 삼매를 이루는 방편으로 오회염불의 의식과 법칙을 정하고 오음五音의 곡조에 맞추어 아미타불 명호를 부르게 한 것은 그만의 독창적인 방법이라고 할 수 있다.[105] 이른바 심념구칭

---

[104] 『淨土五會念佛略法事儀讚』. "第一會平聲緩念 南無阿彌陀佛, 第二會平上聲緩念 南無阿彌陀佛, 第三會非緩非急念 南無阿彌陀佛, 第四會漸急念 南無阿彌陀佛, 第五會四字轉急念 阿彌陀佛."

[105] 望月信亨 箸, 李太元 譯, 『中國淨土敎敎理史』, (운주사, 1997), p.278. 참조.

心念口稱이란, 염불을 함에 있어서 마음과 입과 귀가 삼위일체로 하나 되어 칭명하는 것을 말한다.

그런데 법조 대사는 선정일치禪淨一致의 입장에서 이 "염불삼매가 진정한 무상심묘無上深妙의 선문禪門"[106]이라고 주장하고 있다. 아울러 오회염불을 통한 염불삼매가 "이理와 사事를 함께 닦음이며[理事雙修], 상相이면서 무상無相의 염이라[相無相念], 곧 중도실상中道實相의 정관正觀과 더불어 상응한다."[107]라고 하였다.

여기서 언급하고 있는 이理와 사事를 함께 닦는 "이사쌍수理事雙修"라든지, 상 가운데 있되 무상으로 행하는 염불이 곧 중도실상中道實相을 정관正觀하는 것이라고 하는 것은 칭명을 넘어 실상염불實相念佛로서의 염불삼매의 관점을 피력하고 있는 것이다.

또한 혜일 대사와 마찬가지로, 참선하는 무리가 부처님께 예배하지 않고, 문자를 버리며, 음성과 언어를 사용하는 것을 상에 집착한 것이라 하고, 스스로 만선萬善의 모든 행을 버리고 공견空見에 머무는 것을 비판하며 오직 오회염불법을 고취하여 삼매를 증득할 수 있다고 주장하고 있다.

---

106 『淨土五會念佛略法事儀讚』. "然念佛三昧是眞無上深妙禪門矣."
107 위의 책. "廣作五會眞聲, 念佛三昧理事雙修, 相無相念, 卽與中道實相正觀相應."

"『화엄경』에 설하기를, '삼현三賢 내지 일체 모든 부처님의 무상보리는 모두 염불·염법·염승을 떠나지 않고 생生한다.'라고 했다. 그러므로 『법화경』, 『유마경』 등에서 음성과 언어로써 불사를 짓고, 또한 성명문구聲名文句로써 모든 경經의 체體로 삼는다. 어찌 하나같이 지금의 학자들은 부처님의 자금색상紫金色相을 유상有相이라 배척하고, 부처님의 교敎를 가리켜 문자라고 하고, 무색無色을 말하며 진색眞色을 버리고, 무성無聲을 논하며 범성梵聲을 싫어하고 있는가."[108]

또한 『관불삼매경』의 말을 인용하여, "좌선하고 있는 왕에게 단지 염불을 권하면서 염念을 여의고 무념無念을 구하고, 생生을 여의고 무생無生을 구하고, 상호相好를 여의고 법신法身을 구하고, 문자文字를 버리고 해탈을 구하려고 하면 단멸斷滅의 견해에 머물러, 부처를 비방하고 경을 훼손하여 법을 가두는 업을 짓게 되어 무간지옥에 떨어진다."[109]라고 주의를 환기시키고 있다.

---

[108] 위의 책. "故華嚴經云, 三賢乃至一切諸佛無上菩提, 皆不離念佛念法念僧而生, 故法華維摩等經, 有以音聲語言而作佛事, 又聲名文句爲諸經體. 皆同今之學者, 紫金之容, 都撥爲有相, 瞽珠之敎懸指爲文字, 語無色則捨於眞色, 論無聲乃厭於梵聲."

[109] 위의 책. "謂父王曰, 王今坐禪, 斷當念佛, 豈同離念求乎無念, 離生求於無生, 離相好求乎法身, 離文字求乎解脫, 夫如是者則住於斷滅見, 謗佛毁經, 成櫃法業, 墮無

그리고 법조 대사는 오회염불을 해석하면서 "염불·염법·염승은 더욱이 잡념이 없어, 염念이 무념無念이라 부처의 불이문不二門이요, 소리[聲]가 소리 없는 무성無聲인 제일의제第一義諦인 까닭에, 종일 염불해도 항상 진성眞性을 따르는 것이며, 종일 왕생을 원하여도 항상 묘리妙理에 어긋나지 않는다. 만약 발심이 이와 같다면 반드시 천마天魔가 법고를 공격함을 항복 받아, 금강보좌金剛寶座에서 정각을 기약할 수 있을 것이다."110라고 하였다.

이와 같이 오회염불법이 제일의제를 깨닫는 중도관이기 때문에 염불행자는 다 왕생정토하여 성불로 돌아갈 수 있다고 말하고 있다. 이것을 경문에 의거하여 말하기를, "단지 중생심을 따라 칭념 염불하는 자는 모두 정토에 왕생하여 성불로 돌아가지만, 하나하나 또한 얻을 수 없다. 얻을 수 없지만 얻지 못함도 없음이니 이름하여 중도관中道觀이다."111라고 하였다.

間矣."
110 위의 책. "唯念佛念法念僧, 更無雜念, 念則無念, 佛不二門也, 聲則無聲, 第一義也. 故終日念佛, 恒順於眞性, 終日願生, 常使於妙理. 發心有如此者, 必降天魔擊法鼓, … 金剛寶座正覺可期也."
111 『淨土五會念佛誦經觀行儀』卷中. "但隨衆生心, 稱念佛名者, 盡得生淨土, 成佛皆歸, 一一不可得. 無得無不得, 是名中道觀."

이와 같이 법조 대사는 "관불삼매觀佛三昧가 중도실상을 정관하는 제일의제第一義諦이며, 무념을 닦는 불이문不二門이므로 무상심묘無上深妙한 선문禪門"이라고 강변하고 있다. 그는 혜일 대사를 계승하여 염불 우위의 정토수행을 강조하면서, 당시 잘못된 선자禪者들에 대한 비판을 강화하는 한편 선정일치의 변을 다음과 같이 주장하고 있다.

"『관불삼매해경』에 설하길, '이 관불삼매는 파계자를 호념하고, 도를 잃은 자에게 의지가 되고, 번뇌의 적 가운데 크게 용맹한 장군이 되며, 수능엄왕의 백천삼매가 출생하는 곳이며, 또한 모든 삼매의 어머니이며, 또한 모든 삼매의 왕이며, 또한 모든 부처님이 다 함께 인가한 바의 선정이며, 또한 여래선如來禪이며, 이승 외도 등의 선禪이 아니다.'라고 말하였다."[112]

법조 대사는 정토오회염불을 수행하면 "단박에 무생법인無生法忍을 증득하여 도량에 앉아 바로 모든 부처님의 집에 태어난다[坐道

---

[112] 위의 책. "又『觀佛三昧海經』云, 此觀佛三昧, 是破戒者護, 失道者依, 煩惱賊中大勇猛將, 首楞嚴王百千三昧所出生處, 亦名諸三昧母, 亦名諸三昧王, 亦名諸佛共所印可定, 亦名如來禪, 非二乘外道等禪."

場生諸佛家]."라고 하는 돈법頓法으로서의 염불삼매를 고취하고 있다. 그리고 선가禪家의 잘못된 견해를 비판하면서도, 정토와 선의 가르침이 결코 다르지 않다는 것을 주장하고 염불삼매가 모든 부처님이 인가한 선정禪定이며, 최상승의 선문禪門이며, 또한 여래선如來禪이라고 하면서 정토와 선의 일치를 주장하고 있다.

혜일 대사의 염불법문을 계승한 법조 대사의 오회염불을 통한 선정일여禪淨一如 사상은 이후 전개되는 영명연수 선사의 선정겸수 사상에 일정 부분 영향을 미치고 있다고 할 수 있다.

제4장
선정겸수의 확립 및 전개

제1절 영명연수의 선정일치와 선정겸수

1. 일심중도 一心中道

영명연수永明延壽 선사(904~975)는 선종의 오가칠종五家七宗 가운데 법안종法眼宗의 제3대 조사로 육조 혜능 선사 이후 가장 훌륭한 선지식으로 추앙받으며, 심지어 염왕마저 존숭하는 천인사天人師로서 아미타불의 화신으로 추존되고 있다. 선사는 일심을 종지로[擧一心爲宗] 만법을 거울처럼 비추는[照萬法如鏡] 일심중도一心中道를 바탕으로 선교겸수, 선정쌍수, 삼교일치 등 제종, 제교의 회통을 주장한 일대종사이다.

선사는 많은 저술을 남기고 있으니, 『종경록宗鏡錄』100권, 『만선동귀집萬善同歸集』6권, 『유심결唯心決』1권, 『주심부註心賦』4권, 『수보살계법受菩薩戒法』, 『신서안양부神栖安養賦』, 『정혜상자가定慧相資歌』, 『경세警世』 등 60여 부가 있었다고 전한다. 특히 『종경록』은 100권이나 되는 방대한 분량으로 일심중도一心中道를 근본 바탕으로 하여 선·교·율 제종의 회통뿐만 아니라, 유·불·도 삼교의 융회를 도모하고 있는 거작이다. 결국 연수 선사의 사상은 일심의 종지[一心爲宗] 위에 세워진 생사해탈의 법문이라고 할 수 있다.

『종경록』에서 '종宗'은 중생과 부처님에게 가장 근본이 되는 일심一心이고, '경鏡'은 이 세상 모든 것을 빠짐없이 비추어 주는 마음을 거울에 비유한 것이다. 즉 『종경록』이란 거울이 온갖 사물을 비추어 주듯 일심해탈에 관한 도리를 남김없이 보여 주며 그 내용을 기록하고 있다는 뜻이다. 그러면 먼저 『종경록』의 서문에서 밝히고 있는 일심중도一心中道에 대해 살펴보기로 하자.

"모든 부처님께서 '마음으로써 종지를 삼는다[以心爲宗].'라고 말하고, 중생들이 '종지로써 거울을 삼는다[以宗爲鑑].'라고 말했으니, 중생의 세계가 모든 부처님의 세계이다. 미혹으로 인해 중생이 되었으니 제불의 마음이 바로 중생의 마음이고, 깨달음으로 인해 부처를 이루었으니 마음이 밝은 거울과 같아서 만상이 항상 그러하다. 부처와 중생이 마치 영상影像과 같으니 열반과 생사가 모두 억지 이름일 뿐이다. 거울의 체體는 고요하되 항상 비추고[寂而常照], 거울의 빛은 비추되 항상 고요하다[照而常寂]. 그러므로 마음과 부처 및 중생 이 셋은 차별이 없다."[113]

---

113 『宗鏡錄序』. "諸佛眞語, 以心爲宗, 衆生信道, 以宗爲鑑, 衆生界卽佛世界. 因迷而

일심이 미혹하면 중생이요, 일심을 깨달으면 부처이다. 마음이 밝은 거울과 같기 때문에 거울의 본체는 적이상조寂而常照하고, 거울의 작용은 조이상적照而常寂해서 언제나 일심중도一心中道이다. 또한 부처와 중생, 열반과 생사가 모두 밝은 거울의 영상에 불과하므로 중생이 곧 부처요, 생사가 곧 열반인 것이다.

이어서 "영명지각 선사는 최상승을 증득하고 제일의제를 요달하여 교에 통달하고 선종에 깊이 정통하였으며 율의를 받들어 지녀 널리 중생을 이롭게 하였다."114라고 기술하고 있다.

그리고 "『능가경』의 '불어심위종佛語心爲宗'에 의거하여 『종경록』을 지어 '일심으로 종지를 삼아 만법을 비추는 것으로써 거울을 삼았다. 만약 어떤 사람이 부처로써 거울을 삼는다면 계·정·혜가 모든 선善의 종지가 되어 인천, 성문, 연각, 보살, 여래가 이로부터 나오는 것을 알아야 한다.'"115라고 하였다.

『만선동귀집』에서는 "만선이 일심으로 동귀同歸하는 도리를 열

爲衆生, 諸佛心是衆生心, 因悟而成諸佛, 心如明鑑, 萬象歷然. 佛與衆生, 其猶影像, 涅槃生死, 俱是强名, 鑑體寂而常照, 鑑光照而常寂, 心佛衆生三無差別.

114 위의 책. "永明智覺壽禪師, 證最上乘, 了第一義, 通究敎典, 深達禪宗, 稟奉律儀, 廣行利益."

115 위의 책. "因讀楞伽經云, 佛語心爲宗, 乃製宗鏡錄, … 所謂擧一心爲宗, 照萬法爲鑑矣. 若人以佛爲鑑, 知戒定慧爲諸善之宗, 人天聲聞緣覺菩薩如來, 由此而出."

가지의 뜻으로 나누어 원만하게 수행하게[圓修十義] 하였으니, 이사무애理事無礙, 권실쌍행權實雙行, 이제병진二諦並陣, 성상융즉性相融卽, 체용자재體用自在, 공유상성空有相成, 정조겸수正助兼修, 동이일제同異一際, 수성불이修性不二, 인과무차因果無差 등이다."라고 하였다. 이 원수십의圓修十義가 모두 일심一心에 의거한 중도실상中道實相의 수증문으로 제시되고 있는 것이다.

이 가운데 첫 번째인 이사무애理事無礙에 대한 법문의 단편을 간략하게 소개하면 다음과 같다.

"이理는 함이 없음[無爲]이요, 사事는 함이 있음[有爲]이다. 종일 하되 일찍이 한 바가 없고 종일 하지 않아도 일찍이 하지 않는 바가 없어서, 하는 것과 하지 않는 것이 하나가 아니고 다른 것도 아니어서, 법성의 근원과 같고 허공계와 같다. 만약 하나라고 한다면『인왕경』에 설하기를, '모든 보살은 유위의 공덕과 무위의 공덕을 다 함께 성취한다.' 하였으니, 만약 단지 하나뿐이라고 한다면 두 종류의 공덕이 있다고 설하지 않았을 것이다. 만약 다르다고 한다면『반야경』에 '유위를 떠나 무위를 설하지 말 것이며, 무위를 여의고 유위를 설하면 안 된다.'라고 하였다. 그러므로 이理와 사事가 상즉相卽하여 끊어진 것[斷]도 아니요, 항상한 것[常]도 아니며, 일어나고 사라짐이 동시여서 걸림 없이 쌍雙으로 나타난다."116

이와 사를 무위無爲와 유위有爲에 배대하고 유위를 떠난 무위가 없고 무위를 여읜 유위가 없으니, 이사理事가 상즉무애相卽無礙한 도리를 들어 단상중도斷常中道가 이루어지는 내용의 이사쌍수理事雙修를 말하고 있다. 즉 유위의 상相을 섭수하여 무위의 성性으로 돌아가니, 사가 이에 무애無礙하고, 성性은 자성을 지키지 않아서 상相에 따라 이루어지니, 이가 사에 무애하여 이사무애理事無礙가 성립된다.

연수 선사는 이사무애의 중도적 관점을 더욱 부연하여 설명하기를, "얻음이 없는[無得] 까닭에 얻지 못함이 없고, 함이 없기 때문에 하지 않음이 없으니, 무위無爲가 어찌 유위有爲에서 벗어나며 무득無得은 유득有得 밖에 있는 것이 아니겠는가. 유득과 무득이 이미 전혀 다른 것이 아니라면 유위와 무위도 또한 나누어지거나 같은 것이 아니다. 다른 것도 아니요, 같은 것도 아니니, 하나라거나 둘

---

116 『萬善同歸集』,『大正藏』第四十八卷, p.992上. "理卽無爲, 事卽有爲. 終日爲而未嘗有爲, 終日不爲而未嘗無爲. 爲與無爲, 非一非異. 同法性源, 同虛空界. 若云是一, 仁王經說, 諸菩薩有爲功德, 無爲功德, 皆悉成就. 若但是一, 不應說有二種功德. 若云是異, 般若經云, 不得離有爲說無爲, 不得離無爲說有爲. 是以理事相卽, 非斷非常, 起滅同時, 無礙雙現."

이라고 누가 말할 수 있겠는가. 같으면서도 달라서 천 가지 차별에 장애되지 않는다. 만약 같고 다르다는 두 문에 미혹하면 단斷·상常의 두 가지 집착에 떨어진다."117라고 하였다.

그리고 선을 바르게 수행하지 못하는 암증선사暗證禪師들이 이치를 밝히는 좌선에만 집착하여 행원行願을 실천하는 사事를 소홀히 하고, 교敎를 편협하게 수학하는 문자법사文字法師들은 도리어 사事에 집착하여 이치를 밝히는 데에 소홀히 하는 병폐가 있음을 지적하고 이사원융理事圓融의 입장에서 선교겸행禪敎兼行의 아름다움을 찬양하고 있다.

"고덕이 해석하기를, '선종에서 뜻을 잃은 사람은 이理만을 집착하여 사事에 미혹하고, 성性에는 본래 구족되어 있기에 수행하여 구하는 것을 빌리지 아니하며, 다만 정情을 없애면 곧 진불眞佛이 스스로 나타난다.'라고 하고, 법을 배우는 무리는 사事만을 집착하여 이理에 미혹하여, 어째서 쉬지 않고 부지런히 이 법理法을 수행하고 배울 필요가 있겠는가라고 말하였다. 이 둘

---

117 『萬善同歸集序』. "以無得故, 無所不得, 以無爲故, 無所不爲. 無爲豈出有爲中, 無得非居有得外. 得與無得, 旣非全別, 爲與無爲, 亦非同分. 非別非同, 誰言一二. 而同而別, 不閡千差. 若迷同別兩門, 卽落斷常二執."

을 합해 행하는 것은 두 가지 다 아름다운 것이며, 이 둘을 분리하여 행하는 것은 두 가지 다 상처를 입는 것이라 하였다. 이 사쌍수理事雙修는 원묘圓妙를 나타낸다."[118]

『중론』에 설하길, "부처님은 인연으로 난 것은 곧 남이 없으니 이 가운데는 태어나는 자성이 없다."라고 하였다. 남이 없음이 이理요, 인연으로 난 것이 사事이니, 사事의 당체가 곧 이理이기에 사事를 여의고 이理를 말할 수 없는 것이다.

그러므로 이理는 성性으로서 실實이기에 무위無爲요, 사事는 상相으로서 허虛이기에 유위有爲가 된다. 그러나 무릇 사事는 반드시 이理에 의해 성립되고 이理 또한 사事에 의해서 드러나기 때문에, 이理를 떠나서 따로 사事가 없고 사事를 여의고는 따로 이理가 없다는 것을 규명하고, 다시 이理를 통달하더라도 거기에만 막히지 말고 반드시 이理에 의한 사事에 나아가 만행萬行을 근수해야 할 당위성을 역설한 것이다.

그리고 『만선동귀집』 서문에서는 공유상성空有相成에 대한 일심

---

118 『萬善同歸集』卷中. "古德釋云, 禪宗失意之徒, 執理迷事云, 性本具足, 何假修求, 但要亡情, 卽眞佛自現. 學法之輩, 執事迷理, 何須孜孜修習理法. 合之雙美, 離之兩傷. 理事雙修, 以彰圓妙."

중도-心中道를 선교일치의 논리를 포괄하여 이렇게 토로하고 있다.

"대체로 유有는 무無로 인하여 유이고, 무無는 유有로 인하여 무이다. 선종禪宗은 얻을 바 없음[無所得]을 얻은 까닭에 실제로는 있고[實有], 교승敎乘은 얻을 것이 있음[有所得]을 얻은 까닭에 실제로는 없다[實無]. 실제의 진리 세계[實際理地]에는 철저하게 본래 없으나, 열반의 신묘한 마음[涅槃妙心]에는 항하의 모래만큼이나 나타나 있다. 그러니 유有와 무無를 나눌 수 없고, 선禪과 교敎가 본래부터 반드시 같은 길이다. 어리석은 자는 유有에 미혹하고 또한 무無에도 미혹하지만, 깨달은 자는 무無를 깨달으면 바로 유有를 깨닫게 된다. 분명하게 드러나 있는 일심一心을 증득하지 않으면 어떤 방편으로 본래 없는 만선萬善을 실천할 것이며, 본래 없는 만선을 실천하지 않으면 또한 무엇으로 말미암아 나타나 있는 일심一心을 원만하게 하겠는가."[119]

---

119 『萬善同歸集序』. "蓋有以無故有, 無以有故無. 禪宗者, 得無所得故, 是爲實有, 敎乘者, 得有所得故, 是爲實無. 實際理地, 徹底本無, 涅槃妙心, 恒沙顯有. 有無不可隔別, 宗敎自必同途. 迷者, 迷有亦迷無, 達者, 達無卽達無. 非證明顯有之一心, 何由履踐本無之萬善, 非履踐本無之萬善, 又何由圓滿有之一心."

공空은 유有로 인하여 세워져 인연으로 생멸하므로 성품이 공하고, 유有 또한 공空을 빌려 이루어져 성품이 없기 때문에 인연으로 생멸한다. 이와 같이 공과 유가 무애하여 공은 자성을 지키지 않고 인연을 따라 제유諸有를 이루기 때문에 서로 융통무애融通無礙하게 되는 것이다. 즉 공과 유가 서로 융통하고 무애하므로 진공묘유眞空妙有를 이루어 유有는 두루 만법을 건립하고, 공空은 능히 제유를 세울 수 있어서 공과 유가 상즉하여 원융무애圓融無礙하게 되는 것이다.

이로 미루어 볼 때, 연수 선사는 철저하게 일심一心의 중도실상中道實相의 원리에서 이사무애理事無礙, 공유상성空有相成 등 원수십의圓修十義의 수증을 해명하고 있음을 알 수 있다. 이와 같이 선사는 핵심종지로 표방한 일심중도一心中道를 바탕으로 하여 선교일치禪敎一致, 선정겸수禪淨兼修, 제종합일諸宗合一 등을 주장하고 있음이 분명하다. 그러면 본격적으로 일심을 종지로 회통하고 있는 연수 선사의 정토관인 유심정토唯心淨土, 원력정토願力淨土, 선정겸수禪淨兼修에 대해 고찰해 보기로 하자.

2. 유심정토唯心淨土

선禪에서는 즉심즉불卽心卽佛을 말하고, 정토淨土에서는 즉정즉선卽淨卽禪을 말한다. 이른바 마음이 그대로 부처라고 말하는 선과, 정토가 그대로 선이라는 말이 동시에 회통되기 위해서는 염불 자체가 유심정토唯心淨土 자성미타自性彌陀를 깨닫는 실상염불實相念佛일 때 가능한 것이다. 마음이 그대로 부처라면 이 부처는 모양 없는 무상실상無相實相의 부처이다. 이 무상실상의 마음을 증득하는 것을 선이라 하고, 무상실상의 부처를 증득하는 것을 염불이라 한다면, 마음에 즉卽한 염불, 즉 즉심염불卽心念佛이 즉정즉선卽淨卽禪이 되는 논리라고 할 수 있다.

즉심염불은 마음이 그대로 부처요, 부처가 그대로 마음이기 때문에 곧 마음이 법계法界에 두루 가득하게 되는 것이므로 10만 억 국토를 지나서 있다는 서방정토와 아미타불도 마음 부처를 떠나 있는 것이 아니게 된다. 따라서 자심불自心佛의 입장에서 보면, 내 몸이 곧 정토이며 내 마음이 바로 아미타불임을 깨치는 염불은 바로 즉심卽心을 여의지 않는 수행 방편이 되는 것이다. 한마음에 한 부처님을 칭념稱念하면 그대로 한 부처가 되는 것이며 한 불국이 되는 것이다. 따라서 자심불의 입장에서 내 몸이 곧 정토이며 내 마음이 곧 아미타불이라고 관하여, 즉심卽心에 부처를 염하는 것이다. 이것이 바로 일심一心으로 선과 정토를 융회하는 선정일치禪淨一致요, 선정쌍수禪淨雙修이다.

이와 같이 연수 선사의 선정겸수 사상 역시 일심중도一心中道의 내용인 제법실상諸法實相의 바탕에서 출발하고 있다. 『종경록』권제17에서 분명하게 말하기를, "제법의 실상을 보는 것을 이름하여 견불見佛이라 하고, "필경에 공하여 있는 바가 없는 법이 염불"이라고 하였다. "이理와 사事가 분명하여 부처 밖에 따로 마음이 없고[佛外無心], 마음 밖에 따로 부처가 없다[心外無佛]고 하였는데, 어찌하여 교 가운데서 다시 염불법문을 세우는가?"라는 질문에 대해 중생들이 자기 마음이 부처임을 믿지 않고 밖을 향해 치달아 부처를 구하고 있기 때문이라고 말하고, 중하근기를 위해 칭명염불稱名念佛이나 관상염불觀像念佛을 통하여 거친 망념을 얽어매어 밖에서부터 안을 드러내어 점진적으로 자기 마음을 깨닫게 하는 방편을 구사해야 한다고 주장하였다. 그러나 상근기라고 한다면 다만 색신의 실상實相을 관찰하게 하니, 부처를 관찰함도 또한 마찬가지라고 하였다.

여기서 분명하게 알 수 있듯이 연수 선사는 상근기를 위해서 유심정토를 역설하고, 중하근기를 위해 칭명이나 관상염불을 권장하고 있는 것이다. 제법실상의 도리를 단박에 깨칠 수 있는 상근기 수행자에게는 굳이 불명호를 부르는 염불을 통하지 않고 바로 색신의 실상을 보는 견불見佛에 이르는 즉심염불을 강조하고 있다.

그러나 중하근기의 행자는 어쩔 수 없이 칭명과 관상을 가르쳐 밖의 색신色身으로부터 안의 실상實相을 깨치게 하는 점차적인 방편을 구사하도록 권하고 있는 것이다. 그러면 연수 선사가 말하는 염불과 견불에 대한 정의를 자세하게 살펴보기로 하자.

"『불장경』에 설하기를, '제법의 실상을 보는 것을 이름하여 견불이라 한다. 무엇을 이름하여 제법의 실상이라 하는가? 이른바 제법의 실상이라는 것은 필경에 공空하여 있는 바가 없음이다. 필경에 공하여 있는 바가 없는 법이 염불이다.'라고 하였다. 또한 '이와 같이 염하는 가운데 탐욕이 없고, 집착이 없으며, 거스름도 없고, 따름도 없으며, 이름도 없고, 모양도 없다.'라고 하였다. 하물며 미세한 작은 망념마저 없는데 어찌 거친 망념인 신구의 삼업이 있겠는가? 신구의 업이 없는 곳에 취함도 없고, 끌어들임도 없으며, 다툼도 없고, 송사도 없으며, 사념도 없고, 분별도 없다. 공적空寂하여 자성이 없어 모든 각관覺觀

이 소멸함을 이름하여 염불이라 한다."[120]

연수 선사는 『불장경』을 인용해서 제법실상의 도리를 깨치는 것이 견불이며, 필경공畢竟空에 입각하여 있되 있는 바가 없는[有而無所有] 중도의 법이 염불이라고 분명하게 말하고 있다. 이것은 견불과 염불의 이치를 철저히 이른 바 "이름도 없고, 모양도 없는" 일심중도一心中道의 입장에서 규명하는 즉심염불卽心念佛을 말하고 있는 것이다.

선가에서는 마음 밖에 부처가 없고[心外無佛] 부처를 보는 것 또한 마음[見佛是心]이라고 말한다. 그런데 어찌하여 정토교에서는 화신불化身佛이 와서 맞이하며 정토에 왕생한다고 설하느냐고 묻는 물음에 이렇게 답하고 있다.

"법신 여래는 본래 생멸이 없으나 진여법신眞如法身으로부터 화신불이 일어나 미혹한 근기의 중생을 접인接引하는 것이다.

---

[120] 『宗鏡錄』第十七. "如佛藏經云, 見諸法實相, 名爲見佛. 何等名爲諸法實相, 所謂諸法實相者, 畢竟空無所有. 以畢竟空無所有法, 念佛. 乃至云如是念中, 無貪無著無逆無順無名無相, 乃至無微細小念, 何況麤身口意業, 無身口意業處, 無取無攝無諍無訟無念無分別. 空寂無性, 滅諸覺觀, 是名念佛矣."

화신으로써 곧 진여법신을 드러내니, 진여법신이 화신으로 감응한다 해도 둘이 아닌 하나일 뿐이다. 옴도 없고 감도 없이 사물과 마음에 감응할 뿐이다. 또한 화신불의 체體가 곧 진여법신인 까닭에 오고 감이 없다고 설하는 것이다. 진여법신으로부터 화신불의 현상이 유출하여 가고 옴이 있는 것이다. 그러므로 화신불은 오는 모습 없이 오며, 보는 모습 없이 보는 것이다. 옴이 없이 오는 것이 흡사 물에 비친 달이 단박에 나타나는 것과 같고, 봄이 없이 보는 것이 마치 움직이는 구름이 홀연히 나타난 것과 같다."[121]

염불행자가 염불삼매를 통하여 내영來迎하는 화신불(아미타불)을 친견하는 견불見佛의 원리가 바로 이와 같은 기機·감感에 있다. 인연의 도와 정진 수행의 문은 모두 여러 가지 인연으로 이루어져서 독립된 것이 없다. 만약 자신의 힘만으로 갖추어진 자력自力이라고만 집착하면 자성自性이요, 다른 인연인 타력이라 말하면 타성他性을 이루며, 만약 중생의 기機와 부처님의 감感이 서로 투합投合해야

---

[121] 위의 책. "法身如來本無生滅, 從眞起化, 接引迷根. 以化卽眞, 眞應一際. 卽不來不去, 隨應物心, 又化體卽眞, 說無來去. 從眞流化, 現有往還. 卽不來相而來, 不見相而見. 不來而來, 似水月之頓呈, 不見而見, 猶行雲之忽現."

한다고 말하면 곧 공성共性이며, 만약 인因도 아니고 연緣도 아니라면 무인성無因性이다. 이 네 가지 성性 각각에 집착하면 원만한 깨달음을 이룰 수 없다.

견불이 이른바 자성·타성·공성·무인성의 사성四性에 있는 것이 아니지만 또한 사성을 여의고 이루어지는 것도 아니다. 이 말의 뜻이 무엇이냐 하면, 견불은 자력으로 되는 것도 아니요, 타력으로 되는 것도 아니며, 자력과 타력이 합해지는 것으로 되는 것도 아니며, 또한 아무 인연 없이 되는 것도 아니다. 하지만 이 사성四性을 떠나서 이루어지는 것도 아니다.

염念하는 마음도 그 성품이 공空하고, 염해지는 부처도 그 성품이 공空하기 때문에 그 둘이 합해지는 공성共性마저 공空하다. 가히 얻을 바가 없는 공空이지만 단멸공斷滅空이 아니어서 필경공畢竟空으로서의 공성共性이기 때문에, 중생은 염하는 바 없이 염하고 부처님은 오는 바 없이 와서 견불이 이루어지는 것이다.

사실 중생의 마음은 염한 바 없이 염하고, 부처님은 감응한 바 없이 감응하니 기감상투機感相投의 공성共性 또한 이루어진 바 없이 이루어지는 것이다. 기機와 감感이 서로 투합해서 마음과 부처가 하나로 통일되어 견불見佛이 이루어진다 하더라도 구경에는 중생의 기도 없고 부처의 감도 없다. 그 없는 가운데 기감이 투합되어 나타나니, 수월도량水月道場을 건립하고 몽중불사夢中佛事를 성취하듯이 견불왕생見佛往生이 이루어지는 것이다.

즉 불생불멸의 진여법신에서 화신불이 화현하여 중도실상의 수증에 철저한 염불행자를 접인하니, 애초에 법신과 화신은 둘이 아니어서 오고 감의 기감機感이 있다손 치더라도 와도 온 바 없이 오고, 가도 간 바 없이 가는 것이니, 이것이 서방 아미타불이 염불행자를 접인하는 모습이다. 천 강에 천 달이 비쳐도 하늘의 달은 온 바 없이 오고, 청산에 백운이 홀연히 나타나는 것이 보는 바 없이 보는 도리이다. 이것이 모두 다 일심중도一心中道의 도리를 깨우치는 법문이다. 마음이 부처를 만들고, 마음이 정토를 장엄하는 것임을 분명하게 비유로 말해 주고 있는 것이다.

연수 선사는 『주심부註心賦』에서 청량 국사의 『심요전心要牋』을 인용해 이렇게 말하였다.

> "마음마다 부처를 지으니 한 마음도 불심佛心 아님이 없고, 곳곳마다 도가 이루어지니 한 티끌도 불국佛國 아님이 없다."[122]

---

[122] 『註心賦』卷1. "心要牋云, 心心作佛, 無一心而非佛心. 處處道成, 無一塵而非佛國."

오직 이 마음이라 마음이 평등하면 법계가 평등하고, 마음에 차별이 있으면 세계가 차별이 있게 된다. 이 마음은 부처가 되기도 하고 중생이 되기도 한다. 그러므로 『대집경』에서는 "너의 세계를 깨끗하게 하려거든 반드시 너의 마음을 깨끗하게 하라."고 하였고, 『유마경』에서는 "정토를 얻고자 한다면 마땅히 그 마음을 청정하게 해야 할지니, 그 마음이 청정함을 따라서 곧 불국토도 청정해지는 것이다."라고 설하고 있는 것이다. 또한 『오성론』에서도 "마음 가운데 망념이 없을 때에는 한마음[一心]이 바로 하나의 부처님 나라[一佛國]요, 마음 가운데 망념이 있을 때에는 한마음[一心]이 바로 하나의 지옥[一地獄]이 된다."라고 설하였다.

그러면 마음이 곧 부처라고 한다면 굳이 수행을 빌릴 필요가 없지 않은가? 이러한 물음에 연수 선사는 명쾌하게 답하기를, "마음이 부처이기 때문에 수행해야 한다."라고 하였다. 중생의 심성은 본래 청정하나[心性本淨] 객진에 오염되었다[客塵所染]고 하였다.

즉 본래심本來心은 부처이지만 반연심攀緣心은 경계에 오염되어 본래 청정성을 잃어버렸다. 그것은 마치 쇠에 금의 성품이 없다면 비록 단련을 거치더라도 금의 작용을 이루지 못하는 것과 같다고 하면서, 마음이 부처라는 말을 고집하면 이理에 집착한 것이요, 수행이 필요 없다고 한다면 사事를 폐한 것이라고 하였다.

일체중생에게는 정인불성正因佛性이 있다. 그러므로 연인불성緣因佛性을 닦아 정인불성을 드러내야 한다. 아무리 쇠를 제련하더라도 본래 광물 속에 금의 성질이 없다면 능히 금을 이루지 못하는 것이다. 또한 아무리 정인正因이 있다 하더라도 연인緣因의 단련이 없다면 금의 작용을 이룰 수 없게 된다.

비록 중생에게 불성이 있다 하더라도 수행이 없으면 부처를 이룰 수 없는 것과 마찬가지이다. 불성은 이理요, 수행은 사事이니, 이와 사는 인因과 과果이다. 즉 원인에 결과요, 결과에 원인이다. 어찌 인과의 도리를 알지 못하고 이理에 집착해 사事를 폐할 수 있겠는가.

이른바 정인불성이란 일체중생이 본래 갖추고 있는 부처의 종자이고, 연인불성은 닦고 익히는 수행의 인연이다. 종자로서의 정인正因이 있더라도 인연이라는 연인緣因이 더해지지 않는다면 불과佛果를 이룰 수 없게 된다. 그래서 불성은 이理가 되고 수행은 사事가 되어 이사理事가 원융해야 인과因果가 원만하게 이루어지는 것이다.

그래서 연수 선사는 "일체가 마음으로 돌아가고 또한 만법이 마음으로 말미암는 것이니 정과淨果를 얻으려면 다만 정인淨因을 행하라."[123]고 말하고 있다.

---

123 『萬善同歸集』. "一切歸心, 萬法由我, 欲得淨果, 但行淨因."

당시 선가禪家의 전통에서 보면, 정토 또한 유심정토요, 미타 또한 자성미타인데 어찌하여 굳이 극락세계의 연화대에 몸을 의탁하여 왕생하려고 하는지 의심이 들게 마련이다. 이와 같다면 정토왕생은 무생의 생[無生之生]인 중도실상에 어긋나는 것이라고 의심하는 이들을 향해서 "유심정토라는 것은 마음을 깨달아야 태어날 수 있는 곳이다."[124]라고 명쾌하게 말해 주고 있다. 마음을 밝히지 못한 이가 말로만 유심정토를 외친다면 어두운 방 안에서 광명을 이야기하는 것과 같은 것이다.

또한 『여래부사의경계경』에 의거하여 "삼세의 일체 제불은 따로 있는 바가 없고 오직 자심自心에 의지한다. 보살이 만약 제불과 일체 법이 오직 마음의 나타난 바인 것을 능히 깨달아서 수순인隨順忍을 얻으면, 혹 보살 초지에 들어가고, 몸을 버리고 속히 묘희세계妙喜世界에 나기도 하며, 혹 극락정토 가운데 태어나기도 한다."[125]라고 하였다. 그러므로 "마음을 알면[識心] 비로소 유심정토에 태어나고, 경계에 집착하면 다만 반연하는 바의 경계에 떨어지

---

[124] 위의 책. "唯心淨土者, 了心方生."
[125] 『宗鏡錄』卷第三十. "三世一切諸佛, 皆無所有, 唯依自心. 菩薩若能了知諸佛, 及一切法, 皆唯心量, 得隨順忍, 或入初地, 捨身速生妙喜世界, 或生極樂淨佛土中."

게 되는 것"126이라고 하였다.

『화엄경』에서 설하고 있는 "만약 삼세 일체 부처를 알고자 한다면 마땅히 법계의 성품을 관할지니 일체가 오직 마음으로 지은 것이라네."127라고 하는 게송의 의미와 같은 맥락이다. 일체 제법의 경계가 오직 마음이 드러난 것이니, 마치 밝은 거울 가운데 여러 가지 나타난 상이 안과 밖이 아니면서 안과 밖을 여의지 않아서 경계가 오면 나타나고 경계가 떠나면 없어지는 것과 같이 자심은 본래 청정한지라 제법이 오직 일심일 뿐이다. 일체 경계가 오직 마음[唯心]뿐임을 알면 바깥 경계를 버리고 내외가 명철한 진여자성을 깨닫게 된다.

선禪에서는 식심견성識心見性이라 말하고, 정토에서는 식심정토識心淨土가 되므로 이것이 바로 유심정토를 말하는 것이다. 그리고 식심識心의 수행을 통해 선과 정토가 융섭하는 선정겸수禪淨兼修가 되는 것이다.

"유심唯心으로 염불하고 유심唯心으로 관觀하면 두루 만법

---

126 『萬善同歸集』. "故知識心, 方生唯心淨土, 着境祇墮所緣境中."
127 "若人欲要知 三世一切佛 應觀法界性. 一切唯心造."

萬法을 포섭하니, 이미 경계가 유심唯心임을 요달했으면 요달한 그 마음이 곧 부처인 것이다. 그러므로 염하는 바를 따라 부처 아님이 없다."[128]

여기서 주목해야 할 대목이 바로 "경계가 유심임을 깨달았으면, 깨달은 그 마음이 곧 부처이다."라고 말한 부분이다. 위에서 이미 유심정토란 "마음이 깨달아야 태어날 수 있는 곳"이라고 하였고, 또한 "깨달은 그 마음이 곧 부처"라고 한다면, 결국 마음을 깨달은 부처가 태어난 바 없이 태어나는[無生而生] 그곳이 유심정토가 되는 것이다.

그렇다면 연수 선사가 주장하는 바의 유심정토는 이 한마음이 청정함을 깨달으면 그대로 부처이며, 정토가 되는 것이다. 마음을 깨달은 자에게는 그것이 정토이든 예토이든 우주 법계 삼라만상 그대로가 유심정토가 되는 것이다. 이러한 의미에서 보면, 연수 선사의 유심정토관은 원효 대사의 일심정토一心淨土 사상과 그 맥이 닿아 있다고 할 수 있겠다.

원효 대사는 "예토와 정토도 본래일심本來一心이요, 생사와 열반

---

[128] 위의 책. "唯心念佛, 以唯心觀, 遍該萬法. 旣了境唯心, 了心卽佛, 故隨念無非佛矣."

도 궁극에는 둘이 아니다."라고 말하고, 또한 "중생심의 성품이 밝게 통하여 막힘이 없음이 곧 일심"이라고 주장하였다. 즉 예토의 중생심과 정토의 불심을 일심의 근원으로 돌아가게 하는 것이 원효의 일심정토一心淨土 사상이라고 하였다.

연수 선사 또한 『주심부』에서 "무릇 유심정토라고 말하는 것은 곧 하나가 청정하면 일체가 청정하여 티끌 세계[塵勞]에 나아가 불국토를 이룬다고 말할 수 있다."[129]라고 하였다. 따라서 일진법계一塵法界가 바로 일진법계一眞法界인 것이다. 이러한 관점에서 보면, 예토와 정토가 오직 유심唯心이요, 일심一心인 까닭에 그 마음을 깨달으면 유심정토요, 일심정토인 것이다. 이러한 사상의 바탕 위에서 유심정토唯心淨土를 말함과 동시에 서방정토西方淨土의 왕생을 부정하지 않고 오히려 권장하게 되는 것이다.

이와 같은 유심唯心의 관점에서 논하면, 염불 또한 유심唯心으로 관하는 것이기에 오직 생각 생각 가운데 한 생각도 일으킴이 없는 [一念不起] 무념으로 염念해야 하는 것이다. 마음이 법계에 두루하기 때문에 만법을 포섭한다고 말하고, 천당과 지옥의 경계가 오직 마음인 까닭에 염불하는 한 생각 한 생각이 그대로 부처인 것이다.

---

129 『註心賦』. "凡言唯心淨土者, 卽一淨一切淨, 可謂卽塵勞而成佛國也."

비유하면 밝은 거울에 스스로의 얼굴을 비추어 보면 거울에 나타난 형상[鏡中相]은 내외內外가 없고 왕래往來도 없으면서 완연히 드러나고 있는 것과 같다. 이때 거울과 형상은 같지도 않고 다르지도 않은 것처럼 마음과 부처 또한 하나도 아니고 다르지도 않다. 즉 능견能見의 마음과 소견所見의 부처가 서로 감응感應하여 생각 생각이 부처[念念是佛] 아님이 없고, 생각 생각에 부처를 보게[念念見佛] 되는 것이다. 생각 생각이 부처임을 깨달으면 선禪이요, 생각 생각에 부처를 보게 되면 염불이 되어 선염일치禪念一致, 선정쌍수禪淨雙修가 이루어지는 것이다.

염불수행에서 염念의 구체적 방법은 무엇일까? 『증도가』에서 "꿈속에서는 분명하고 분명하게 육도가 있더니[夢裏明明有六聚] 꿈을 깨고 나니 텅 비고 텅 비어 대천세계도 없더라[夢後空空無大千]."라고 한 것과 같은 이치로 유심염불唯心念佛을 행하라고 하면서 다음과 같이 예를 들고 있다.

"『반주삼매경』에서 이르길, '마치 사람이 꿈에 칠보와 친척 등을 보고 기뻐하다가 꿈을 깨고 생각해 보니 꿈 가운데 보았던 것들이 어디에 있는지 알지 못하는 것과 같다.'라고 하였다."130

"이와 같은 염불 방편은 오직 마음이 지은 바이므로 유有에 즉한 공空이기 때문에 오고 감이 없다. 또한 환幻과 같아 실체가 없기에 곧 마음과 부처 둘 다 잊지만, 환의 모습[幻相]이 없지는 않아 곧 마음과 부처를 무너뜨리지는 않는다. 공空과 유有가 장애가 없으니 곧 오고 감이 없다."131라고 하였다. 이것은 유심염불에 대한 정의와 방편을 동시에 비유로 한 말이다. 『종경록』에 또한 이렇게 말하고 있다.

"『화엄경』에서 해탈장자가 선재에게 말한 것과 같이 내가 만약 안락세계의 아미타여래를 보고자 하면 뜻에 따라 곧바로 보고, … 이와 같이 일체 부처님을 모두 곧바로 본다. 그러나 저 여래는 여기에 오지 않았고 나의 몸 또한 거기에 가지 않았다. 일체 부처님과 나의 마음이 다 꿈과 같음을 알고, 일체 부처님은 마치 그림자와 같고 자기 마음은 물과 같음을 알

---

130 『萬善同歸集』. "般舟三昧經云, 如人夢見七寶親屬喜, 覺已追念, 不知在何處."
131 『萬善同歸集』卷上. "如是念佛, 此喻唯心小作, 卽有而空, 故無來去. 又如幻非實, 則心佛兩亡, 而不無幻相, 則不壞心佛, 空有無閡, 卽無去來."

아라. 일체 부처님의 있는 바의 색상과 자심自心이 모두 메아리와 같음을 알아야 한다. 나는 이와 같이 알고 이와 같이 억념하여 보는 바의 모든 부처님이 다 자기의 마음으로부터 나왔느니라."132

마치 꿈속에서는 분명하게 있으나 깨고 나면 텅 비어 없는 것처럼 분명히 있는 유有가 본래 텅 빈 공空이라는 이치로 염念함이 곧 유심염불이라고 설명하고 있다. 이것이 바로 연수 선사가 강조하는 즉색즉공即色即空의 중도실상에 즉해서 행하는 즉심염불即心念佛로서의 유심염불唯心念佛인 것이다. 즉 능념能念의 마음과 소념所念의 부처가 모두 인연생기因緣生起하는 꿈과 같고, 환과 같고, 그림자와 같고, 메아리와 같아서, 실제는 없으나 환幻으로 없지 않아서 모두가 일심중도一心中道를 벗어나지 않는다.

다시 말하면, 꿈속에 유有이던 것이 꿈 깨고 나면 무無가 되니, 다만 환幻과 같아서 실유實有가 아니므로 마음과 부처 둘 다 없지만,

---

132 『宗鏡錄』卷第三十二. "如華嚴經, 解脫長子告善財言, 我若欲見安樂世界阿彌陀如來, 隨意即見, … 如是一切悉皆即見. 然彼如來不來至此, 我身亦不往詣於彼. 知一切佛及與我心, 悉皆如夢. 知一切佛猶如影像自心如水. 知一切佛及以己心悉皆如響. 我如是知, 如是憶念. 所見諸佛皆由自心."

가유假有의 환상幻相 또한 없지 않으니 마음과 부처 둘 다 있게 된다. 공空과 유有가 걸림이 없어 오고 감이 없고 널리 봄이 장애되지 않아서 보는 것이 곧 봄이 없는 봄이 되어 항상 중도中道에 계합하게 되는 것이다. 따라서 부처님은 실로 오는 바 없이 오고, 마음 역시 가는 바 없이 가서 마음과 부처의 기감機感이 교철交徹하게 된다.

이것이 중도실상의 일심중도一心中道로 행하는 유심염불唯心念佛이니, 연수 선사가 제창하는 유심정토唯心淨土 사상의 핵심 종지이다.

『만선동귀집』에 근본 종지에서 정토의 실상을 언급하면서, "방거사의 법문에 사事의 분상에서 정토에 대해 말한다면 여기서 거리가 십만 리나 되어 아득하고 끝이 없어 가는 자는 비록 천만 명이나 되지만 도달하는 자는 한둘에 불과할 뿐이라고 하였다. 그러나 홀연히 본래인本來人을 만나면 그러한 인연에 있지 않을 것이라고 하였는데 이 말을 어떻게 이해하여 왕생할 수 있겠는가?"라는 물음에 이렇게 답하고 있다.

"종지宗旨를 제시하고 근본을 살핀다면 오히려 부처가 있다[有佛]거나 정토가 있다[有土]는 것을 설하지 못하는데, 어찌 도달하고 도달하지 못하고를 말할 수 있겠는가. 그러므로 천진天眞이 스스로 갖추어 인연을 따르지 않아 털끝만큼도 움직이지 않고도 항상 진여의 본체에 명합冥合할 수 있다. 만약 사事의 분상에서 논한다면 하나의 길만이 있는 것은 아니니 구품九品에 왕생하여 위아래가 함께 이른다."[133]

여기서 연수 선사는 정토왕생에 대해 이理와 사事 양면의 관점에서 설명하고 있다. 이른바 '종지를 제시하고 근본을 살핀다.'는 것은 이理의 분상에서 논하는 것이니, 여기서는 마음이 부처이고 마음이 정토인데 가고 옴이 있다고 말할 수 없다. 한 발짝 움직이지 않고 지금 생사의 이 자리가 그대로 해탈의 경지이니 유심정토 자성미타의 경계이다.

그러면 마음이 정토라고 하는 유심정토에는 어떻게 왕생한다는 것인가? 이에 대해서 연수 선사는 『정토십의론』을 인용하여 이렇게 말하고 있다.

"지혜로운 자가 강렬하게 정토왕생을 구하나 왕생하는 본체를 얻을 수 없음을 요달하는 것이 곧 진정한 무생無生이다. 이

---

[133] 『萬善同歸集』. "若提宗考本, 尙不說有佛有土, 豈言達之不達乎. 所以天眞自具, 不攝因緣, 匪動絲毫, 常冥眞體. 若約事論, 故非一等, 九品往生, 上下共至."

것을 '마음이 청정하므로 곧 불토가 청정하다.'라고 말한다. 어리석은 자는 태어난다[生]는 것에 얽매여 태어난다는 말을 들으면 곧 태어난다는 알음알이를 내고, 태어남이 없다[無生]는 말을 들으면 곧 태어남이 없다는 알음알이를 내니, 태어남이 곧 태어남이 없음이요, 태어남이 없음이 곧 태어남이라는 것을 알지 못한다."[134]

유심정토에 왕생한다고 하는 것은 생하되 생함이 없고[生而無生], 생함이 없이 생하는[無生而生] 중도의 이치를 증득하는 것임을 증명하고 있다. 일심중도의 불생불멸은 제법이 인연생기[因緣生起]함에 있어 자성을 지키지 않으므로 태어나는 본체를 얻으려야 얻을 수 없다. 즉 생生이 무생無生이라는 것은 생할 때 온 곳이 없으므로 무생이라 하고, 무생이 생이라는 것은 멸할 때 가는 곳이 없으므로 생이라 하는 것이다. 인연으로 생하는 것 밖에 따로 무생무멸[無生無滅]이 있다는 말이 아니요, 또한 정토에 왕생하기를 구하지 않는 것을 무생이라고 말하는 것이 아니다. 그러므로 지혜로운 사람은 생이 곧 무

---

134 위의 책. "十疑論云, 智者熾然求生淨土, 達生體不可得, 卽眞無生. 此謂心淨故卽佛土淨. 愚者爲生所縛, 聞生卽作生解, 聞無生卽作無生解, 不知生卽無生, 無生卽生."

생이요, 무생이 곧 생이라는 불이중도의 이제二諦를 깨쳐 있는 그대로 정토인 것이다.

설사 이제二諦를 깨쳤다 하더라도 모든 부처님의 설법은 또한 이제를 여읜 적이 없다. 진제眞際로 속제俗際를 융회하면 속제가 진제 아님이 없고, 속제로 진제를 회합하면 만법이 완연하여 진속불이眞俗不二가 되어 생이 무생이 되고 또한 무생이 생이 되기 때문에 유심정토와 원력정토가 불일불이不一不異로 융섭되는 것이다. 그러므로 타력의 원력정토를 폐기하고 자력의 유심정토만을 고집하지 않는 것이다.

중생의 업식 따라 천차만별로 펼쳐지는 사事의 분상은 하나로 평등하지 못하다. 자력의 상근기를 위한다면 이理에 노닐어도 전혀 문제가 없겠지만, 그러나 타력에 의지해야만 하는 둔근기를 위해 팔만사천의 방편문을 시설하여 접인중생接引衆生해야 한다. 그러니 어찌 이理에 고집하여 사事를 폐하는 우를 범해 유심정토唯心淨土나 자성미타自性彌陀의 종지만 펼치고 원력정토願力淨土나 서방미타西方彌陀로 인도하는 자비방편을 저버릴 수 있겠는가. 그래서 미타의 본원력本願力에 의거하여 구품왕생九品往生을 시설하고 범부와 성인이 모두 왕생하여 구경열반에 들게 하는 것이다.

3. 원력정토願力淨土

정토종의 선도 대사는 『관경소』 제1을 통해 "『관경』은 미래세상의 중생이 번뇌의 적에게 방해를 받기 때문에 그들을 위해 설한 것이다."라고 말하고, 또한 "극락세계의 구품은 모두 범부의 왕생을 위해 설한 것이지 성인을 위한 법이 아니다."라고 하였다. 이와 같이 정토에 왕생하는 법은 말법 시대의 중생들을 위해 특별히 세운 법문임을 천명하였다.

근기가 수승한 수행자들은 자력으로 충분히 유심정토의 성품을 깨달을 수 있고 자성미타를 친견할 수 있지만, 근기 둔열한 중하근기의 사람들은 타방불의 본원력에 의지하여 정토왕생을 통해 점차로 해탈열반을 성취해 나아갈 수밖에 없다.

연수 선사는 『만선동귀집』에서 자력과 타력의 융통성을 설명하면서 타력의 당위성을 강조하고 있다. 즉 "마음이 곧 부처라 하는데 굳이 밖으로 부처를 구할 필요가 있는가?"라는 물음에 이렇게 답하고 있다.

"모든 부처님의 법문이 한결같지 않아서 모두 자력自力과 타력他力, 자상自相과 공상共相이 있어 십현문十玄門으로 거두어들이고 육상의六相義로 융통한다. 인연을 따르면 나누어진 것 같으나 성性을 잡으면 항상 합하여, 마음으로부터 경계를 나타내니 경계가 곧 마음이요, 소所를 거두어들여 능能에 돌아가니 타他가 바로 자自인 것이다."[135]

극락세계의 아미타불은 칭명염불로 정토왕생을 설하고, 향적세계의 향적여래는 향기를 맡게 하여 제도하듯이, 제불보살이 각각 가풍을 달리하여 제도하는 법문은 한결같지 않다. 중생이 스스로의 힘으로 견성見性하면 자력이요, 불보살의 본원력을 빌려 견불見佛하면 타력이다. 제법의 실상에서 보면 성性과 상相이 둘이 아니어서 서로 여의지 않는다. 다만 성性의 본질에서 보면 자력을 강조하게 되고, 상相의 인연에서 보면 타력을 강조하게 되는 것이다. 그러나 성상융회性相融會의 입장에서 보면 자타원수自他圓修(자력과 타력을 원만하게 닦음)가 된다.

일체 경계는 모두 다 마음이 나타낸 것이기에 성불의 인연도 마음을 닦아야 불과를 성취하게 된다. 이를 일러 경전에서는 시심작

---

[135] 위의 책. "諸佛法門, 亦不一向. 皆有自力他力, 自相共相, 十玄門之該攝, 六相義之融通. 隨緣似分, 約性常合. 從心現境, 境卽是心. 攝所歸能, 他卽是自."

불是心作佛이라 한다. 마음이 부처를 짓지 않으면 마음이 능히 부처를 나타내지 못하기 때문이다. 부처가 곧 마음이라서 타他(남)가 곧 자自(자기)요, 소所(객관경계)의 부처를 섭수하여 능能(인식주체)의 마음으로 돌아가니 이것을 시심시불是心是佛이라 한다. 마음에 만약 불성이 없다면 비록 닦더라도 부처를 이룰 수 없기 때문이다. 진眞과 속俗이 둘이 아니고, 능能과 소所가 불이不二이므로 자력의 시심시불是心是佛과 타력의 시심작불是心作佛이 하나로 융통된다.[136]

연수 선사 역시 유심정토를 강조하고 있으면서도 한편으로 업장이 두터운 말법중생들을 위한 원력정토를 함께 권장하고 있음을 볼 수 있다. 원력정토의 가르침은 금생에 염불삼매를 성취하고 아미타불을 친견하여 정법으로 살아가고, 임종 시에 즉시 아미타불의 접인을 받아 극락정토에 왕생하여 무생법인無生法忍을 증득하는 염불수행법이다.

염불수행에 대한 법문은 『반주삼매경』에 간명하게 나타나 있다. 경에 설하기를, "홀로 한 곳에 머물러 서방의 아미타불이 현재 설법하고 계신 것을 염하고, 들은 바를 마땅히 염하라. 여기서부터

---

[136] 北宋 永明延壽 著述, 臺灣 釋性梵 講義, 然觀 譯, 『萬善同歸集講義』 上, (사유수), p.253. 참조.

천만 억의 불국토를 지난 곳에 있는데, 그 국토를 수마제須摩提(극락을 뜻하는 범어)라 이름한다. 일심一心으로 그것을 염하되, 하루 밤낮 혹은 7일 밤낮을 정진하여 7일이 지난 이후는 부처님을 친견할 수 있다."라고 하였다.

『반주삼매경』은 여산에서 염불삼매를 과업으로 백련결사白蓮結社를 결맹한 혜원 법사가 중요하게 수지한 이래로 많은 정토종의 법사들이 염불삼매의 경증經證으로 삼았던 경전이다. 선정겸수를 주장한 연수 선사 또한 여러 정토경론에서 설한 염불삼매를 유심정토와 원력정토의 수행에 함께 적용하며 정토수행문을 시설하고 있다. 그러면 지금부터 연수 선사의 원력정토(서방정토)에 대한 관점을 조망해 보도록 하자.

연수 선사는 먼저 『수보살계법서』에서 조사의 말을 빌려 "마음이 부처이며 부처가 마음이니, 마음을 떠나서 부처가 없고 부처를 떠나서 마음이 없다."[137]라고 유심의 도리를 설파한 연후에 근기에 따른 방편의 다름을 다음과 같이 피력하고 있다. "만약 극락에 태어나려고 한다면 구품에 대한 내용을 가르침 받게 된다. 상근기의 사람들은 계를 받고 선禪을 닦고 중하근기들은 행도염불行道念佛을

---

137 『受菩薩戒法序』. "故祖師云, 卽心是佛, 卽佛是心, 離心非佛, 離佛非心."

한다. 중생들의 근기가 같지 않기 때문에 한 가지만을 지켜 다른 방편들을 의심할 것은 아니다."[138]

그리고 정토에 왕생한다 하더라도 상품과 그 이하의 품계의 왕생이 차이가 있음을 구별해 말해 주고 있다.

"극락세계의 상품에 왕생하는 것은 문수보살이 말하기를, '마치 힘이 센 장사가 팔을 구부리고 펴는 사이에 상품에 태어나 부처님을 친견하고 곧바로 보살의 초지를 증득하는 것과 같다. 그러나 아래의 구품에서는 대승법을 듣고도 부처님의 계를 믿지 못하며, 단지 염불만 하고 나아가 임종에 이르러 회향하여 또한 왕생하기도 한다. 십이 겁 만에 비로소 꽃이 피긴 하지만 부처님을 친견하지 못하고 점차로 소승의 경지를 증득하니, 원만한 대승의 공력과 비교하자면 더디고 빠른 것이 크게 차이가 있다.'라고 하였다."[139]

---

[138] 위의 책. "若生安養, 敎受九品之文. 上根受戒習禪, 中下行道念佛. 衆生根器不等, 不可守一疑諸."

[139] 위의 책. "上品往生, 如文殊菩薩云, 如壯士屈伸臂頃, 上品見佛, 便證菩薩初地. 如下第九品, 聞大乘, 不信佛戒, 或只念佛, 乃至臨終廻向, 亦得往生. 十二劫始開花, 未得見佛, 漸證小乘, 格其圓功, 遲疾大隔."

『수보살계법』에서 주장하고 있는 정토법문은 먼저 근기론적 접근으로 상하근기에 따른 돈점頓漸의 수증이 다름을 언급하고, 다음으로 보살계 수계에 의한 지계의 중요성을 동시에 강조하고 있는 것이다. 이른바 "상근기의 사람들은 보살계를 받고 선을 닦고 중하근기들은 행도염불을 한다."라고 한 말이 바로 여기에 해당한다. 이것은 보살계를 수지하고 선정을 닦는 것이 상품왕생의 인因이 되고, 행도염불을 하는 것이 중하품의 인因이 된다는 것이다.

『만선동귀집』에서는 참선하는 납자들이 지계를 소홀히 하는 것을 경책하고 있으며, 또한 『수보살계법』에서는 만약 보살계를 받고 무상보리심을 일으킨 사람은 이미 대승을 믿고 대법大法을 받은 것이기 때문에 비록 후에 파계를 하더라도 염불하고 참회하면 곧 왕생할 수 있다고 하였다. 그리고 만약 계를 받지 않고 악업을 짓는 사람은 선업이 미약해서 악업을 배척하는 힘이 없기 때문에 왕생하기 어렵다고 하였다. 이것은 보살계를 수지하는 것이 왕생의 요인了因이 됨을 상기시키고 있는 것이다.[140]

연수 선사는 이어서 『기신론』의 염불법문을 인용해 점차漸次적인 염불수행을 밝히고 있다.

---

[140] 望月信亨 著, 李泰元 譯, 『中國淨土敎理史』, (운주사), p.341. 참조.

"『대승기신론』에서는 '모든 부처님의 본래 뜻을 밝혀 대승에 포섭하였다. 처음 믿음에 들어가는 사람들이 악세에 태어나 성취하기 어려워할까 염려되어 그들로 하여금 극락에 왕생하는 것에 회향하도록 해서 불법에서 물러나지 않게 하였다. 만약 부처님의 법신을 본다면 쉽게 무생법인을 성취한다.'라고 하였으니 이것을 분명한 글로써 증명하였다."[141]

『대승기신론』에서 언급하고 있는 내용인즉, 먼저 상근기들은 대승의 법을 밝혀 보살계를 받아 선정을 닦아 쉽게 유심불唯心佛을 성취할 수 있음을 인정하고 있다. 그다음에는 처음으로 불법에 믿음을 낸 초심자들이 대승의 법을 밝혀 성도문聖道門에 나아가 불법을 성취하기는 대단히 어렵다는 사실을 상기시키고, 그들을 배려하여 왕생정토의 방편으로 불퇴전의 지위에 오르게 하여 점차적으로 무생인無生忍을 성취하게 한다고 하였다. 말하자면 근기의 상하에 따른 지질遲疾의 돈점頓漸 수증법이 다른 점을 분명하게 주지시키고 있음을 볼 수 있다.

---

[141] 『受菩薩戒法序』. "大乘起信論, 明諸佛本意, 爲攝大乘. 初入信之人, 恐生惡世, 難得成就, 令廻向往生, 免得退轉. 若見佛法身, 易成就法忍. 此是明文證."

이와 같이 정토수증에도 빠르게[疾], 단박에[頓] 성취하는 상근이 있는가 하면, 더디게[遲], 점차로[漸] 이루어 가는 둔근도 있게 마련이다. 이미 언급한 바와 같이 상근기 수행자는 유심염불로 유심정토를 성취하여 자성미타를 친견한다고 하였으니 여기서는 별로 문제가 되지 않는다. 즉 말법에 즈음한 중하근기의 둔근기를 위한 정토수증이 문제인 것이다. 이에 연수 대사는 말법 시대를 살아가는 근기가 하열한 중생들에게 알맞은 정토일문淨土一門이 있음을 상기시키고 있다.

"『대집월장경』에 이르길, '나의 말법의 시대에 한량없는 중생이 수행하여 도를 닦으나 한 사람도 얻은 자가 없으리라.' 하였다. 지금 말법을 당하여 현재 오탁악세 가운데 오직 정토淨土의 일문一門이 있어 통하여 들어갈 수 있는 길이다. 마땅히 알지니, 자행自行만으로는 원만히 이루기 어려우니 타력으로 쉽게 성취할 수 있다. … 실로 이행易行의 도는 빠르게 상응함을 얻는다. 자비의 뜻이 간곡하니 마땅히 뼈에 새길지니라."[142]

---

142 『萬善同歸集』. "大集月藏經云, 我末法時中, 億億衆生, 起行修道, 未有一得者. 當今末法, 現是五濁世中, 唯有淨土一門, 可通入路. 當知, 自行難圓, 他力易就. … 實爲易行之道, 疾得相應, 慈旨叮嚀, 須銘肌骨."

연수 대사는 대자대비한 마음으로 고구정녕하게 권하고 있다. 말법 시대에 가장 적합한 수행법이 정토일문淨土一門이라고 말한다. 말법 시대의 범부는 무명이 깊고 지혜가 옅어 자력만으로는 도저히 고해를 건너기 어려우므로 부득이 타력에 의지해야 하니, 아미타불의 본원력으로 정토문을 통과하면 쉽고 빠르게 상응할 수 있다고 하였다.

말법의 무명중생에게 정토일문을 권하는 것에 대해, 『관무량수경』에서는 정토에 왕생하기 위해서는 십육관법十六觀法에 의거하여 선정을 닦고 부처님 상호를 관해서 두렷이 밝아야[圓明] 이루어진다고 하였는데, 어찌 산란한 마음으로 정토에 나아갈 수 있겠느냐는 물음에 이렇게 답하고 있다.

"구품경문에는 스스로 오르내림이 있지만, 위아래를 통괄하여 두 가지 마음에서 벗어나지 않는다. 첫째는 정심定心이니, 정定을 닦고 관觀을 익히는 것과 같으니 상품에 왕생한다. 둘째는 전심專心이니, 오직 부처님 명호만을 염하고 여러 가지 선행으로 도와 훈습하고 회향하여 발원하면 하품에 왕생할 수 있다."[143]

---

143 위의 책. "九品經文, 自有昇降, 上下該攝, 不出二心. 一定心, 如修定習觀, 上品往

즉 정토왕생의 염불수행의 문에는 두 가지가 있으니, 첫째는 정심定心이요, 둘째는 전심專心임을 밝히고 있다. 선정과 관법을 통한 정심의 획득은 상품연대上品蓮臺의 왕생을 위함이요, 전수염불專修念佛을 통한 선업의 훈습과 회향발원은 하품연대下品蓮臺의 왕생을 담보한다고 하였다. 그러면서 마음이 산란한 말법 중생일지라도 오로지 불명호를 칭명함에 전념하고 일생을 귀명歸命해서 행도예경行道禮敬과 염불발원念佛發願을 하게 되면 필경에 왕생원往生願이 이루어진다고 하였다.

그리고 더욱 자상하게 염불발원함에 있어서 "이 고륜苦輪에서 벗어나 속히 무생無生을 증득하여 널리 중생을 제도하여 삼보를 크게 잇고 네 가지 은혜 갚기를 발원하라."[144]고 당부하고 있다.

연수 선사는 『만선동귀집』에서 원력정토의 당위성에 대해 경론과 정토제가淨土諸家의 주장을 인용하여 이를 증명하고 있음을 볼 수 있다. 먼저 『유마경』의 법문을 인용하여 "비록 모든 부처님의 국토와 중생이 공空한 줄은 알지만, 항상 정토행淨土行을 닦아 여러 군생을 교화한다."[145] 하였다. 이어서 유식 삼성三性을 들어 정토원

生. 二專心, 但念名號, 中善資熏, 廻向發願, 得成末品."
144 위의 책. "願脫苦輪, 速證無生, 廣度含識, 紹隆三寶, 誓報四恩."
145 위의 책. "雖知諸佛國, 及與衆生空, 常修淨土行, 教化諸群生."

생을 증명하고 있다.

> "그대는 원성실성圓成實性을 설한 무상無相의 교와 변계소집遍計所執을 파한 필경공무畢竟空無의 문장만 보았고, 의타기성依他起性을 설한 인연의 교는 믿지 않으니, 이는 곧 인과를 믿지 않는 사람이 제법의 단멸상斷滅相을 말하는 것이다."[146]

유식에서 원성실성은 진여자성으로 진제眞際이고, 의타기성은 인연으로 일어난 것이므로 속제俗際이며, 변계소집성은 망상에 집착하는 것이다. 수행자가 만약 원성실성에 의해 진공眞空의 도리만을 알아 변계소집의 허망한 집착을 파하여 공무空無에 안주한다면, 이는 인연으로 생겨나는 의타기성의 인과법도 믿지 않는 어리석은 사람인 것이다. 따라서 진제와 속제가 둘이 아닌[不二] 도리를 알아 타방정토에 왕생함을 폐기하면 안 되는 것이라고 주장하였다. 이것은 무명의 중생이 부지런히 염불삼매를 수행하여 모든 업장을 소멸하고 정토에 왕생하여 아미타불을 친견하고 해탈도를 성취하

---

146 위의 책. "汝但見說圓成實性無相之教, 破遍計所執畢竟空無之文, 不信說依他起性因緣教, 卽是不信因果之人, 說於諸法斷滅相者."

는 이익이 있기 때문이다.

    그리고 불교 수증에 있어서 자력문과 타력문으로 나누어짐을 경론을 인용해 경증함으로 해서 타력적인 정토왕생의 근거와 당위를 논거하고 있다.

    "경에는 '안도 아니고 밖도 아니며 안이면서 밖이다.' 하였으니 안이기 때문에 제불의 해탈을 심행心行 가운데서 구하고, 밖이기 때문에 제불이 호념하시니, 어찌 밖의 이익을 믿지 않겠는가."[147]

    앞에서 이미 언급한 바와 같이 진제의 측면에서 보면, 일체 제법이 동일한 법성이라 안도 아니고 밖도 아니지만, 속제의 측면에서 보면 여러 가지 인연으로 이루어진 것이라 안이면서 밖이 된다. 안으로 제불의 해탈을 마음 가운데서 구하면 자력이 되며, 밖으로 제불의 호념으로 해탈의 이익을 얻으면 타력이 된다.

    비유하면 거울에 상相이 비칠 때 상은 거울 안에서 낸 것이 아니

---

[147] 위의 책. "經云, 非內非外, 而內而外. 而內故, 諸佛解脫於心行中求, 而外故, 諸佛護念, 云何不信外益耶."

므로 안에 있는 것이 아니요, 또한 다른 물건이 비춰진 것이 아니므로 밖의 것도 아니다. 거울과 대상, 안과 밖의 여러 인연이 화합하여 상을 나타내기 때문에 아무 까닭 없이 나는 것도 아니며, 인연으로 나타나기 때문에 안이면서 밖이다. 또한 그 상相의 성性이 공空하므로 안도 아니고 밖도 아니어서 불일불이不一不異의 중도로 자력과 타력이 융회하게 된다. 그러므로 자력의 유심정토와 타력의 타방정토가 융회의 길로 나아갈 수 있는 것이다.

그래서 "자력으로 충분히 갖추었다면 곧 반연을 빌리지 않아도 되지만, 자력만으로 감당하지 못한다면 반드시 다른 이의 힘에 의지해야 한다."[148]라고 주장하고 있다.

연수 대사는 『만선동귀집』에서 많은 분량을 할애하여 타방정토의 왕생과 그 효용에 대해 여러 경론을 빌려 와 증거하고 있다. 여기서 몇 가지만 간략하게 소개하면 다음과 같다.

"그러므로 경에 설하기를, '만약 어떤 사람이 산란한 마음으로라도 탑묘塔廟 가운데 들어가 한 번〈나무불〉하고 부르면 모두 이미 불도를 이루게 된다.'라고 하였다. 또한 경에 '부처님

---

[148] 위의 책. "若自力充備, 卽不假緣. 若自力未堪, 須憑他勢."

의 명호를 받들어 지니는 자는 모두 누구나 일체의 부처님이 함께 호념하는 바이다.'라고 설하였다."¹⁴⁹

"『보적경』에 설하길, '큰 소리로 염불하면 마군들이 물러나 흩어진다.' 하고, 『문수반야경』에 설하길, '중생이 우둔하여 능히 관상觀想하지 못할지라도 다만 염불하는 소리가 계속 이어지게 하면 저절로 불국토에 왕생하게 된다.'라고 하였다."¹⁵⁰

"『대지도론』에 이르길, '비유컨대 어떤 사람이 처음 태어나서 죽을 때까지 하루에 천 리를 가고 일천 년 동안 그렇게 하여 칠보를 가득 채워 부처님께 보시하더라도, 어떤 이가 뒷날 악세에 한 번 부처님 명호를 부르면 그 복덕이 저보다 낫다.'라고 하였다. 『대품경』에 '만약 어떤 사람이 산란한 마음으로라도 염불하여 고통을 다할 때에 이르면 그 복이 다함이 없다.'라고

---

149 위의 책. "故經云, 若人散亂心, 入於塔廟中, 一稱南無佛, 皆已成佛道. 又經云, 受持佛名者, 皆爲一切諸佛共所護念."
150 위의 책. "寶積經云, 高聲念佛, 魔軍退散. 文殊般若經云, 衆生愚鈍, 觀不能解, 且令念聲相續, 自得往生佛國."

설했다."151

"『증일아함경』에 설하길, '한 염부제의 일체중생에게 사사四事로 공양하면 그 공덕이 한량없는데, 만약 어떤 중생이 선심善心이 상속하여 부처님 명호를 부르기를 마치 우유를 짜는 짧은 시간만이라도 하면 얻는바 공덕은 저보다 나아 불가사의하여 헤아릴 자가 없다.'라고 하였다."152

연수 대사가 이와 같은 여러 경론을 들어 칭명염불과 정토왕생에 대한 효용성을 강조하고 있는 것은 자비심의 발로이다. 자력이든 타력이든 한 중생이라도 더 불과를 이루게 하기 위함인 것이다. 연수 선사는 우연히 『화엄경』을 읽다가 "만약 보살이 큰 원력을 내지 않으면 그것은 보살의 마장이다."라는 구절에 이르러 크게 감동하여 눈물을 흘리고 「대승비지원문大乘悲智願文」을 지었다고 한다. 『자행록』에 의거하면 백팔사百八事의 하나로 미혹한 뭇 중생

---

151 『萬善同歸集』. "智論云, 譬如有人, 初生墮地, 卽得日行千里, 足一千年, 滿中七寶, 以用施佛, 不如有人, 於後惡世, 稱一佛聲, 其福勝彼. 大品經云, 若人散心念佛, 乃至畢苦, 其福不盡."

152 위의 책. "增一阿含經云, 四事供養一閻浮提一切衆生, 功德無量. 若有衆生, 善心相續, 如一牛乳頃, 所得功德過上, 不可思議, 無能量者."

들을 대신하여 날마다 한 번씩 발원하였다고 한다.

그 발원문의 서두에 "널리 발원하옵니다. 시방의 모든 학인과 뒤에 오는 현인들이 도道는 부자가 되고 몸은 가난하며 정情은 성글고 지혜는 빈틈없게 되어지이다. 그리하여 불조의 마음 종지를 펼치고 인간 천상의 안목을 활짝 열게 하여지이다."라고 발원하고 있다. 이와 같이 대사는 중생을 애민히 여기는 마음으로 만행의 문을 열어 보이고, 특히 정토의 일문을 개설하여 말법 중생들을 해탈 열반으로 계도하고 있는 것이다.

당시에도 전통적으로 내려오는 자력의 견성을 중시하는 일부 선류禪流들이 타력의 견불을 경시하는 풍조가 있어 늘 "한 생각도 일으키지 않으면 천진자성이 단박에 밝아지는데, 어찌 부처님 명호를 부르고 많은 경전을 널리 외우겠는가? 이는 선정을 방해하고 다만 음성만 따를 뿐이니, 물결이 움직이고 구슬이 탁하여 어찌 천진자성天眞自性에 명합하겠는가?"[153]라는 내용과 같은 일종의 의심이 상존하고 있었던 것이다. 연수 대사는 이에 대해 이렇게 발명하고 있다.

---

153 위의 책. "一念不生, 天眞頓朗, 何得唱他佛號, 廣誦餘經. 旣妨禪定, 但徇音聲, 水動珠昏, 寧當冥合."

"경에 말하기를, '일념이 처음 일어날 때 처음 모양이 없으면 이것이 진정한 호념이다.'라고 하였다. 굳이 생각을 쉬고 소리를 없애고서 비로소 실상에 합하는 것은 아니다. 장엄문 안에서는 만행이 부족함이 없고, 진여의 바다 가운데는 티끌 하나도 버릴 것이 없다. 더욱이 일과를 정하여 부처님 명호를 염하라고 교 가운데 분명한 문장이 있으니, 한 소리 염불로 티끌과 모래 같은 죄업을 소멸하고 십념을 구족하면 몸이 정토에 깃들게 된다."[154]

혜능 선사도 『단경』에서 일념수행一念修行에 대해 언급하고 있다. 한 생각 일어날 때 한 생각의 주체와 한 생각의 대상이 모두 실체가 없어 일으키되 일으킨 바 없이 일으키는 것이 무념無念이라고 정의하고, 이것이 일념수행一念修行이라 하였다. 하택 선사 역시 "생각이 일어나면 바로 깨달아라[念起卽覺]. 깨달으면 무념이다[覺之卽無]."라고 하였다.

염념상속하여 불명호를 염하되 첫 일념이 일어날 때 일념의 상相

---

[154] 위의 책. "故經云, 一念初起, 無有初相, 是眞護念. 未必息念消聲, 方冥實相. 是以莊嚴門內, 萬行無虧, 眞如海中, 一毫不捨. 且如課念尊號, 敎有明文. 唱一聲而罪滅塵沙, 具十念而形棲淨土."

이 일어난 바 없이 일어나는 무상無相이면 이것이 바로 호념하는 바의 바른 염불법이 되는 것이다. 진여문眞如門에서는 한 생각도 허용되지 않지만 항포문行布門에서 팔만사천의 문이 건립되는 것이다.

그리고 연수 선사는 『관무량수경』에 설하고 있는 평생 동안 악업을 지은 중생이 임종 시에 겨우 열 번의 염불만으로 왕생한다는 십념왕생十念往生설에 대해 의구심을 가진 사람들에게 『나선비구경』의 말씀을 인용해서 이렇게 이해시키고 있다.

"나선 비구가 말하길, '큰 돌 백 덩이를 배에다 실으면 배로 인하여 물에 가라앉지 않듯이, 사람에게 비록 본래 지은 악업이 있더라도 일시에 염불하면 지옥에 들어가지 않습니다. 그러나 작은 돌일지라도 물에 가라앉는 것처럼 사람이 악을 짓고도 염불할 줄 모르기 때문에 다시 지옥에 들어가는 것입니다.' 하였다."[155]

---

[155] 위의 책. "那先言, 如持百枚大石置船上, 因船故不沒. 人雖有本惡, 一時念佛, 不入泥犁中. 其小石沒者, 爲人作惡不知念佛, 更入泥犁中."

아무리 무거운 돌덩이라 하더라도 배에 싣게 되면 강을 건너갈 수 있는 것처럼 무거운 업장의 사람이라 할지라도 임종 시에 십념염불十念念佛을 행하게 되면 그 공덕으로 왕생할 수 있다고 하는 정토경의 설을 그대로 적용하고 있음을 볼 수 있다.

이와 같이 십념왕생을 권고하는 한편 평상시에 수행한 공덕을 회향하여 임종에 임하여 내영來迎하는 인로왕보살의 반야용선般若龍船을 정박시킬 나루터를 미리 잘 마련하라고 당부하고 있다. 왜냐하면 지금 현재 짓고 있는 업이 인因이 되어 임종할 때에 과果가 되는데 인因이 실다워야 과果도 헛되지 않게 되기 때문이라고 하였다.

"왜냐하면 지금의 원인이 임종의 결과라서, 응당 원인이 진실해야 결과가 허망하지 않으니, 소리가 온화하면 메아리가 순종하고, 모양이 곧으면 그림자가 단정하기 때문이다. 만약 임종에 십념을 성취하려면, 미리 나루와 교량을 갖추고 공덕을 모아 이때(임종)에 회향하여 매 순간 조금도 부족하지 않으면 아무 염려가 없다."[156]

---

[156] 위의 책. "何以故, 如今是因, 臨終是果, 應須因實, 果則不虛. 聲和則響順, 形直則影端故也. 如要臨終十念成就, 但預辦津梁, 合集功德, 廻向此時, 念念不虧, 卽無慮矣."

그러면 이러한 의문이 들게 된다. 평생을 진력하여 염불정근하여도 왕생은 쉬운 불사가 아닌데, 임종 시에 잠시 잠깐의 십념十念으로 어떻게 왕생을 담보할 수 있겠는가? 이에 대해 『대지도론』의 법문을 인용해서 자상하게 설명하고 있다.

"임종 때의 마음은 짧은 시간의 잠깐이지만 심력心力의 맹렬한 것이 마치 불이나 독과도 같아서 비록 작지만 능히 큰일을 짓는 것이다. 이때의 마음이란 결정코 용맹하고 굳세어 능히 백세의 행력行力을 이기므로 곧 이 마음을 대심大心이라 이름하는 것이며, 아울러 제근諸根의 급한 것이 마치 사람이 적진 중에 들어갔을 때 신명을 아끼지 않는 것과 같으므로 또한 굳세다고 하는 것이다."[157]

임종 시의 짧은 심력이 평생의 행력을 능가하는 힘이 있으므로 명운이 다할 때 대용맹심을 일으켜 십념염불을 행할 수 있는 사람을 대심범부大心凡夫라고 할 수 있다. 대부분 사람은 사대四大가 무너

---

[157] 위의 책. "是心雖時頃少, 而心力猛利, 如火如毒, 雖少能作大事. 是垂死時心, 決定勇健, 故勝百歲行力, 是後心, 名爲大心. 及諸根事急故, 如人入陣, 不惜身命, 名爲健."

지고 육진六塵의 심식이 흩어질 때 망연하여 혼비백산하게 마련이다. 이때를 당해 육근을 돌이켜 일시염불一時念佛을 행할 수 있는 것이 용이한 일은 아닐 것이다. 평상시에 노력하여 염불정근함이 무엇보다 중요하다는 것을 명심해야 한다. 그렇다고 하더라도 만약 십념을 성취할 수 있다면 분명 미타의 본원력에 의해 왕생원이 성취되는 것이다. 그래서 순금 한 냥이 백 냥의 첩화疊華보다 낫고, 조그마한 불씨가 만 길의 풀더미를 능히 태우는 도리가 있다는 사실을 명심해야 한다고 하였다.

그리고 불명호를 칭명해서 염불삼매를 얻게 되면 이것은 선정과 지혜를 균등하게 갖추는 정혜쌍수가 되어 선과 염불의 공용이 결코 다르지 않음을 말하고 있다. 이에 비석 화상의 『공성염불삼매보왕론』을 인용해서 정혜균등을 제시하고 있다.

"큰 바다에 목욕한 자는 이미 모든 강물을 사용하였듯이, 부처님 명호를 염하는 자는 반드시 삼매를 이룬다. 또한 수청주水淸珠를 탁한 물에 넣으면 탁한 물이 맑아지지 않을 수 없듯이, 염불을 어지러운 마음에 던지면 어지러운 마음이 부처를 이루지 못함이 없는 것이다. 이미 계합한 후에는 마음과 부처가 함께 없으니 둘 다 없는 것은 정定이요, 둘 다 비추는 것은 혜慧이다. 정과 혜가 이미 균등하다면 다시 어떤 마음이 부처가 아니며 어떤 부처가 마음 아니겠는가. 마음과 부처가 이미 그렇다면 모든 경계와 모든 반연이 삼매 아닌 것이 없다."[158]

칭명염불로 인해 산란한 마음이 맑아져서 삼매를 이루게 된다. 일념상응一念相應하여 마음과 부처가 하나 되어 함께 멸하여 고요하면 선정이며, 함께 생하여 비추면 지혜가 되어 완전한 정혜등지定慧等持를 이루게 된다. 그러면 염불심이 곧 불심이요, 불심이 곧 염불심이 되는 것이다. 그리하여 만경만연萬境萬緣이 모두 삼매가 되니, 일진법계一塵法界 그대로가 선정이며, 두두물물頭頭物物이 지혜의 현현이다.

그리고 연수 대사는 앉아서 염불하는 좌념坐念과 움직이면서 염불하는 행념行念의 차이에 대해서도 언급하고 있다. 즉 행도염불行道念佛이 좌념공덕坐念功德보다 수승함을 이렇게 설명해 주고 있다.

"비유하면 물을 거슬러 배를 저어도 갈 수 있는데, 만약 물길

---

158 위의 책. "浴大海者, 已用於百川. 念佛名者, 必成於三昧. 亦猶淸珠下於濁水, 濁水不得不淸. 念佛投於亂心, 亂心不得不佛. 旣契之後, 心佛雙亡. 雙亡定也, 雙照慧也. 定慧旣均, 亦何心而不佛, 何佛而不心. 心佛旣然, 則萬境萬緣, 無非三昧也."

따라 배를 띄우면 빨리 갈 수 있는 것을 알 수 있다. 앉아서 하루 동안 염불하여도 오히려 팔십억 겁 죄악을 소멸하는데, 움직이며 염불하는 공덕은 어찌 그 양을 알 수 있겠는가. 그러므로 게송에 이르기를, '행도 오백 편에 염불 일천 번이라, 사업이 항상 이와 같다면 서방불이 스스로 이루어지네.'라고 하였다."[159]

일상에 바쁜 서민들은 한가하게 앉아서 염불할 수 없다. 또한 행법을 갖추어 염불당에 나아가 불상을 돌면서 염불할 수도 없다. 그렇지 못하면 움직이면서 일하는 일상 가운데서 염불을 행해야 한다. 선수행도 좌선坐禪을 기본으로 하여 행주좌와에 항상 선을 행하는 것처럼, 염불 또한 마찬가지로 좌념坐念을 넘어 일체시 일체 처에 늘 염불하는 행도염불이 이루어져야 한다. 행도行道의 공덕이 좌념坐念의 공덕보다 뛰어남을 역수逆水에 돛을 올리는 것과 순수順水에 돛을 띄우는 것을 비유하여 두 배로 수승함을 말해 주고 있다.

마지막으로 연수 선사는 여러 경론에서 설하고 있는 고성염불高聲念佛의 공덕에 대해 열거하고 있다. 즉 『업보차별경』의 십종공

---

[159] 위의 책. "譬如逆水張帆, 猶云得往. 更若張帆順水, 速疾可知. 坐念一日, 尙乃八十億劫罪消. 行念功德, 豈知其量. 故偈云, 行道五百遍, 念佛一千聲, 事業常如此, 西方佛自成."

덕을 말하고, 『지론』의 정토왕생의 뛰어난 이익을 비유로 들고, 『안국초』의 이십사 종의 즐거움을 말하며, 『군의론』에서 삼십 종의 이익을 거론하고, 그리고 여러 경전을 인용하여 연화에 화생하면 번뇌의 불꽃이 소멸하여 영원히 생사윤회를 벗어나 불보살의 지위에 나아간다는 것을 천명하고 있다.

위의 인용문 가운데 『업보차별경』에서 설하고 있는 고성염불의 십종공덕은 예로부터 많은 염불행자들에게 지송되고 있으니, 열거하면 다음과 같다. 첫째, 능히 수면을 쫓을 수 있고[能排睡眠], 둘째, 천마가 놀라고 두려워하며[天魔驚怖], 셋째, 소리가 시방에 두루하고[聲遍十方], 넷째, 삼악도의 고통을 쉬며[三途息苦], 다섯째, 바깥 소리가 들어오지 않고[外聲不入], 여섯째, 염불하는 마음이 산란하지 않고[念心不散], 일곱째, 용맹정진할 수 있고[勇猛精進], 여덟째, 모든 부처님이 기뻐하고[諸佛歡喜], 아홉째, 삼매가 현전하고[三昧現前], 열째, 정토에 왕생한다[往生淨土].

연수 대사는 『신서안양부』에서 정토왕생에 대한 확고부동한 신심과 원력으로 지속적인 염불행을 통해 범부를 돌이켜 성인의 경지로 나아갈 것을 당부하고 있다. "만약 발심하여 정토에 왕생하기를 바란다면 틀림없이 왕생하고 반드시 왕생을 얻어 영원히 안락세계에 거처하련만, 다만 두려운 것은 믿음과 발원이 견고하지 않아 염불하면서 그치거나 끊어짐이 있는 것이다. 만약 왕생을 얻으면 범부를 돌이켜 성인을 이루고, 미혹을 돌이켜 깨달음을 얻지 못할 것이 없다."라고 하였다.

지금까지 살펴본 바에 의하면, 연수 선사는 유심정토를 강조하면서도 한편 원력정토의 왕생을 강력하게 권장하고 있다. 자력과 타력이 일심으로 융회되지만 상근기는 성性의 입장에 자력문自力門으로 나아가고, 둔근기는 상相의 입장에서 타력문他力門으로 나아가게 하는 것이다. 타력의 왕생정토에 있어서 말세 중생이 병든 이가 좋은 의사를 구하듯이, 강보에 싸인 어린애가 어머니를 원하듯이 정토에 왕생하기를 구해서 부처님을 친견하고 무생법인을 증득해야 한다고 하였다.

4. 선정겸수 禪淨兼修

앞의 유심정토의 단락에서 이미 연수 선사의 선정겸수에 관련하여 다소 언급을 하였지만, 여기서 다시 한번 이론과 실천 양 방면에서의 선과 정토의 병수倂修에 대해 논구해 보도록 하겠다. 특히 연수 선사의「선정사료간게禪淨四料簡偈」를 중심 주제로 하여 선정쌍수에 대한 결론을 맺고자 한다.

연지 대사는 그의『왕생집』에서 찬탄하기를, "영명 선사는 서래의 직지심인直指心印과 함께 정토에 간절한 뜻을 두어, 자신을 이롭게 하고 남을 이롭게 하여 널리 행원을 행하여 만세에 환하게 빛나니, 하생下生하신 미륵보살이신가, 다시 태어나신 선도 대사인가!"라고 하였다.

연수 선사는 선과 정토를 겸수하는 종지를 격양하였다.『영명선사자행록』에 열거한 백팔사百八事 가운데 선과 정토에 관한 것으로 대략 20여 사事를 언급하고 있는데, 그 가운데 가장 주목되는 것은 "안양정업安養淨業 장엄정토莊嚴淨土"와 "혹시좌선或時坐禪 동오심종同悟心宗"의 구절이다. 이것은 일생을 살아가면서 하루도 빠짐없이 행한 일백여덟 가지의 수행일과 중에 언급된 선과 정토에 대한 행업 가운데 핵심에 해당한다.

이른바 "항상 안양국에 태어나는 정토업淨土業을 닦아 서방정토를 장엄하고", "수시로 좌선하고 시방의 선중禪衆이 함께 심종心宗을 깨닫는다."라는 내용은 연수 선사가 정업淨業과 선업禪業을 동시에 선양하고 있음을 짐작하게 한다.

『만선동귀집』에서 원수십의圓修十義 가운데 성상융즉性相融卽에 대해 다음과 같이 해의解義하고 있다.

"하나의 진심으로부터 불변不變과 수연隨緣의 두 가지 뜻을 갖추었으니, 불변은 곧 성性이요, 수연은 상相이다. 성은 상의 본체요, 상은 성의 작용인데 근원을 깨닫지 못한즉 망령되게 쟁론이 일어난다. 요즘 상相을 훼손하는 자는 마음의 작용을 알지 못한 것이요, 성性을 훼손하는 자는 마음의 본체를 알지 못한 것이다. 만약 능히 융통할 수 있다면 취하고 버리는 것을 함께 쉰다."[160]

제법은 오직 하나의 진심뿐이라 성性과 상相이 융즉融卽한다. 왜

---

160 위의 책. "從一眞心, 具不變隨緣二義. 不變是性, 隨緣是相. 性是相之體, 相是性之用. 以不了根源, 則妄生諍論. 如今毁相者, 是不識心之用. 毁性者, 是不識心之體. 若能融通, 取捨俱息."

냐하면 성은 상의 성이요, 상은 성의 상이라서 하나도 아니고 다른 것도 아닌 중도실상中道實相이기 때문이다. 실상實相은 상相이 없으니 이것이 성性이요, 실상은 또한 상 아님이 없으니 이것이 상相이다. 실상은 상이 없으나 상 아님이 없으니 불변이지만 수연이요, 실상은 상 아님이 없으나 또한 상이 없으니 수연이지만 불변이다. 일심의 본체는 불변이라 성이요, 일심의 작용은 수연이라 상이니, 본체와 작용이 일여一如하고 성과 상이 상즉相卽한다.

이러한 중도실상의 도리에서 선과 정토를 대입해 융회할 수 있다. 실상의 본체인 성性을 깨닫는 것[見性]이 선이요, 실상의 작용인 상相, 즉 부처의 상을 친견하는 것[見佛]이 정토이다. 그래서 선은 본체인 성을 밝히고 정토는 작용인 불토(상)를 장엄하는 것이다. 본체와 작용이 일여一如하고 성과 상이 융회融會하므로 선과 정토 또한 융회될 수 있기에 선정겸수가 성립되는 것이다.

선에서는 "눈에 보이는 것이 모두 보리요, 발을 들 때마다 모두 도이다."라고 말한다. 그러면서 정토를 비롯한 교의 사상事相을 향해 "어찌 따로 사상事相의 도량을 세워 생각을 내고 몸을 수고롭게 할 필요가 있겠는가?"라고 묻고 있다.[161] 이에 연수 대사는 이렇게

---

161 위의 책. "問, 觸目菩提, 擧足皆道. 何須別立事相道場, 役念勞形."

답하고 있다.

"도량에 두 종류가 있으니 첫째는 이도량理道場이요, 둘째는 사도량事道場이다. 이도량은 찰진세계에 두루하고, 사도량은 국토를 깨끗이 하고 장엄한다. 그러나 사事로 인해 이理를 밝히고 이理를 빌려 사事를 이루니, 사허事虛가 이理에 의지하면 이理의 사事가 아님이 없고, 이실理實이 인연에 응하면 사事의 이理에 막힘이 없다. 그러므로 사事에 의해 이理를 밝히면 모름지기 장엄을 빌려야 하고, 속제로부터 진제에 들어가려면 오직 건립에만 의거해야 한다."[162]

이理도량을 밝히는 것이 선수행이라면 사事도량을 장엄하는 것은 정토수행에 대비할 수 있다. 선수행을 통해 이理의 실상을 드러내고, 정토수행을 통해 사事의 인연을 장엄한다. 이와 사가 원융하니 이도량과 사도량이 일여하여 이사쌍수理事雙修가 이루어진다. 이것으로 인해 자력인 선과 타력인 정토가 자타겸제自他兼濟로 나아갈

---

[162] 위의 책. "道場有二, 一理道場, 二事道場. 理道場者, 周遍刹塵. 事道場者, 淨地嚴飾. 然因事顯理, 藉理成事. 事虛攬理, 無不理之事. 理實應緣, 無閡事之理. 故卽事明理, 須假莊嚴. 從俗入理, 唯憑建立."

수 있게 된다. 또한 이와 사가 명합하여 선정겸수가 되는 것이다.

지금까지 고찰한 바에 따르면 선정쌍수의 이론과 실천이 이理와 사事의 양 방면에서 논거되고 있음을 알 수 있다. 즉 중도실상中道實相의 이理에서 선과 정토가 불이不二라는 입장에서 선정일치를 제창하는 한편, 구체적 실천의 방편인 사의 입장에서 선과 정토가 상보적 수행으로서의 선정쌍수를 말하고 있는 것이다. 이러한 관점에서 많은 학자들이 『만선동귀집』의 제16 문답에 주목하고 있다.[163]

연수 대사는 이 문답 가운데서 먼저 중도실상에 대해 언급하고 다음으로 선정과 염불, 송경, 참법 등 만행의 융합을 제시하고 있다. 특히 당 자민삼장의 『왕생정토집』을 인용하여 구체적으로 좌선과 염불, 송경 등 수행상의 상보적인 방편을 제시하고 있다. 그러면 문답의 내용을 자세히 살펴보기로 하자.

"묻는다. 참되게 경을 수지하고자 하면 마땅히 실상을 염해야 한다. 이미 능소能所를 잊었다면 지송하는 자는 어떤 사람인가? 만약 마음과 입으로 하는 바이라고 말한다면 구해도 마침내 얻을 수가 없으니, 끝까지 추구하여 살펴보면 이理가 어떤

---

[163] 法常 著, 『정토 수행관 연구』, (운주사, 2013년), p.265. 참조.

문에서 나오는가?"[164]

경전을 수지함에 있어서 입으로 송경함이 목적이 아니라, 마음으로 실상을 염念해야 비로소 공덕이 있는 것이다. 그러나 지송하는 주체[能]와 지송되어지는 경문[所]의 성性이 공함을 체득하여 마음과 입으로 송경하는 상相에 집착해서는 안 된다는 것이다. 그러므로 능히 염[能念]하는 사람과 염송하는 바[所念]의 불경이 둘 다 공空임을 관하지만 이 공은 단멸공斷滅空이 아니요, 능송能誦과 소지所持가 유有이지만 무애하여 유가 실유實有가 아니니, 공空도 아니고 유有도 아니어서 중도中道의 이치가 분명하다고 하였다.

능념能念과 능송能誦은 능히 염하고 송하는 몸과 마음이며, 소념所念과 소송所誦은 경전과 부처님 명호이다. 능(주체)과 소(객체)를 잘 관찰해 보면 모두가 인연으로 생겨난 것이라 자성이 없으니 둘 다 공空이라고 한 것이다. 하지만 이 공은 단멸공이 아니고, 유有 또한 실체로서의 유가 아니므로 이를 중도제일의공中道第一義空이라고 한다. 중생은 유에 집착하고 이승은 단멸공에 집착하며 보살은 비

---

164 『萬善同歸集』. "問, 欲眞持經, 應念實相. 旣忘能所, 誦者何人. 若云心口所爲, 求之了不可得. 究竟推檢理出何門."

유비공非有非空인 불생불멸不生不滅의 중도정관中道正觀을 증득한다.

그리고 천태의 일심삼관一心三觀에 의거하여, "일심一心이 삼관三觀이요, 삼관이 일심이다."라고 융회하고, "일심一心과 공空·가假·중中의 삼관에 있어서, 하나에 의해 세 가지 모양이 같지 않고, 세 가지에 의해 하나의 체가 다름이 없다."라고 하였다. 또 "항상 삼제에 합하니 일승에 합하고, 만행의 바라밀문이 모두 실상으로 돌아간다."[165]라고 하였다. 결국 일심이 삼제요, 삼제가 일심이니, 공·가·중 삼제가 그대로 중도실상임을 밝히고 있는 것이다.

이러한 중도실상에 입각하여 선과 염불을 융회해 보면, 선종의 좌선인은 화두하는 능能과 화두되어지는 바의 소所가 함께 공하여 중도실상의 성품을 보아[見性] 성불하게 된다. 정토의 염불자 또한 염하는 능能(마음)과 염해지는 바의 소所(불명호)가 모두 공하여 역시 중도실상의 부처를 보아[見佛] 왕생하게 된다. 이와 같이 중도실상을 보는 것으로 선정쌍수禪淨雙修가 이루어지게 되는 것이다. 지금까지 논술한 이것이 이理의 분상에서 이루어지는 선정일치禪淨一致의 원리이다.

165　위의 책. "是以一心三觀, 三觀一心, 卽一而三相不同, 卽三而一體無異. … 常冥三諦, 總合一乘. 萬行度門, 咸歸實相."

다음으로 사事의 입장에서 제행겸수諸行兼修와 선정겸수禪淨兼修를 말하고 있다.

"또한 염불·송경이 선정에 방해된다고 힐난한 것은, 선정이란 한 법은 사변四辯과 육통六通의 근본이요, 범부를 고쳐 성인에 오르는 인因이니, 잠깐 동안에 생각을 섭수할 수 있으므로 상선上善이라 한 것이다. 그러나 마땅히 혼침과 도거를 밝혀 소식의 때를 알아야 한다. 경에 이르기를, '좌선에서 혼미하면 반드시 행도염불하거나 혹은 지성으로 씻고 참회하여 두터운 업장을 제거하고 몸과 마음을 책발策發(발심을 책려함)하라.'고 하며, 한 가지 수행문에만 굳게 집착하여 구경을 삼아서는 안 되는 것이다."[166]

이른바 염불송경이 선정에 방해된다고 힐난했다는 말은 선정을 닦되 정혜를 균등하게 해야 한다는 말이다. 선정이 상선上善인 이유는 사변과 육신통의 근본이며, 범부를 바꾸어 성인이 될 수 있기

---

[166] 위의 책. "又所難念誦有妨禪定者, 且禪定一法 乃四辯六通之本, 是革凡蹈聖之因. 攝念少時, 故稱上善. 然須明沉掉, 消息知時. 經云, 如坐禪昏昧, 須起行道念佛, 或志誠洗懺, 以除重障, 策發身心, 不可確執一門, 以爲究竟."

때문이다. 다만 반드시 무루정無漏定을 닦아 무루혜無漏慧를 얻어야 비로소 범부를 돌이켜 부처의 경지로 나아갈 수 있기 때문에 최고의 선善이 되는 것이다.

그리고 좌선을 행함에 있어서 성성적적惺惺寂寂하지 못하고 혼침과 도거가 침범하면 행도염불과 참회를 통해 정定과 혜慧를 균등하게 닦아야 한다고 하였다. 좌선과 염불, 송경, 참회 등의 제행을 균수均修해야지 어느 일문만 고집하면 지관구행止觀俱行에 어긋나 해탈의 길로 나아갈 수 없게 되는 것이다. 여기서 좌선과 염불이 상호 보완적 요소로 작용하니 선정겸수禪淨兼修가 되고, 선정겸수로 인해 정혜등지定慧等持로 나아갈 수 있음을 말해 주고 있다.

"그러므로 자민삼장이 이르기를, '거룩한 교에서 설하신 올바른 선정이라는 것은 마음을 한 곳에 제어하여 생각 생각이 상속하여 혼침과 도거를 여의고 평등하게 마음을 가지는 것이다. 만약 수면이 덮고 장애하거든 곧 모름지기 부지런히 책발하여 염불송경하고, 예배행도하며, 강경설법하고, 교화중생하는 등 만행을 버리지 말아서 닦은 바의 행업을 회향하여 서방정토에 왕생하게 한다. 만약 이와 같이 선정을 닦을 수 있으면 이는 불선정佛禪定이니 거룩한 교와 합하고, 이는 중생의 안목이니 제불이 인가하신 것이다. 모든 불법은 평등하여 차별이 없어 모두 일여一如에 올라 최정각最正覺을 이룬다.' 하였다. 모두가 '염불은 보리의 근본이다.' 하시니, 어찌 망령되게 삿된 견해를 내겠는가. … '결코 한결같이 좌선坐禪만 국집할 것은 아니다.'라고 하였다."167

정토종의 자민삼장의 『왕생정토집』에서 입론한 정토의 입장에서 선종의 폐풍을 비판하고 선과 정토가 결코 다르지 않다는 것을 주장한 선정쌍수의 내용을 인용하고 있다. 여기서도 역시 마찬가지로 좌선을 닦을 때 혼침과 도거에 대응하기 위해서는 염불송경念佛誦經을 비롯한 여러 만행을 통섭하여 제행균수諸行均修로 대처하는 것이 온전하다고 말하였다. 이 온전한 제행을 회향하여 서방정토에 왕생하게 한다는 것을 볼 때, 선정겸수를 한층 강조하고 있다고 하겠다.

불법 가운데 설해진 모든 삼매가 수승하다고 말하고 좌선 일문

---

167 위의 책. "故慈愍三藏云, 聖教所說正禪定者, 制心一處, 念念相續, 離於昏掉, 平等持心. 若睡眠覆障, 卽須策勤, 念佛誦經, 禮拜行道, 講經說法, 教化衆生, 萬行無廢. 所修行業, 回向往生西方淨土. 若能如是修習禪定者, 是佛禪定, 與聖教合, 是衆生眼目, 諸佛印可. 一切佛法, 等無差別, 皆乘一如, 成最正覺. 皆云念佛是菩提因, 何得妄生邪見. … 終不一向局坐禪."

만 한정하지 말고 보리의 근본인 염불수행을 함께 병수倂修하는 것이 거룩한 교와 일치하는 부처의 선정[佛禪定]이며, 모든 부처님이 인가한 중생의 안목이라고 주장하고 있다.

여기서 연수 선사가 자민삼장의 『왕생정토집』을 인용해서 선정과 염불을 겸수할 것을 권장하고 있는 것은 분명한 사실이다. 아울러 "염불은 보리의 근본"이라고 말하고, 또한 "닦은 바의 행업을 회향하여 서방정토에 왕생한다."라고 하였다.

그러나 전후 문장의 전체적 맥락에서 볼 때 선정禪定수행에 있어서 혼침, 도거 등의 장애가 있을 때 염불송경의 보조적 수행을 통해서 올바른 선정을 닦게 하기 위한 선정병수를 주장하고 있는 것이다. 이것은 분명 선이 주主가 되고 염불이 종從이 되는 주선종념主禪從念의 색채를 띠고 있는 선정겸수라고 할 수 있겠다.

이와 같이 연수 선사는 선종 오가종五家宗 가운데 법안종의 3대 조사이면서도 염불수행을 적극적으로 수용하여 선정겸수의 수증문을 제시하여 또한 정토종의 조사로 추존되고 있다. 아울러 선禪을 중심에 두고 천태, 법성, 법상, 정토, 계율, 밀교 등 제종의 융합을 제시하며 만선만행萬善萬行의 균수를 주창하였다. 그중 특히 정토의 염불수행을 주체적으로 수용하여 선정겸수를 고취시키고 있다고 할 수 있다.

다음으로 연수 선사의 선정쌍수 사상에서 백미라고 할 수 있는 「선정사료간禪淨四料簡」에 대해 천착해 보기로 하자. 그런데 연수 선사의 선정사료간이 온전하게 정리된 것은 『정토성현록』에 소개되어 있는 「참선염불사료간게參禪念佛四料簡偈」라고 할 수 있다. 이 「사료간게」의 구체적인 내용은 다음과 같다.

유선무정토 십인구차로 음경약현전 별이수타거
有禪無淨土 十人九蹉路 陰境若現前 瞥爾隨他去

선만 있고 정토가 없으면 열 사람에 아홉은 길에 넘어져,
음마의 경계가 앞에 나타나면 잠깐 사이에 경계를 따라간다.

무선유정토 만수만인거 단득견미타 하수불개오
無禪有淨土 萬修萬人去 但得見彌陀 何愁不開悟

선은 없고 정토만 있으면 만 사람이 닦아서 만 사람이 가는데,
다만 아미타불 친견하게 되니 어찌 깨닫지 못할 것을 근심하리오.

유선유정토 유여대각호 현세위인사 내생작불조
有禪有淨土 猶如戴角虎 現世爲人師 來生作佛祖

선이 있고 정토도 있으면 마치 뿔난 호랑이와 같아서,
현세에는 사람의 스승이 되고 내생에는 부처와 조사 되리라.

무선무정토 철상병동주 만겁여천생 몰개인의호[168]
無禪無淨土 鐵床幷銅柱 萬劫與千生 沒箇人依怙

선도 없고 정토도 없으면 무쇠 침상과 구리 기둥이니,
일만 겁 일천 생에 아무도 믿고 의지할 사람이 없다.

전문 학자들의 연구에 따르면 연수 선사는 선을 중심으로 한 정토염불 사상을 적극적으로 제창하였고, 그것을 『만선동귀집』에서 집중적으로 드러내어 주창하였다고 한다. 그래서 염불은 선정을 닦음에 있어 혼침과 도거의 장애를 극복할 수 있어서 선정의 수행에 가장 원만한 방편이 되며, 그의 저명한 「사료간게」는 다시 명확하게 선정쌍수의 사상을 드러내고 있다고 하였다. 또 다른 하나의 입장은 연수 선사가 「사료간」을 제시한 것은 방편억양方便抑揚을 위해서 저술하였다는 것이다.[169]

방편억양이란 일정한 방편의 목적을 가지고 높이고 낮추는 것을 말한다. 분수에 넘치면 낮추고 정도에 못 미치면 높여야 한다. 즉 참선은 억누르고 정토는 찬양했다는 의미로 사용된 말이다. 연수 선사가 행화하던 당말 송초에는 선종이 대세를 이어 가고 있었

---

168 彭際淸,『淨土聖賢錄』卷3 (『卍續藏經』135, p.244下).
169 法常 著,『정토 수행관 연구』, (운주사, 2013년), p.262. 참조.

고, 또한 정토염불이 유행하던 시기였다. 공견空見에 집착하여 선정을 올곧게 수행하지 못하는 선류禪流들에게는 그 기세를 억눌러서 선의 종지에 충실하게 하고, 정토를 비롯한 제종은 중도의 실상에 입각해서 여법하게 수행할 수 있도록 고무시키는 억양의 방편이 필요했던 것이다.

청대 제능濟能 찬술의 『각호집角虎集』에서 분명하게 밝히기를, 「선정사료간」은 『종경록』에 있다170고 하였다. 하지만 현존하는 『종경록』에는 「사료간」에 대한 내용이 보이지 않는다. 「사료간」이 연수 선사의 작품이라고 기술되어 있는 곳은 중봉명본 화상의 『중봉광록』「차로암회정토십수」에서 처음으로 등장하고 있다.

"영명 화상의 선과 정토에 요간料簡의 사구는 '유선유정토有禪有淨土, 무선무정토無禪無淨土, 유선무정토有禪無淨土, 무선유정토無禪有淨土'이다."171

---

170 濟能, 『角虎集』 卷下, (『卍續藏經』, 제109책, p.278). "禪淨雙修, 嘗輯佛祖玄要爲 『宗鏡錄』一百卷, 中有四料揀."

171 『中峰廣錄』 卷二十八 「次魯庵懷淨土十首」, (『磧砂藏』 제37책, p.50). "永明和尙 以禪與淨土, 揀爲四句謂, 有禪有淨土, 無禪無淨土, 無禪無淨土, 有禪無淨土."

이 언급과 함께 같은 책 『중봉광록』 「시오거사」 편에 또한 "옛날에 영명 화상의 정토와 선에 「사료간」이 있다."[172]는 구절이 등재되어 있음을 볼 수 있다. 이것은 연수 선사 원적 이후 거의 300년이 지난 뒤의 일이다. 그러나 『중봉광록』은 지금까지 알려진 바로는 「사료간」이 연수 선사의 저작임을 최초로 언급하는 문헌 자료이긴 하지만, 그에 대한 완전한 내용과 전모는 알 수가 없다.

『중봉광록』 이후 「선정사료간」이 출현하고 있는 문헌인 『정토혹문』, 『정토지귀집』, 『보왕삼매염불직지』 및 『정토성현록』 등에서는 요간을 분명하게 연수 선사의 이름 밑에 두고 있다.

그런데 현재까지도 「선정사료간」이 연수 선사의 저작이라는 사실에 대해서는 찬반 양론이 존재하고 있다. 알려진 바와 같이, 연수 선사의 여러 저술에서는 유사한 구절을 찾아볼 수 없다. 다만 『만선동귀집』을 비롯한 다소의 저술에서 적극적으로 정토를 수용하여 유심정토와 원력정토를 함께 선양하여 선정겸수를 제창하고 있는 종풍에 비추어 볼 때, 「선정사료간」이 연수 선사의 사상에 부합한다고 할 수 있다.[173]

---

172 위의 책, 卷五 「示吳居士」, (『磧砂藏』 제37책, p.404中). "昔永明和尙離淨土與禪 爲四料揀."
173 선학들의 연구 성과에 의거하면, 「선정사료간」이 연수 선사의 작품이라고 인정

명본 화상의 『중봉광록』을 이어 천여유칙 선사가 『정토혹문』에서 「선정사료간」을 언급하고 있음을 볼 수 있다. 유칙 선사는 명본 선사의 사법제자의 한 사람이기도 하다.

"영명연수 화상이 사료간의 게를 지었는데, 그것을 간략하게 말하면 '선은 있고 정토가 없으면 열 사람에 아홉은 길에 넘어지고, 선이 없고 정토가 있으면 만인이 닦아서 만인이 (극락에) 간다.'는 것이다."[174]

천여 선사는 『정토혹문』에서 「사료간게」 가운데 유선무정토有禪無淨土와 무선유정토無禪有淨土의 두 게송을 언급하고 있다. 그리고 이 「사료간」은 "참선은 억누르고 정토는 지나치게 찬양한 것이 아닌가." 하는 물음에 대해 "영명을 지나치게 찬양하는 것이 아니고,

---

하는 학자들이 있는가 하면, 반면에 인정하지 않는 두 종류의 인식이 공존하고 있다. 그러나 불교문화사적인 측면에서 이미 연수 대사의 작품이라 인정되어 왔고 선정쌍수의 수증에 지대한 영향을 미치고 있기 때문에, 이를 그대로 수용하는 입장에서 선정쌍수를 입론하고 있음을 밝히는 바이다. 이 대목에 대해서는 법상 스님의 『정토 수행관 연구』, (운주사, 2013), pp.261~266에서 자세하게 밝히고 있다.

174 『淨土或問』. "永明壽和尙, … 及作四料簡偈. 其略曰, 有禪無淨土, 十人九蹉路. 無禪有淨土, 萬修萬人去."

종지와 가르침에 깊은 공功이 있음을 알아야 한다. 아쉽게도 영명은 그 대강만 들고 발명을 다 하지 아니하였다."[175]라고 기술하고 있다.

이로 미루어 볼 때, 천여 선사는 이 저작을 통해 연수 선사의 정토 사상을 선양하고 정토행업을 찬양하여 선과 정토에 대한 억양의 방편으로 선정겸수를 강조하고 있다는 것이다.

그러면 연수 대사의 「선정사료간게」에 대해 비교적 완전한 내용과 자세한 해설을 하고 있는 명대 대우大佑 선사가 찬술한 『정토지귀집』을 통해 구체적인 내용을 살펴보도록 하겠다.

"첫째, '선만 있고 정토가 없으면 열 사람에 아홉은 길에 넘어져 음마陰魔의 경계가 앞에 나타나면 잠깐 사이에 경계를 따라간다.'라고 한 것은, 오직 이치의 성품만 밝히고 정토왕생은 마음에 두지 않아 사바세계에 유전하여 물러남의 근심이 있다. 음경陰境이란 선정 중에 음마가 드러나는 것이다. 마치 『능엄경』에서 밝힌 오음의 오십 종의 마魔가 일어나는 것과 같아서,

---

175 위의 책. "無乃自屈其禪而過讚淨土耶. … 當知永明非過讚也. 深有功於宗敎者也. 惜永明但擧其綱, 而發明未盡."

그 사람(참선 수행자)은 처음에는 마의 경계인지 모르고, 또한 스스로 무상열반無上涅槃을 얻었다고 말하고 미혹해 무지하여 무간지옥에 떨어지는 것이 이것이다."[176]

첫 번째 게는 선정수행만 하고 염불수행을 하지 않는 경우이다. 이것은 당시 선계禪界의 암증선사들을 가리키고 있는 것인데, 좌선 중에 어떤 경계가 나타나면 선정에 방해를 받아 순식간에 마군의 길로 빠져드는 것을 말한다. 이것은 당시 선류들의 잘못된 수행의 병폐를 지적하고 있는 것이다.[177]

"둘째, '선은 없고 정토만 있으면 만 사람이 닦아서 만 사람이 가는데, 다만 아미타불 친견하게 되니 어찌 깨닫지 못할 것을 근심하리오.'라고 한 것은, 이치의 성품은 밝히지 않고 다만 정토왕생만 원하는 것으로 부처님의 본원력에 의지하기 때문

---

[176] 大佑,『淨土指歸集』「永明料簡」. "一曰, 有禪無淨土, 十人九蹉路, 陰境若現前, 瞥爾隨他去. 謂單明理性, 不顧往生, 流轉娑婆則有退墮之患. 陰境者, 於禪定中, 陰魔發現也. 如楞嚴所明, 於五陰境, 起五十魔事. 其人初不覺知魔著, 亦言自得無上涅槃, 迷惑無知, 墮無間地獄, 是也."

[177] 한보광,「念佛禪이란 무엇인가?」,『佛教硏究』10(韓國佛敎學會, 1993), pp.159~160. 참조.

에 속히 불퇴위不退位에 오르게 된다."¹⁷⁸

두 번째 게는 일반적으로 선을 억제하고 정토를 북돋우는 것이라고 해석한다. 다만 정토 수행자들에게 미타의 본원력을 확신하여 결정코 왕생하기를 바라는 서원의 표출이라고 할 수 있겠다. 선禪은 상근기나 행하는 것이라고 퇴굴심을 갖는 둔근기들에게 정토를 선양하여 불퇴전의 계위에 나아가 왕생정토를 적극적으로 권면하고 있는 것이다.

"셋째, '선이 있고 정토도 있으면 마치 뿔난 호랑이와 같아서, 현세에는 사람의 스승 되고 내생에는 부처와 조사 되리라.'라고 하는 것은, 이미 불법을 깊이 요달한 까닭에 가히 인천人天의 스승이 되고 또한 왕생을 발원하여 속히 불퇴위에 오르며, 허리에 십만 관貫을 차고 학을 타고 양주로 날아가는 것과 같다."¹⁷⁹

---

178 大佑,『淨土指歸集』「永明料簡」, "二曰, 無禪有淨土, 萬修萬人去, 但得見彌陀, 何愁不開悟. 謂未明理性, 但願往生, 乘佛力故, 速登不退."
179 위의 책. "三曰, 有禪有淨土, 猶如戴角虎, 現世爲人師, 來生作佛祖. 旣深達佛法, 故可爲人天師, 又發願往生, 速登不退, 腰纏十萬貫, 騎鶴上揚州."

세 번째 게는 선정쌍수에 계합하는 내용이다. 선수행과 염불수행을 겸수하게 되면 금생에 인간과 천상의 스승이 될 수 있고, 내생에 성불작조成佛作祖하여 일체중생을 제도할 수 있으니, 가장 이상적인 수행자 상이 되는 것이다. 그래서 현실에서 이루기 어려운 이상적 경지로 나아간다는 의미로 "허리에 십만 관을 차고 학을 타고 양주로 날아간다."[180]라고 한 것이다.

"넷째, '선도 없고 정도도 없으면 무쇠 침상과 구리 기둥이니, 일만 겁 일천 생에 아무도 믿고 의지할 사람이 없다.'라고 하는 것은, '이미 불법의 이치에 어둡고 또한 정토왕생도 원하지 않아서 영겁을 윤회고輪迴苦에 빠져서 어찌 벗어나 생사를 초탈할 수 있겠는가.'라고 하였다."[181]

---

180 양梁나라 은운殷雲의 『소설小說』 권육卷六 「오촉인조吳蜀人條」에 이르기를, "길손들이 서로 앞다투어 저마다의 소원을 말하는데, 어떤 이는 양주揚州 자사가 되기 바라노라 하고, 어떤 이는 재물이 많기를 바라노라 하고, 어떤 이는 학을 타고 하늘로 오르기를 바라노라 하거늘, 그중의 한 사람이 말하기를 '허리에 십만 관의 돈을 차고 학을 타고 양주로 가기를 바라노라.' 하니, 이는 세 사람의 바람을 모두 겸하여 이루는 것이다." 하였다(有客相從, 各言所志, 或願爲揚州刺史, 或願多貲財, 或願騎鶴上升. 其一人曰, 腰纏十萬貫, 騎鶴上揚州, 欲兼三者).

181 大佑, 『淨土指歸集』 「永明料簡」. "四曰, 無禪無淨土, 鐵床幷銅柱, 萬劫與千生, 沒箇人依怙. 旣不明佛理, 又不顧往生, 永劫沈淪, 何有出離, 欲超生死."

네 번째 게는 부처님 법에 귀의하든 하지 않든 상관없이 생사윤회로부터 벗어나 안심입명할 생각을 내지 못하는 무명 중생들에게 해당되는 경고이다. 생사의 고통이 깊은 물에 빠져 헤어날 줄 모르기에 침륜沈淪이라 하고, 무간의 철상지옥의 고통에 빗대어 무쇠 침상과 구리 기둥을 말한 것이다. 이것은 모든 범부가 무간의 침륜에서 속히 벗어나 해탈하기를 바라는 대비심으로 간절하게 계도하고 있는 장면이다.

그리고 마지막으로 "속히 불퇴위不退位에 오르고자 하는 이들은 이 네 가지 가운데 택하여 잘 수행하여야 한다."[182]라고 강조하고 있다. 네 가지 가운데 바르게 선택하는 길은 오직 세 번째의 '유선유정토有禪有淨土'의 길밖에 다른 방편이 있을 수 없다. 하루바삐 부동지不動地 이상의 보살계위에 나아가는 방법은 선정쌍수의 방편을 선택하여 부지런히 수행하는 것임을 밝힌 것이다.

이상에서 「사료간게」를 구체적으로 자세하게 살펴보았다. 이 네 종류의 다른 생사해탈을 위한 수행 방편을 제시한 것은 그 시대를 살아가던 대중들의 근기에 따른 선교방편일 뿐만 아니라, 생사윤회를 벗어나 향상일로向上一路하기를 염원하는 육신보살이라 불리는 연

---

[182] 위의 책. "速登不退位者, 當於此四種擇善行之."

수 대사의 하염없는 자비원력의 발현이라고 할 수 있다.

그러면 연수 대사가 지향하는 향상일로의 수증방편이 무엇인가. 그것이 '유선유정토有禪有淨土'라는 것이다. 선과 정토를 겸수하는 수증이 가장 이상적인 방편임을 설하고 있는 것이다. 선정쌍수가 현세에는 인천의 스승이 되고 내생에는 정토에 왕생한다는 것은 요즘 말로 하면 살아서는 행복幸福, 죽어서는 명복冥福, 즉 생사 그대로가 최상승의 해탈이라는 말이다.

이러한 선정쌍수의 주장이 생사를 해탈해서 일체중생을 제도하는 가장 적절한 방편임을 천명함으로써 당시 각 종파 간에 수증에 대한 논쟁과 갈등에 노출된 불교계를 화쟁하는 수단으로 제시되었을 것으로 짐작된다.

이와 같은 연수 대사의 「참선염불사료간게」는 염불선念佛禪의 수행법인 선정겸수가 다른 수행과 비교하여 그 우열을 논하는 하나의 기준으로 작용하고 있음을 알 수 있다. 따라서 그의 이러한 주장은 후세에 많은 수행자들이 선정쌍수를 행하게 되는 계기를 마련하였음에는 두말할 필요도 없으며, 염불선의 발전에 지대한 공헌을 하였다고 평가하지 않을 수 없다.[183]

---

[183] 한보광, 「念佛禪이란 무엇인가?」, 『佛敎硏究』 10(韓國佛敎學會, 1993), p.161.

연수 선사의 정토관은 선과 정토 그 어디에도 치우치지 않는 선에 즉한 정토[卽禪卽淨]이며, 정토에 즉한 선[卽淨卽禪]의 입장에서 이理의 분상에서 선정일치, 사事의 입장에서 선정겸수를 강조하고 있는 것이다.

그리고 정토를 설하면서 유심정토唯心淨土를 강조하는 한편 원력정토願力淨土를 동시에 권장하며, 유심唯心과 타방他方의 회통會通, 자력과 타력의 융회融會, 상근과 둔근의 공제共濟 등을 포괄하는 대비원력의 방편문을 시설하고 있는 것이다. 연수 선사의 이러한 전형典型적인 선교일치, 선정겸수의 사상과 실천은 이후 전개되는 동아시아 불교의 수증에 크나큰 영향을 미치고 있다고 할 수 있다.

제2절 몽산덕이의 염자시수 念者是誰

　　몽산덕이蒙山德異 선사(1231~1308?)는 송대宋代 말 원대元代 초를 살다 간 임제종 계통의 선승이다. 무자無字화두로 일대사를 궁구하여 환산정응皖山正凝 선사의 법을 이었으며, 간화선과 염불수행을 접목하여 선정겸수를 제창하였다.

　　운서주굉 선사의 『선관책진』에 의거하면 환산 장로는 덕이 선사에게 이르길, "무자無字를 간하되 십이 시 중에 분명하고 또렷하게, 마치 고양이가 쥐를 잡듯, 닭이 알을 품듯 하여 끊어짐이 없게 하라. 아직 투철하지 못하면 마치 쥐가 뒤주를 갉듯이 하여 쉽게 바꾸지 말라. 이처럼 공부를 지어 가면 결정코 밝을 때가 있을 것이다." 그리하여 "밤낮으로 부지런히 궁구하여 열여드레가 지나 차를 마시다가 홀연히 세존이 꽃을 드니 가섭이 미소한 도리를 알았다."[184]라고 하였다.

　　이와 같이 덕이 선사는 철저히 무자화두를 참구하여 일대사를

---

[184] 『禪關策進』「蒙山異禪師」. "參皖山長老, 教看無字, 十二時中, 要惺惺如猫捕鼠, 如鷄抱卵, 無令間斷, 未透徹時, 如鼠齩棺材, 不可移易. 如此做去, 定有發明時節, 於是晝夜孜孜體究, 經十八日, 喫茶次, 忽會得世尊拈花, 迦葉微笑."

해결하고 안심입명에 이른 간화선의 종장이었다. 원대 초 불교계의 현황은 서장(티베트)의 라마불교가 대거 유입되면서 밀종 계통은 흥왕하고, 오랜 전통의 선종(임제종)은 침체일로에 있었으며 정토종 또한 난국 속에서 세력을 유지하려고 애쓰는 시절을 맞이하고 있었다.

이민족인 몽고족의 침략으로 어수선하던 시기였기에 불교의 제종파가 어려움을 겪고 있던 때였다. 그 가운데 특히 선종과 정토종이 서로 우호적인 관계를 유지하면서 선과 정토가 융합하는 현상이 강화되고 있었다. 이러한 정황 속에서 임제종 계통의 간화종장인 덕이 선사지만 정토수행을 과감하게 수용하는 계기가 마련되었던 것 같다.

특히 몽산 화상이 편집한 덕이본 『단경』은 사상사적 측면에서 보면 이전의 돈황본 『단경』이나 혜흔본 『단경』보다 많은 부분 변화된 시각을 드러내고 있다. 그 내용 면에서 살펴보면, 선교겸수적인 경향의 약화와 정토 수용에 대한 내용의 변화 등을 꼽을 수 있다. 이미 앞 절 혜능 선사의 『단경』 편에서 약간의 언급이 있었기에 여기서는 덕이본 『단경』의 정토관에 관해서 간단하게 언급하고자 한다.

"대사께서 다시 말씀하셨다. 선지식아, 만약 수행하고자 한다면, 재가라도 또한 얻을 수 있다. (수행하는 것은) 절에 있다고 얻어지는 것은 아니다. 집에 있으면서 능히 수행하면 마치 동방 사람의 마음이 착한 것과 같고, 절에 있으면서 수행하지 않으면 마치 서방 사람의 마음이 악한 것과 같다. 다만 마음이 청정하면 곧 자성이 서방이다."[185]

위의 인용문에서 말하고자 하는 것은, 수행은 재가와 출가에 상관없이 할 수 있는 것이며, 동방인이든 서방인이든 마음이 선하면 수행하는 것이며, 마음이 악하면 수행하지 않는 것이라고 하였다. 그리고 다만 마음이 청정하면 자성서방自性西方이라 주장하고 있다. 자성서방이란 유심정토를 말하고 있는 것으로서 덕이본『단경』이전에는 이 표현을 쓰지 않고 있는 점 또한 몽산 화상의 정토관의 투영이라고 할 수 있다.

이와 같이 몽산 선사는 덕이본『단경』편집이나『몽산화상어록』을 통해 이후 전개되는 선 사상과 화두참구에 많은 영향을 미

---

[185] 德異本『壇經』. "師言, 善知識, 若欲修行, 在家亦得. 不由在寺. 在家能行, 如東方人心善, 在寺不修, 如西方人心惡. 且心淸淨, 卽是自性西方."

치고 있다고 할 수 있다. 아울러 몽산덕이 화상이 고려 말 이후 근래에 이르기까지 한국불교에 미친 영향 역시 전적으로 그의 선학이론과 화두참구에 대한 것이 전부라고 할 수 있었다.

그러나 근자에 이르러 한국학중앙연구원 한국학대학원 허홍식 교수에 의해「몽산화상염불화두법」이 새롭게 발굴되어 학계에 소개되었다. 필사본으로 발견된 이 자료가 덕이 선사의 친작 여부에 대한 다소 이견의 소지가 있을 수 있지만,[186] 이 자료를 근거로 하여 그의 선정겸수에 대해 천착해 보고자 한다.

먼저『몽산어록』에 수록된 육념六念에 대해 살펴보도록 하겠다.

육념송六念頌

염불念佛하면 자비로워져 모든 고통 뽑아지고
염법念法하면 양약이 되어 삼독을 제거하고
염승念僧하면 복전을 가꿔 공(양)에 응하고
염계念戒하면 잘못을 막아 죄악을 제거하고

---

[186] 허홍식 지음,『고려에 남긴 휴휴암의 불빛(몽산덕이)』「염불과 화두의 접목」, (2009, 창비), pp.93~95. 참조. 印鏡 著,『蒙山德異와 高麗後期 禪思想 硏究』, (2000년, 불일출판사), p.255. 참조.

염타念他하면 빈궁해도 필요한 바를 베풀고

염생念生하면 안양에 왕생하여 ○○를 버린다.187

불교에서 이른바 육념六念188이란 초기불교에서 대승불교에 이르기까지 광범하게 설해진 보편적인 수행법으로 알려진 염불念佛·염법念法·염승念僧·염계念戒·염시念施·염천念天 등을 말한다. 육념의 수행으로부터 염불수행이 기인起因되고 발전된 사실로 미루어 볼 때 덕이 선사가 굳이 육념송을 읊은 의미는 염불정토를 염두에 둔 것이 아닌가 생각해 보게 된다.

그리고 이 육념에 대해 덕이 선사는 나름의 의미를 부여하여 염시念施를 염타念他로, 염천念天을 염생念生으로 대체해 육념송을 읊고 있는 것 또한 덕이 선사 특유의 가풍이라 할 수 있겠다.

부처, 정법, 승가, 계율, 보시, 천상을 염하는 대신 그중에 보시와

---

187 『蒙山語錄』. "念佛慈悲拔衆苦. 念法良藥除三毒. 念僧福田應供○. 念戒防非除罪惡. 念他貧窮惠所須. 念生安養捨○○." 허흥식 교수는 그의 저술(『고려에 남긴 휴휴암의 불빛』, p.94)에서 念僧과 念生 부분의 탈락한 글자를 '염승복전응공양念僧福田應供養', '염생안양사염부念生安養捨閻浮'로 복원하고 있다.

188 『長阿含經』 제2권, 『雜阿含經』 제33권, 『北本涅槃經』 제18권, 『觀佛三昧經』 제6권, 『大智度論』 제22권, 『解脫道論』 제3권, 『大乘義章』 제20권 등에 나오는 수행법으로 초기불교, 부파불교, 대승불교 등 불교 전반에 걸쳐 설해진 보편적인 수행법이다.

천상을 대체하여 타인[他]과 중생[生]을 염하게 하여 전통적인 육념의 개념을 더욱 확장시켜 이웃과 중생에게까지 그 범위를 넓히고 있음을 볼 수 있다. 물론 덕이 선사가 말한 염타念他의 내용을 보면 역시 보시의 개념이고, 염천念天의 내용 또한 천상을 안양(극락세계)으로 대체한 것에 불과하지만, 그 사용한 용어의 개념상 전통적인 육념보다는 사람과 중생에 대한 자애가 더욱 돋보인다고 해야 할 것이다.

더구나 염생念生의 생生을 중생衆生으로 보거나, 혹은 왕생往生의 생生으로 볼 수도 있겠지만 어쨌든 그 내용은 극락왕생을 염원하는 정토발원이라고 말할 수 있겠다. 이것은 덕이 선사가 일정 부분 당시의 불교 시대상을 감안한 선정합일禪淨合一을 염두에 둔 안배라고 볼 수 있을 것이다.

몽산 화상의 어록 가운데에는 정토미타에 대한 법문이 두세 곳에 언급되고 있는데, 그 가운데 「육도보설」에 의거하면, 연수 선사의 경우처럼 근기론에 기초하여 대오大悟한 경우와 미오未悟자를 구분하여 정토왕생을 논하고 있는 것을 볼 수 있다.

"대오大悟에 이르게 되면, 이것에서 일체 지혜를 성취하여 의생신意生身을 얻어 모든 불국토에 자재하게 유희하며 진락眞樂을 즐길 수 있으며, 미오자未悟者는 이 기연機緣을 지켜 서방 극락세계에 왕생하여 아미타불을 배문拜問하여 그 부처님의 광대한 자비를 입어 행원이 깊고 넓어 결정코 상품에서 상대相待할 것이다."[189]

여기서 분명하게 깨달은 자와 깨닫지 못한 자의 정토에 대한 기연이 다름을 설하고 있다. 대오자大悟者는 일체종지를 얻어 의생신으로 자재로이 불국토에 유희할 수 있다고 말하고, 미오자未悟者는 당연히 염불수행의 기연에 의거하여 미타본원력의 가피로 서방정토에 왕생해야 함을 말하고 있다.

이것으로 유추할 수 있는 것은 상근 수행자는 유심정토에 자성미타를 득입할 수 있지만, 둔근 수행자는 각고의 공력을 다하여 서방정토에 왕생하여 친견미타할 것을 당부하고 있다고 할 수 있다.

그러면 새로 발견된 몽산 화상의 「염불화두법」에 의거하여 선사의 선정겸수에 대한 내용을 구체적으로 살펴보기로 하자.

근래에 새롭게 발견된 자료인 「몽산화상염불화두법」과 「몽산화

---

[189] 『蒙山語錄』,「六度普說」. "大悟底, 於此 成就一切智, 得意生身, 自在遊諸佛國, 樂其眞樂. 未悟者, 持此機緣, 往生西方極樂世界, 拜問阿彌陀佛, 彼佛慈悲廣大, 行願深洪, 決以上品, 相待珍重."

상시서씨거사염불법어」 전문 내용은 다음과 같다.

「몽산화상염불화두법」

나무아미타불을 염하는 십이 시 가운데 행주좌와의 사위의에서 혀를 움직이지 않고 마음을 어둡게 하지 말라. 염불하는 자가 누구인가? 항상 점검하여 스스로를 반조하여 보라. 이 몸은 허망하고 거짓되어 오래지 않아 죽어 마땅히 무너진다. 염불하는 자는 어디로 돌아가는가? 이와 같이 노력하여 날이 가고 달이 깊어지면 자연히 색신이 떠나기 전에 곧바로 서방정토에 이르러 아미타불을 득견하리라. 천만 번 다시 정신을 가다듬고 용맹심을 발하여 간단없이 정진하면 자연히 고향집에 도달하는 시절이 있으리라. 소홀히 하지 말라.[190]

---

190 「蒙山和尚念佛話頭法」. "南無阿彌陀佛, 於十二時中, 四威儀內, 舌根不動, 心念不昧. 念者是誰. 時時點檢, 返照自看. 此身虛假, 不久死去, 堂堂爛壞. 念者歸何處. 如是用功, 日久月深, 自然不離色身時, 卽到西方, 得見阿彌陀佛. 千萬更著精彩, 發勇猛心, 勿令間斷, 自有到家時節. 毋忽."

「몽산화상시서씨거사염불법어」

　삼계가 불난 집과 같은데 벗어나기를 구하지 않는다. 미묘한 도를 깨달아 밝혀야 비로소 티끌을 벗어날 수 있다. 신심을 발하여 염불을 참구하라. 항상 점검하여 생生은 어디로부터 오는가를 오롯이 의심하라. 다시 죽어서 어디로 가는가? 생사를 밝히지 못하면 마음 가운데 이 의심을 가지라.

　도리어 성품을 보아 부처를 이룬다고 말했는데 무엇이 나의 성품인가? 마음 가운데 밀밀하게 나무아미타불을 염하여 빛을 돌이켜 스스로 보라. 생각 생각 좋은 소리로 (염불하는 가운데) 또다시 제시하기를, '무엇이 나의 성품인가?' 매일 행주좌와 가운데 간절하고 면밀하게 불명호를 들어라.

　참구하여 날이 오래되면 홀연히 본성의 아미타불을 깨달아 밝을 것이다. 바로 삼세제불의 미묘한 본체와 서씨의 무너질 몸이 둘이 아님을 알게 될 것이다. 생각 생각이 청정하여 이르는 곳마다 곧 극락세계이다. 비로소 유심정토를 알아 다른 날에 과보가 다하여 몸을 굴려 서방정토에 왕생하여 중품 보련간에 앉아 무상보리의 수기를 받을 것이다.

　서씨 거사여, 이 말을 의당히 깊이 믿어 깨달음의 수기를 참구하라. 『백련참白蓮懺』에 이르길, '행주좌와하는 곳에서 소리를 듣고 색을 볼 때 각자 본성의 미타를 깨닫고 유심의 정토를 통달하라.'고 하였으니 알겠는가. 범어로 아미타란 여기서는 무량수無量壽라 한다. 곧 묘하게 밝고 참된 성품이 바로 이것이다. 이 성품은 생하고 멸함이 없으며 남녀의 모습이 없고 사람마다 구족하고 있다. 다만 능히 세간이 공화空花임을 알아 번뇌를 놓아 버리고 성성惺惺하게 염불하여 더욱 잘 참구하여 결연히 깨달아 밝을 뿐이다.[191]

대혜종고 선사가 간화선을 제창한 남송 이래 원대元代의 선문에서 주로 참구하던 화두는 대개 무자無字를 필두로 하여 일물一物에 대한 시심마是甚麼, 본래면목本來面目, 만법귀일萬法歸一 등이었다. 우선

---

[191] 「蒙山和尙示徐氏居士念佛法語」. "三界火宅, 無求不出. 悟明妙道, 方可出塵. 發盡信心, 參究念佛, 常常點檢, 生從何來, 一任有疑. 更云死從何在. 生死未明, 心中有是疑礙. 卻云見性成佛, 那箇是我性. 心中密密, 念南無阿彌陀佛, 廻光自看, 念念好聲, 又提撕云, 那箇是我性. 每日行住坐臥中, 切切密擧佛號, 參究日久, 忽然悟明, 本性阿彌陀佛, 便識得三世諸佛妙體, 與徐氏盡身忠無二. 念念淸淨, 到處便是極樂世界, 方知唯心淨土, 他日裟婆報盡, 轉身往生西方淨土, 坐中品寶蓮間, 得授無上菩提記. 徐氏居士, 宜深信此語, 寂信參究從悟記. 白蓮懺云, 行住坐臥之處, 聞聲見色之時, 各悟本性之彌陀, 達唯心之淨土, 會麼. 梵語阿彌陀, 此云無量壽. 卽妙明眞性是也. 此性無生無滅, 無男女相, 人人具足. 但能識破世間空花, 放捨塵勞, 惺惺念佛, 善可參究, 決然悟明耳."

「염불화두법」에서 몽산 화상이 제시하고 있는 염불화두는 염불을 참구하는 것으로서 첫째, '염불하는 자가 누구인가.'라는 '염자시수念者是誰'와 둘째, '염불하는 자가 어느 곳으로 돌아가는가.'라는 '염자귀하처念者歸何處'이다. 여기서 제시하고 있는 '염자시수念者是誰'는 기존의 간화선에서 참구하는 '시심마是甚麼(이뭣고)'류의 화두와 가깝고, '염자귀하처念者歸何處'는 생사거래에 대해 의심하는 생사화두生死話頭와 '만법귀일萬法歸一 일귀하처一歸何處' 화두를 융합한 모양에 유사하다고 할 수 있다.

염불화두가 일반 칭명염불과 다른 점은 혀를 움직이지 말라고 하는 점이다. 염불하되 소리를 내지 않는다는 점에서 칭명이 아닌 관상염불觀想念佛에 가깝다고 하겠다. 그 외에 참구법에 있어서는 기존의 화두참구법과 동일한 방법으로 참구함으로 해서 화두선의 입장에서 염불을 수용하고 있다고 보아야 할 것이다.

즉 하루 이십사 시 가운데 사위의에서 또렷한 마음으로 참구하는 것, 항상 점검하여 반조화두하는 것, 일구월심하여 참구가 깊어져 염불삼매에 들어 아미타불을 득견하는 것 등 모두가 화두참구법과 완전 동일한 방법으로 이루어지고 있다. 다만 화두참구에서는 화두삼매에 들어 화두타파가 이루어져 견성오도見性悟道하는 반면, 염불화두에서는 염불화두삼매에 들어 아미타불을 견불하는 방식이 다를 뿐이다. 이 또한 견성見性으로 해탈에 이르느냐, 혹은 견불見佛로 해탈로 나아가느냐의 방편의 차이가 있을 뿐이다.

물론 여기서 "곧바로 서방정토에 이르러 아미타불을 친견한다."고 말하고 있지만, 앞뒤 문맥상 실제로 정토는 유심의 정토이며, 미타는 본성의 미타인 것이 분명한 것 같다. 즉 칭명稱名이나 관상觀像을 통해 서방정토 극락세계에 연화생하여 아미타불을 친견하는 염불의 수증방편이 아니라, 염불을 매개로 화두를 참구하여 본성과 유심의 도리를 깨치는 화두수증의 방편이라고 할 수 있다.

그리고 몽산 화상이 제시한 염불화두의 또 하나 특이한 점은 '스스로를 반조하여 보라.'고 하는 '반조자간返照自看'에 있다고 하겠다. 여기서 반조는 선종에서 달마 이래 수증방편으로 전승되어 온 '회광반조回光返照'를 가리키는 말이기도 하다. 물론 '자간自看'이란 말은 묵조선의 간심看心이나 간화선의 간화看話의 의미를 모두 내포하고 있는 용어이다.

즉 염불을 행하되 입으로 소리 내어 칭명하지 않고 다만 불매不昧한 마음으로 '염불하는 자가 누구인가[念者是誰]?' 혹은 '염불하는 자가 어디로 돌아가는가[念者歸何處]?'를 참구하라고 하는 것은 염불과 화두를 결합한 염불화두를 참구하게 하는 전형적인 간화선 수행이라고 해야 할 것이다.

그러면 또 「몽산화상시서씨거사염불법어」에 대해 살펴보기로 하자. 먼저 불난 집과 같은 삼계를 벗어나기 위해서는 위없는 미묘한 불도를 닦아야 하는데, 그 방법으로 신심을 가지고 염불을 참구하라고 가르치고 있다. 보통 염불한다고 하는 기존의 염불법이 아니라, 굳이 염불을 참구하라고 하는 염불화두법을 제시하고 있다.

여기서 몽산 화상이 제시하고 있는 화두는 '생生은 어디로부터 오는가[生從何來]? 죽어서 어디로 가는가[死從何在]?'라는 것과, '무엇이 나의 성품인가[那箇是我性]?'라고 하는 두 가지이다. 이른바 '생生은 어디로부터 오는가[生從何來]? 죽어서 어디로 가는가[死從何在]?'라는 물음은 기존의 간화선에서 제시하고 있는 생사화두生死話頭와 동일하다. 즉 '태어남은 어디로부터 왔으며[生從何處來], 죽어서는 어디를 향해 가는가[死向何處去]?'라고 참구하는 것을 생사화두라고 말한다. 이것은 앞의 「염불화두법」에서 제시한 '염불하는 자가 어느 곳으로 가는가[念者歸何處]?'와 같은 내용인 생사화두의 일종이다.

그리고 '무엇이 나의 성품인가[那箇是我性]?'라는 것은 기존의 '일물시심마一物是甚麼화두'와 '본래면목本來面目화두'는 의미상에서 동일한 내용이라 할 수 있다.

그러면 몽산이 염불화두로 제시한 구체적인 화두는 '염자시수念

者是誰', '염자귀하처念者歸何處', '나개시아성那箇是我性'의 세 종류로서[192] 결국 대혜의 간화선법에서 제시하고 있는 것과 동일한 문제의식으로서 인간과 우주에 대한 근원적인 문제로 귀결되고 있음을 알 수 있다. 이는 염불수행이든 화두수행이든 간에 수행이란 결국 인간의 근원적인 문제와의 직면이자 생사해탈의 문제의식으로 전환될 수밖에 없음을 시사하는 것이다.

불교의 수증론에서 볼 때, 염불을 통해 정토왕생을 하거나, 화두참구를 통해 대오견성하거나, 아니면 다른 여타의 방편을 통해 해탈열반을 성취하든 결국에는 인간의 본질적이고 근원적인 문제를 해결하는 것으로 종결되는 것이다. 그러나 여기서 몽산 화상이 제시하고 있는 수증방편은 염불과 간화의 방법론을 융회하여 염불하는 당체를 의심케 하는 염불화두라는 독특한 방법을 통해 서방정토가 아닌 유심정토에 생하고, 타방미타가 아닌 본성미타를 친견하는 것으로서 선정겸수禪淨兼修를 제시하고 있는 것이다.

이러한 몽산 화상의 염불화두법은 우선 그 형식적인 면에서 볼 때, 임제종의 간화선법과 정토종의 염불수행이 결합한 형태를 띠고 있다고 할 수 있다. 염불과 화두의 병행이라는 방편을 구사하고

---

[192] 印鏡 著, 『蒙山德異와 高麗後期 禪思想 硏究』, (2000년, 불일출판사), p.278. 참조.

있긴 하지만 그 이상 구체적인 방법은 제시하지 않고 있다.

일반적으로 선정겸수를 논할 때 구체적 방법론에서 제기되는 문제가 있다. 예를 들어서 염불과 화두를 겸수한다는 것은 염불할 때는 염불만 하고, 참선할 때는 참선만 하면서 염불도 하고 참선도 한다는 의미의 겸수를 말하는 것인지, 아니면 나무아미타불을 염하는 동시에 함께 화두 의심을 하는 겸수인지가 불분명하다. 또한 참선이 주主가 되고 염불이 조助가 되는 것인지, 아니면 염불이 주가 되고 참선이 조가 되는 것인지, 아예 참선과 염불을 동등하게 닦는 것인지 등의 문제가 있을 수 있다.

그러나 분명한 것은 염불화두법은 염불을 한다는 전제하에 '염불하는 자가 누구인가?'를 화두 삼아 참구한다는 사실과 정토왕생이 아니라 무생의 생으로써 유심정토의 생을 말하고, 서방미타가 아니라 본성미타를 친견하는 일념상응一念相應의 도리를 말하고 있는 것이다. 즉 염불하는 당체를 참구한다는 의미를 두고, 염불의 측면에서 보면 참구염불이며 참선의 측면에서 보면 염불화두가 되는 것이다.

몽산 화상과 동시대를 살다 간 중봉명본 선사는 염불과 '본래면목本來面目'화두를 융회하고, 천여유칙 선사는 '아미타불阿彌陀佛' 4자와 화두를 결합하고 있긴 하지만 '염불하는 자가 누구인가[念者是誰]?'

를 참구하라고 제시한 것은 몽산 선사가 처음이라고 할 수 있다.

몽산 화상이 염불화두법을 제시하면서 중요하게 '염불하는 자가 누구인가[念者是誰]?'를 의심하라고 가르쳐 주고 있긴 하지만 실제적 참구에 있어서 구체적인 방법을 말하지는 않았다. 그런데 몽산 화상을 이어서 단운지철 선사 또한 염불화두에 대한 진일보한 참구 방법을 제시하고 있다.

『선관책진』「지철선사정토현문」에 이렇게 소개하고 있다.

"염불을 한 번이나 세 번, 다섯 번이나 일곱 번 부르고 묵묵히 '이 염불하는 소리가 어디서 일어났는가?' 하고 되묻거나, 또는 '이 염불하는 이가 누구인가?' 하고 물어서, 의심이 생기면 오로지 의심만 하라. 만약 묻는 곳이 분명하지 않고 의정이 절실하지 않으면 다시 '필경에 염불하는 이가 누구인가?' 묻고, 그래도 그 물음에 의문이 적고 의심이 적으면 오로지 '염불하는 사람이 누구인가?'를 물으며 자세히 살피고 자세히 물어라."[193]

---

[193] 『禪關策進』「智徹禪師淨土玄門」. "念佛一聲, 或三五七聲, 默默返問, 這一聲佛, 從何處起. 又問這念佛的是誰, 有疑, 只管疑去. 若問處不親, 疑情不切, 再擧箇畢竟這念佛的是誰, 於前一問, 少問少疑, 只向念佛是誰, 諦審諦問."

지철 선사의 「정토현문淨土玄門」은 그의 『선종결의집禪宗決疑集』에는 보이지 않는 내용이다. 그런데 이 문장은 단문이지만, 당시의 염불화두법을 비교적 자세히 설명하고 있다. 그는 염불을 하듯이 나무아미타불을 하지만, 칭명염불과 같이 명호만을 반복하는 것이 아니라 명호를 음미하듯이 천천히 반문하는 것이라 하였다. 이는 마치 앞에서 말한 일자염불一字念佛과 비슷한 점이 보인다. 천천히 '나' '무' '아' '미' '타' '불'을 한 마디 한 마디 반복하면서 음미하고 관觀한다. 그러면서 염불하는 소리가 어디에서 나오는지 이를 의심한다. 즉 "염불하는 이 주인공이 누구인가?", "염불하는 이놈이 누구인가?", "이 염불하는 자가 누구인가?"라는 의단疑團이다.[194]

여기서 지철 선사는 몽산 화상과 동일한 염불화두를 제시하면서도 비교적 구체적인 참구 방법을 제시하고 있다. 먼저 염불을 전제하면서 결국 전통적인 간화선의 화두 의심으로 참구하는 방식을 그대로 적용하고 있음을 볼 수 있다. 또 한 가지 주목되는 것은 오늘날 정형화되어 참구되고 있는 '염불시수念佛是誰'의 네 글자가 여기서는 "염불적시수念佛的是誰"로 표현되고 있다는 점이다.

오늘날 보편적으로 널리 참구되고 있는 '염불시수念佛是誰'라는

---

[194] 한보광, 「念佛禪의 수행방법」, 『淨土學 硏究』 第五輯, (2002), p.119.

염불화두의 최초 연원이 지금까지의 연구 결과로는 몽산 화상의 '염자시수念者是誰'에 있다고 말할 수 있다. 몽산 화상 이후 단운지철 선사에 의해 '염불적시수念佛的是誰?'라는 내용의 염불화두가 제시된 바가 있고, 그 외의 선정겸수론자들 또한 염불과 화두를 접목하는 형식의 방편을 제시하고 있는 것이다.

그리고 몽산 선사가 위「염불법어」에서『백련참』을 인용하여 이른바 "행주좌와하는 곳에서 소리를 듣고 색을 볼 때 각자 본성의 미타를 깨닫고 유심의 정토를 통달하라."고 한 대목에서 당시 임제종 선사들이 정토종의 영향을 받고 있음을 짐작할 수 있다. 『백련참』은 당시 연종蓮宗 계통의 백련종에 속한 우담보도 대사의 『연종보감』에 수록된「백련참법白蓮懺法」을 가리킨다.

몽산 화상이「염불법어」에서 직접적으로「백련참법」을 인용하고 있고, 나아가 "소리를 듣고 색을 볼 때 각자 본성의 미타를 깨닫고 유심의 정토를 통달하라."고 한 것은 넓게는 당시 불교계에서 선과 정토가 활발하게 교류되고 있음을 증명하는 것이고, 좁게는「몽산법어」에서 "소리를 듣고 도를 깨치고 색을 보고 마음을 밝힌다."라고 하는 법문과의 사상적 결합이라고 할 수 있다.[195]

---

[195] 印鏡 著,『蒙山德異와 高麗後期 禪思想 硏究』, (2000년, 불일출판사), p.288. 참조.

당시에 이러한 선과 정토의 융합은 사실 선에서 정토를 수용하는 일방적인 방향으로만 이루어진 것이 아니라, 정토에서도 선을 수용하는 쌍방회통이 이루어지고 있었던 것이다. 예를 들면, 백련종의 『연종보감』에서 보도 대사가 말한 바의 "정토가 곧 선[卽淨卽禪]이라는 것이 모든 성인의 한결같은 가르침이다[衆聖一揆]."라고 하는 대목에서도 그것을 짐작할 수 있다.

이와 같이 원대元代에 이르러서는 선과 정토가 사상적인 융합뿐만이 아니라, 구체적 수행방법에 이르기까지 다방면에서 교류하고 겸수하는 방식의 동질성을 공유하는 결합이 이루어지고 있었던 것이다. 그 결과적 산물이 바로 연종에서의 '즉정즉선卽淨卽禪'이며, 선종에서 선정겸수로서의 염불화두법의 탄생이라고 할 수 있다.

대혜종고 선사가 간화선을 집대성한 이래 선문의 조사들도 염불을 수용하고 있고, 정토종의 조사들도 자종의 생존과 선양을 위해 참선을 과감하게 수용하여 선과 정토를 융회하는 선정쌍수적인 수증방편을 제시하는 것은 송대宋代 이후 원명元明 시대를 거쳐 오늘날에 이르고 있다고 할 수 있다.

오늘날 중국 정토종의 조정祖庭은 말할 것도 없고 선종의 조정이나 여타 종파와 연관된 사찰을 순례하다 보면 거의 대부분의 도량에서 공통적으로 가장 많이 눈에 띠는 수행 관련 자구字句가 바로 '조고화두照顧話頭 염불시수念佛是誰'이다. 이러한 현실을 보더라도 염불과 화두가 결합된 선정겸수의 향훈이 지금까지 면면히 전승되고 있음을 느낄 수 있다.

제3절 중봉명본의 선정겸수

1. 만법귀일심萬法歸一心

중봉명본中峰明本 선사(1238~1295)는 원나라 때 임제종 양기파에 속한 고봉원묘高峰圓妙 선사의 사법嗣法이며 간화선看話禪을 선양한 종장이다. 명본 선사는 선교회통禪敎會通 및 선정일치禪淨一致, 선율겸행禪律兼行을 주장하였으며, 특히 선문 오가종과 불교의 각 종파를 융합한 '사종일지四宗一旨'를 강조하였다. 선사가 주석한 환주암幻住庵에서 찬술한 『환주청규』는 총림의 규범으로서 중요한 선원청규 가운데 하나이다.

명본 선사의 저술로는 『중봉광록中峰廣錄』 30권, 『명본잡록明本雜錄』 3권, 『환주청규幻住清規』, 『일화오엽집一華五葉集』, 『금강반야약의金剛般若略義』, 『능엄징심변견혹문楞嚴徵心辯見或問』, 『신심명관의해信心銘關義解』, 『삼시계념三時繫念』 등과 『중봉광록中峰廣錄』 가운데서 절록한 『산방야화山房夜話』, 『동어서화東語西話』 등 다수가 전하고 있다. 『삼시계념三時繫念』은 다시 『삼시계념불사三時繫念佛事』와 『삼시계념의범

三時繫念儀範』[196]으로 나누어진다.

명본 선사가 몸담았던 선종은 당시 대내외적으로 많은 문제에 봉착하고 있었다. 원대는 서장(티베트)불교를 숭상하였기 때문에 라마교가 크게 번창하였으며, 교의 삼종(천태, 화엄, 유식)은 조정에서 외호하는 형국이었기 때문에 북방에서는 교종이 성행하였으며, 각 종파마다 율종을 기본으로 수지하고 있는 정황 속에서 상대적으로 선종이 쇠락할 수밖에 없었다. 그런 와중에 선종 내부에서조차 여러 가지 모순이 드러나 폐단이 만연하였다.

명본 선사는 선종의 여러 가지 병폐를 극복하기 위해 수선자들에게 선종의 종지인 "직지인심直指人心 견성성불見性成佛"로 돌아가기를 독려하며, "마땅히 생사대사로써 자기의 중임을 삼아라[當以生死大事爲己重任]." 하고 본분 일대사一大事에 충실할 것을 강조했다. 동시에 당시 선사들의 수행상의 가장 큰 병폐는 '지견知見으로 선禪을 삼고, 정식情識으로 용用을 삼는 것'이라고 지적하였다.

명본 선사는 스승인 고봉 선사의 간화선법을 계승하여 간화선풍 진작에 심혈을 기울였다. 간화선을 선양하는 동기가 당시 선문

---

[196] 『卍續藏經』 第128冊의 목차를 검시檢視해 보면, 『삼시계념불사三時繫念佛事』와 『삼시계념의범三時繫念儀範』 이 두 책은 영명연수 선사의 작품으로 되어 있다. 중국 학계에서는 이미 중봉명본 선사의 저작임을 확정하고 있다.

의 병폐인 지견知見과 정식情識을 대치하는 것이라고도 하였다. 지견과 정식을 제대로 대치하기 위해서는 화두 공부의 정종인 진참실오眞參實悟로 참구할 것을 강조하였다.

"이 사이에 진참실오하는 존숙들이 세상에 나온 것은 이 병폐를 구제하기 위한 것이지만, 약을 처방할 수 없어서 부득이 제2의 비결로 따로 하나의 방편을 마련하였다. 아무 의미도 없는 화두를 아뢰야식의 밭 가운데 분기하고 있는 근본 무명을 거두어들여, 대의정大疑情을 발하여 맹렬하고 간단없이 참구하여 목숨을 잃더라도 놓지 않아야 한다."[197]

명본 선사는 화두를 진참실오眞參實悟하는 것으로써 종문의 폐단을 치료하고자 하였다. 화두참구는 의정이 생명이다. 대의정을 가지고 간단없이 참구하여 화두를 타파하는 것이 진참실오하는 것임을 말하고 있다. 그래서 당시의 각종 선학 이론을 비판하는 가운

---

[197] 『中峰廣錄』卷一之上「平江路雁蕩幻住禪庵示衆」,『磧砂藏』제37책, p.366下. "間有眞參實悟底尊宿出興于世, 欲拯救此弊, 無處發藥, 不得已於第二門頭別開一路, 將箇無義味話頭收在伊八識田中, 只待伊奮起根本無明, 發大疑情, 猛利無間, 縱致喪身失命亦不放捨."

데, 그 대안으로 선의 기본 명제들을 다시 제기하였다.

　선종이 침체되는 것은 선수증의 정종을 지키지 못하는 데 기인하는 것이기 때문에 선의 기본 명제인 일심의 종지를 바로 세우는 것으로써 대안을 삼고 있다. 즉 "선은 마음의 이름이며[禪是心之名], 마음은 선의 본체[心是禪之體]이다. … 선은 마음을 떠나지 않았고, 마음은 선을 떠나지 않았으니, 오직 선과 마음은 이명동체異名同體임을 알아야 한다."198라고 하였다.

　이것은 마음과 선의 관계를 제대로 파악함으로 해서 마음을 닦는 수행자가 마땅히 선의 수증에 제대로 대처하도록 상기시키고 있는 것이다.

　또 말하기를, "선은 앉음에 있지 않고[禪不在坐], 또한 앉음을 떠난 것도 아니다[亦不離坐]."라고 하였으며, "좌선자는 반드시 마음을 깨닫는 것으로 근본을 삼아야 한다."라고 하였다. 또 "이 마음을 깨달으면 곧 사위의四威儀가 모두 다 앉음[坐]이 되고, 이 마음을 깨닫지 못하면 앉음을 떠나지 않았다 하더라도 실로 일찍이 앉은 적이

198　『中峰廣錄』卷五之下.「示奘庵居士」下.『磧砂藏』第37冊, p.403中. "禪爲何物. 乃吾心之名也. 心何物也. 卽吾禪之體也. … 是知禪不離心, 心不離禪, 惟禪與心異名同體."

없는 것이다."¹⁹⁹라고 하였다.

혜능 조사 이후로 조사선의 전통으로 전승되어 오는 '생각이 일어나지 않음이 앉는 것[念不起爲坐]'이며, '일체 경계에 움직임이 없는 것이 앉음'이라는 법문의 연장선에서 주장하는 말이다.

아울러 "화두를 참구하는 것은 비록 삼취정계三聚淨戒가 아니지만, 삼취정계를 갖추고 있다."²⁰⁰라고 주장하였다. 즉 선과 마음, 선과 앉음, 선과 계율 등을 통섭하고, 아울러 실참실오實參實悟로써 선문의 활로를 제시하려고 하였다.

"고인이 이르기를, '참參은 마땅히 실참實參이어야 하고, 오悟는 마땅히 실오實悟여야 한다.'라고 하였다. 실참實參이란 것은 결정코 생사의 무상을 초월하고, 한 점의 불법의 지해를 구하지 않는 것을 말하고, 실오實悟라는 것은 지금 한 생각에 생사의 무상이 단박에 공함을 깨달아 한 점의 불법 지해가 없어야 하는 것을 말한다. 범부와 성인이라는 망정妄情이 다하고, 미혹과

---

199 『中峰廣錄』 卷六 「答高麗白上書」. 『磧砂藏』 第37冊, p.406中. "雖不在坐, 亦不離坐也. … 謂坐禪者, 必欲利悟心爲本. 此心旣悟, 則四威儀皆是坐時, 此心未悟, 雖不離坐實未曾坐也."

200 『中峰廣錄』 卷四之下 「雲南護上人求示三聚淨戒」. 『磧砂藏』 第37冊, p.393上. "此所參話雖不名三聚, 而具存三聚."

깨달음의 견해가 소멸되어, 중생과 부처 둘 다 잊어 능能과 소所가 함께 없어져서, 한 걸음 나아간즉 곧 부처와 조사가 이르지 못한 경지를 높이 뛰어넘고, 한 걸음 물러난즉 바로 범부와 성인이 물들지 않은 진찰塵剎을 멀리 떠나야 한다."[201]

이른바 실참실오實參實悟란 생사의 무상無常을 깨달아 초월하여 한 점의 지해와 정식이 없는 것을 말하고 있다. 범부와 성인, 미혹과 깨달음, 능과 소의 이원적 지견과 정식을 떨쳐 버리고 부처와 조사의 경지마저 뛰어넘는 것이 진정한 의미의 실참실오가 되는 것이다. 선문에 이와 같은 실참실오가 제대로 참구될 때만이 선종의 지위가 회복되고 간화선이 제대로 수증될 수 있다는 것이다.

위의 인용문에서 눈에 띄는 대목이 '생사무상生死無常'이라는 구절이다. 명본 선사가 보기에, 생사와 무상은 실참실오의 발심 조건이면서 동시에 깨달음의 목표가 되는 것이다. 그러므로 생사무상은 수증의 전제요, 결과가 되기 때문에 매우 중요하다. 그래서 명

---

201 『中峰廣錄』卷五之上「示海印居士」.『磧砂藏』第37冊, p.397上. "古人云, 參須實參, 悟須實悟. 謂實參者, 決欲要超越生死無常, 不求一點佛法知解. 謂實悟者, 乃當念頓空生死無常, 不存一點佛法知解. 凡聖情盡, 迷悟見消, 生佛兩忘, 能所俱泯, 進一步則高蹈佛祖所不到之境, 退一步則遠離凡聖所未染之塵."

본 선사는 수행자들에게 생사와 무상을 강조하며 다음과 같이 당부하고 있다.

"요즘 공부하는 사람들이 아무런 영험을 얻지 못하는 데에는 세 가지 이유가 있다. 첫째, 옛날 사람들과 같은 진실한 지기志氣가 없고, 둘째, 생사生死와 무상無常에 대해서 철저히 파고들지 않으며, 셋째, 오랜 세월 익혀 온 버릇을 버리지 못하기 때문이다. 그러므로 하루 종일 남을 따라 참선한다고 선방에서 살지만 좌복에 앉자마자 졸거나 마음이 산란해지며, 한 발짝도 뒤로 물러서지 않으리라는 굳은 신심도 갖추지 못했으니 참으로 어려운 일이다. 저절로 성불한 석가가 어디 있으며, 하늘에서 떨어진 미륵이 어디 있다더냐?"

명본 화상은 그 출신 자체가 임제종 선사이기에 평생 간화선을 창도했지만, 그 사상적인 측면에서 보면 제교諸敎·제종諸宗을 원융하게 포섭하고 있음을 알 수 있다. 선으로부터 교·정토·청규(계율)·밀교·민간신앙에 이르기까지 모두 융섭하여 입도入道와 교화敎化의 방편으로 활용하고 있는 것이다. 선사는 선과 각 종파 사이의 상이한 종지를 융회하여 회통하고 있다.

그 가운데 특히 선과 정토를 회통하고, 「선정사료간」을 새롭게 다시 해석하여 "선정과 정토는 모두 같은 일심이니, 체는 하나지만 이름이 둘일 뿐이다."202라고 주장하였다. 또한 선과 교는 서로 여읜 것이 아니며, 밀密·교教·율律·선禪의 사종四宗이 일불의 종지[一佛之旨]를 함께 전하는 것이라고 하는 '사종일지四宗一旨'를 제창하고 있다.

사종이란 당시에 크게 유행하던 선종, 밀종, 율종과 천태·화엄·유식의 삼종을 합해 교종으로 지칭하여 네 가지 종파가 되는 것이다. 사종이 모두 한 부처님의 종지이며, 일불승一佛乘의 종승宗乘에 귀결되는 것이다. 이로부터 선종과 다른 종파 간의 대립과 다툼을 조화시키는 동시에 선종의 위상이 제고되어 다른 종파와 동등한 지위를 쟁취하고자 하는 의도가 숨겨져 있다.

명본 선사가 말하기를, "밀종은 봄이요, 천태, 현수, 자은 삼종 등은 여름이며, 남산율종은 가을이며, 소림단전少林單傳의 선종은 겨울이다."203라고 표현하였다. 춘하추동의 순서는 다르지만 한 해

---

202 『中峰廣錄』卷十一之上「山房夜話」上.『磧砂藏』第37冊, p.419上. "禪與淨土皆同爲一心, 是體一而名二."

203 『中峰廣錄』卷十一之上「山房夜話」上.『磧砂藏』第37冊, p.416中. "密宗春也. 天台賢首慈恩等宗夏也. 南山律宗秋也. 少林單傳之宗冬也."

의 세월이 만들어 내는 공[一歲之功]으로서 서로 다르지 않다는 것을 비유로 말하고 있는 것이다. 사계절의 순서가 서로 섞일 수 없기 때문에 서로 따로가 아님이 당연하다고 말하고 있다.

그리고 네 종이 다르지 않음을 일심으로써 회통을 도모하고 있다. "이치에 나아가 말하면, 다만 선이 제종의 별전인 것만 알고, 제종이 또한 선의 별전임을 알지 못한다."204 라고 그 회통의 변을 표하고 있다.

만약 회통하여 마음의 이치로 돌아간다면, "밀종은 부처님의 대비구제大悲救濟의 마음을 선양하는 것이며, 교종은 부처님의 대지大智를 개시하는 마음을 천양闡揚하는 것이며, 율종은 부처님의 대행大行을 장엄하는 마음을 수지하는 것이며, 선종은 부처님의 대각大覺의 원만한 마음을 전하는 것이다."205 라고 하였다.

이와 같이 융회하면 대체로 사종은 함께 한 부처님의 뜻을 전하는 것이기에 하나의 종이라도 결핍해서는 안 되는 것이다. 그러므로 "부처님은 일음一音으로 법을 연설함으로써 교 가운데는 오직 일불승一佛乘을 설하기 때문에 둘도 셋도 없다."라고 하고 있다. 이

---

204 위의 책. "就理言之, 但知禪爲諸宗之別傳, 不知諸宗亦禪之別傳也."
205 위의 책. "密宗乃宣一佛大悲救濟之心也. 敎宗乃闡一佛大智開示之心也. 律宗乃持大行莊嚴之心也. 禪宗乃傳一佛大覺圓滿之心也."

렇게 사종을 회통하면 오로지 일념으로 귀결되며, 일불승의 뜻을 드러내어 일 년 사계절이 모두가 다 호시절이 되는 것이다.

명본 선사는 연수 선사의 "일심위종一心爲宗"의 종지를 계승하여 일체 법이 일심一心으로 돌아감을 천명하고, 교와 선이 모두 일심을 밝게 드러내는 것이라고 하며 선교일치禪敎一致를 주장하였다. 일심을 밝히고 드러내는 것으로써 그 종지를 수증하는 것이기 때문에 작용은 다르나 본체는 하나라고 말하고 있다.

"만법이 오직 일심이요, 일심이 곧 만법이다. 그러므로 만법을 밝히는 것이 교이며, 마음을 드러냄이 선이니, 이름은 다르나 본체는 같다."[206]

명본 선사는 일심一心에 의거하여 종지를 거양擧揚하고 입론의 기초를 삼고 있다. 서로 다른 사상과 주장을 모두 마음으로 귀결시켜 상이相異한 가운데 상동相同함을 찾아 회통 사상을 구성하고 있다. 즉 선과 교, 정토 모두가 오직 일심이라, 이름은 다르지만 그 체體

---

[206] 『中峰廣錄』卷十八之下「東語西話」下. 『磧砂藏』第37冊, p.472中. "萬法唯一心, 一心卽萬法. 所以彰萬法爲敎, 標一心爲禪, 名常異而體常同."

는 항상 같음을 주장하였다. 이와 같이 일심에 의해 선과 정토, 선과 교 및 불교와 유교 등을 각각 융회하여 상호 간에 다른 대립을 해소하였다.

또한 명본 선사는 참선수행의 목적은 결국 마음의 본체[心體]를 깨닫는 데 있으며, 마음의 본체는 영지불매靈知不昧하다고 하였다. 만법이 일심으로 돌아가는데, "마음의 본체는 볼 수도 없고, 들을 수도 없으며, 알 수도 없고, 느낄 수도 없으며, 내지 취사取捨도 없으니, 다만 하는 것이 있으면 모두 허망하고 전도가 된다."[207]라고 하였다. 즉 이 영지불매한 진여본체는 육근의 인식으로는 얻을 방법이 없다는 것이다. 그러면 어떻게 하여야 영지불매한 심체心體를 증득할 수 있는가?

"다만 일체의 견문각지見聞覺知를 멀리 떠나고, 나아가 능히 떠나는 바의 주체[能離]와 떠나지는 바의 대상[所離]이 함께 공적하면, 곧 영지심체靈知心體가 완연히 견문각지의 사이에 드러난다."[208]

207　『中峰廣錄』卷五之下「示鄭廉訪」.『磧砂藏』第37冊, p.400下. "心之至體無可見, 無可聞, 無可知, 無可覺, 乃至無可取捨. 但有可爲, 皆虛妄顚倒."
208　위의 책,『磧砂藏』第37冊, p.400下. "但遠離一切見聞知覺, 乃至能離所離一齊空

이것을 선禪의 실참에 나아가서 말하면, 명본 선사는 간화선의 화두참구를 통해 중도실상에 계합해야 한다고 하였다. "아무 의미 없는 하나의 화두를 학인의 면전을 향해 던져서 구경에 이르게 하여야 한다. 다만 본체를 알아 화두를 참구하면 곧 견문각지가 떠나기를 기다리지 않고 스스로 떠나간다."[209]

마음의 본체는 견문각지見聞覺知에 즉해 있는 것도 아니고, 떠나 있는 것도 아니다. 단지 화두참구가 구경에 이르면 자연히 견문각지가 부즉불리不卽不離가 되어 영지불매한 심체가 저절로 드러나게 된다는 것이다.

명본 선사는 가까이로는 스승 고봉 선사를, 멀리는 영명·대혜 등의 일대 종사를 계승하여 "만법이 일심으로 돌아가는[萬法歸一心]" 핵심 종지를 구축하였다. 즉 일심을 체로 하여[以一心爲體] 선종과 각 종파의 주장을 융회하는 길을 찾는 동시에 이 마음을 밝게 깨달아 해탈의 구경을 삼는 화두참구의 실천 방향을 제시하였다.

그리고 명본 선사는 불교와 유교의 학설을 조화시키기 위해 불교의 입장에서 유학을 재해석하여 회통하려고 하였다. 그 자신은

寂, 則靈知心體宛然於見聞知覺之間."

[209] 위의 책, 『磧砂藏』 第37冊, p.400下. "將箇無義味話頭, 抛向學人面前, 令其究竟, 但知體究話頭, 則與見聞知覺等不期離而自離矣."

출가인이지만 항시 사대부나 유학자들을 상대할 때 선교방편으로 유가의 학설이나 용어들을 인용하지 않을 수 없었던 것이다. 이러한 연유로 불교와 유가의 사상을 융섭하여 회호回互하고자 하였다.

"유교의 도는 마음을 다스리는 것[治心]이요, 마음을 닦는 것[修心]이다. 불교의 도는 마음을 밝히는 것[明心]이요, 마음을 깨닫는 것[悟心]이다. 다스리고 닦는 것은 점차[漸]로 이루어지는 것을 말하고, 밝히고 깨닫는 것은 단박[頓]에 이루어지는 것을 말한다. 마음은 하나이지만 단박과 점차의 방편은 하나가 될 수 없으니, 세간과 출세간이 다르기 때문이다. 부처님이 세간에 들어가는 도를 말했지만 성의정심誠意正心의 설을 소홀히 하지 않았고, 공자가 출세간의 도를 언급하였지만 예상하건대 심공원각心空圓覺의 종지를 벗어나지 않았다."[210]

불교가 가르치는 명심明心과 오심悟心은 마음의 본체를 단박에 밝

---

210 위의 책, 『磧砂藏』 第37冊, p.401下. "儒之道, 治心者也, 修心者也. 佛之道, 明心者也, 悟心者也. 治與修, 漸之之謂也. 明與悟, 頓之之謂也. 心一也, 頓漸之途不可以一者, 蓋世間出世間之異也. 使吾佛言入世間之道, 亦不能忘正心誠意也. 使孔子言出世之道, 則逆知其不能外吾心空圓覺之旨也."

히는 것이며, 유가에서 말하는 치심治心과 수심修心은 마음의 작용을 점차로 조화롭게 하는 것이다. 일심의 체용이 일여一如하고 수증의 돈점이 상자相資하기에 불교와 유가, 세간과 출세간이 서로 위배되지 않고 혼융混融할 수 있다는 것이다.

　이 외에도 대중들에게 계율 수지의 중요성을 환기시키고, 심지어 『환주청규』를 제정하여 총림의 규범을 재정비하는 데도 진력하였다. 명본 선사는 「원선인圓禪人에게 보이는 글」에서 "계는 곧 도 위의 계이며, 도는 곧 계 가운데의 도이니, 이름은 둘이지만 이치는 둘이 아니다."라고 주장하였다.

　참선하여 닦는 도와 수행 생활의 규범인 계가 모두 생사를 해탈하고자 심체를 밝히는 것에 그 목적이 있다. 도체道體와 계체戒體가 모두 심체心體인 불성으로 하나이기 때문에 도와 계는 불일불이不一不異가 되어 견성見性과 지계持戒의 성불이 함께 가능해지는 것이다. 이것이 명본 선사가 주장하는 선계일치禪戒一致이다.

　이와 같이 선禪과 교敎, 정토와 계율을 융회融會하고 겸수兼修하는 것이 명본 선사의 회통 사상이며 특히 시대의 조류에 따라 선정겸수 수증을 강조하고 있다.

2. 선정겸수 禪淨兼修

『중봉화상광록』 제28에 이르기를, "선禪은 곧 정토이며 정토는 곧 선이다. 선을 떠나 밖에 어찌 정토가 있으며, 정토를 떠나서 어떻게 선문에 들어가겠는가. 만약 이와 같다면 마치 한 법의 지류에서 둘이 됨과 같다."[211]라고 하였다.

명본 화상은 선문에 몸을 담고 있으면서 간화선을 선양하는 데 혼신의 힘을 다했을 뿐만 아니라, 다수의 정토 관련 저작을 통해 정토신앙을 권장하였다. 그의 정토 관련 저작은 『명본잡록』 속에 편성되어 있는 「회정토시懷淨土詩」, 「관념아미타불觀念阿彌陀佛」, 「차로암회정토십수次魯庵懷淨土十首」 그리고 『삼시계념三時繫念』 등이 있다. 이런 작품을 통해 선사이면서도 유심정토를 제기하는 한편, 정토왕생의 염불법을 창도하였다.

특히 『삼시계념』은 명본 선사가 비록 선사이면서도 유심정토와 타방정토를 동시에 권장하는 정토법문을 설하고 있는 중요한 저작이다. 사실 『삼시계념』은 고래로부터 영명연수 선사의 저작으로 알려져 왔지만 그 내용을 자세히 고찰해 보면 적지 않은 게송이 명

---

211 『天目中峰和尙廣錄』第二十八. 『佛敎大藏』 73, p.1081.

본 선사의 「회정토시懷淨土詩」 108 수首로 구성되어 있음이 밝혀졌다. 이로부터 『삼시계념』은 확실히 명본 선사의 저작임을 확정할 수 있게 되었다.[212]

『삼시계념』은 『삼시계념불사三時繫念佛事』와 『삼시계념의범三時繫念儀範』의 두 저작을 합해서 부르는 개념이다. 『삼시계념불사』와 『삼시계념의범』의 내용은 거의 비슷하지만, 주요한 내용은 양자의 대상과 용도의 차이라고 할 수 있다. 『삼시계념불사』는 망자의 천도법회에서 영가를 위한 삼시설법三時說法으로 정토왕생을 발원하는 내용 위주로 구성되어 있는 반면, 『삼시계념의범』은 전문 염불행자들을 위해 시설한 염불의궤念佛儀軌이다.

『삼시계념』의 두 권 본은 세 개의 시간대로 나뉘어 행하는 삼시불사三時佛事이다. 이른바 '계념繫念'이란 명본 선사의 말을 빌리면, "일심을 묶어 부처로 귀속시켜 잡념이 없는 것을 말한다."[213]라고 하였다. 즉 『삼시계념』은 하루를 셋으로 분단하여 한 생각을 오롯이 아미타불에 묶어 일체의 망념을 일으키지 않는 것을 말하는 것이다. 이로부터 더 나아가 "염불하는 마음이 견고하고 순숙되어

---

212 冉雲華 著, 『永明延壽』, pp.52~53. 釋有晃 著, 『元代中峰明本禪師之研究』(『中華佛學研究所論叢』 48, p.178. 참조.
213 『三時繫念儀範』. 『嘉興藏』 第20冊, p.249下. "一心繫屬於佛, 不雜他念之謂也."

결정코 왕생한다."라고 하였다.

이와 같이 명본 선사의 정토염불에서 중요하게 시설된 것이 『삼시계념』의 삼시불사三時佛事이다. 삼시불사는 살아 있는 염불행자들의 염불수행과 망자의 천혼에도 중요하게 작용되었던 것이다. 그리고 염불의 실천행에서도 매우 구체적인 수행의궤를 제공해 주고 있다.[214]

그러면 『삼시계념』을 중심으로 명본 선사의 정토염불관을 상세하게 고찰해 보기로 하자. 명본 화상은 영명 선사의 선정쌍수의 종풍을 계승하여 '일심이 만법을 생한다[一心生萬法].'는 종지를 기초로 하여 선과 교를 회통하였듯이, 또한 선과 정토에 있어서도 마찬가지로 마음이 정토요, 마음이 선이라고 하였다.

> "정토는 마음이요, 선 또한 마음이다. 본체는 하나이지만 명칭은 둘이다. 어리석은 사람은 그 명칭에 집착하여 그 본체를 미혹하고, 반면에 깨달은 사람은 그 본체를 알아서 이름에 끄달리지 않는다."[215]

---

[214] 釋有晃 著, 『元代中峰明本禪師之硏究』. 『中華佛學硏究所論叢』 48, p.179. 참조.
[215] 『中峰廣錄』 卷十一之上 「山房夜話」. 『磧砂藏』 第37冊, p.419上. "淨土心也, 禪亦心也. 體一而名二也. 迷者, 執其名以昧其體, 悟者, 達其體以會其名."

일체 만법이 마음에 즉한 자성이며, 삼라만상이 한 법에서 나온 것이다. 다만 자기 마음이 선禪임을 깨달으면 삼계의 만법에 두루 한 신령한 근원에 들어갈 것이다. 그렇게 되면 무엇이든지 완전하고 진실되어서 전혀 간택할 것이 없게 되는 것이다. 마음에 즉한 자성이 미타임을 깨닫게 되면, "이미 동토니 서토니 하는 차별이 있을 수가 없는데, 어찌 정토니 예토니 하는 다름이 있을 수 있겠는가."216라고 하였다. 즉 정토도 일심이며, 예토도 일심인, 일심의 정토로 유심정토를 주장하고 있는 것이다.

명말 사대가의 한 분인 연지 대사는 일찍이 명본 선사의 「회정토시」를 감상하고 이렇게 찬탄하였다. "「회정토시」는 유독 중봉 대사가 백 수를 읊었는데, 이사理事가 겸융하고 성상性相이 원통하며 참선과 염불의 분쟁을 쉬게 하고 정토가 곧 마음[卽土卽心]이라는 평준을 확정하였다."217라고 하였다. 선도 마음이요, 정토도 마음이라면 선과 정토는 마음으로 일치되어 선정일치禪淨一致가 이루어지게 된다.

연수 선사가 『만선동귀집』에서 천태의 『정토십의론』을 인용하

---

216 위의 책. "旣無東西兩土之殊, 安有淨穢二邦之異."
217 雲棲袾宏 著, 『山房雜話』 卷上 「中峰禪師淨土詩序」. 『大藏經補編』 第23冊, p.368上. "自古懷淨土詩相望後先, 而惟中峰大師百咏, 事理兼帶, 性相圓通, 息參禪念佛曉諍, 定卽土卽心之平準."

여 유심정토론을 입론한 바가 있다. 여기서 가장 중요하게 제기되는 것이 바로 "생한즉 생함이 없고[生即無生], 생함이 없는즉 생한다[無生即生]."[218] 라는 개념이다.

명본 선사 또한 "생하되 생한 바 없고[生而無生], 생한 바 없이 생한다[無生而生]."는 무생무멸無生無滅의 중도 개념을 제시하고 있다. 다만 가장 크게 차별되는 것은 생生에 담겨 있는 의미이다. 『정토십의론』에서 천태 대사가 말하고 있는 이른바 '생生'이란 말은 이곳을 버리고 저곳에 난다는 것으로 왕생往生의 의미인 데 반해, 명본 선사가 말한 바의 '생生'은 곧 중생의 생멸의 자취를 가리키고 있는 것이다.

명본 선사는 "왕생이 곧 무생이다[往生即無生]."라고 직접적으로 말하지 않고, 미혹과 깨달음의 각도에서 '생멸이 곧 무생이다[生滅即無生].'라고 논증하고 있다. 여기서 도출될 수 있는 것이 바로 전통적 의미의 '유심정토 자성미타'의 개념으로서 주장된 '내 마음이 곧 미타요[我心即彌陀], 차방이 곧 정토이다[此方即淨土].'라는 어구이다.

"생生이란 것은 곧 중생의 생멸生滅의 자취를 말하고, 무생無生이란 것은 곧 모든 부처님의 적멸의 본체를 말한다. 법성은

---

218 『萬善同歸集』 卷上. 『大正藏』 제48권, p.966下.

담연하여 사람마다 본래 갖추고 있는 법성이다. 비록 업의 그물에 묶여 오도五道를 유전하며 멀리 광겁에서 금생까지 망령되이 생사를 따라 오르내렸다. 마땅히 알아야 한다. 생生은 스스로의 인연으로 생하지만 법성은 인연과 함께 생하지 않으며, 멸滅은 스스로의 인연으로 멸하지만 법성은 인연과 함께 멸하지 않으니, 그러므로 법성은 담연湛然하다고 말하는 것이다.

담연이라 말하는 것은, 마치 오래된 우물의 물이 맑고 깊어서 작은 물결도 일으키지 않아 팔풍八風에도 흔들리지 않고 한결같이 푸르러 허공을 머금고 밝고 맑은 것과 같은 것을 말한다. 법성은 어지러운 생멸 가운데서 그 담연한 본체가 한결같이 움직이지 않아서 생하되 생한 바 없는 것[生而無生]을 말한다. 또한 생한 바 없이 생하는 것[無生而生]이라고 말하는 것은 중생의 미망이 마음에서 일어나 업을 쌓고 과보를 받아 허망하게 윤회하여 망령되게 생멸을 보게 되니 모두가 업의 과보가 보는 바이다."[219]

---

[219] 『三時繫念儀範』.『嘉興藏』第20冊, p.251中. "謂生者, 卽衆生生滅之迹也. 謂無生者, 卽諸佛寂滅之本也. 謂法性湛然, 乃人人本具之法性. 雖爲業網所纏, 流轉五道, 遠從曠劫, 逮至今生, 妄隨生死以昇沈, 當知生自緣生, 而法性不與緣俱生, 滅自緣滅, 而法性不與緣俱滅, 所以云法性湛然也. 謂湛然者, 如水在古井澄潭, 寸波不動, 八風不搖, 一碧涵空, 瑩淨明潔之謂也. 謂法性于擾擾生滅中, 其湛然之體如如不動,

명본 선사의 견해에 따르면, 생生이란 것은 중생의 생멸의 자취로서 사事의 측면을 말하고 있는 것이며, 무생無生이란 제불의 적멸의 본체로서 이理의 측면을 말하고 있다. 법성은 사람마다 함께 본래 갖추고 있는 불성을 가리키는 말이다. 중생이 비록 다겁생래 쌓아 온 업장으로 말미암아 생사에 유전하고 있지만 법성은 생멸 현상을 의지하여 오르내리지 않는다. 이사理事가 원융하니 법성과 생멸 또한 융회되는 것을 말하고 있다.

명본 선사는 법성의 영명靈明하고 담연湛然함을 옛 우물[古井]에 비유하여 설명하고 있다. 마치 오래된 우물 속의 물이 명경지수明鏡止水처럼 맑고 깊어서 작은 물결의 움직임도 없는 것과 같이 명징明澄하고 정결淨潔하다고 하였다.

진제眞際의 입장에서 관찰해 보면, 어지러운 생멸 현상 가운데서도 법성의 담연한 본체는 여여부동如如不動하여 실로 생멸을 얻을 수 없기 때문에 "생하되 생한 바 없다[生而無生]."라고 말하는 것이다.

반면 속제俗際의 입장에 나아가 말하면, 비록 법성의 본체는 실로 생멸이 없지만, 인연의 가합假合으로 인한 거짓 생멸이 있을 뿐

是謂生而無生者也. 言無生而生者, 衆生迷妄入心, 積業成果, 虛受輪轉, 妄見生滅, 皆業果所見."

이다. 중생이 미망으로 말미암아 지어 온 업식의 결과로 생사에 유랑하면서 생멸이 실로 있는 것으로 착각하여 갖가지 과보로 드러날 뿐이니, 이것을 일러 "생한 바 없이 생한다[無生而生]."라고 말하는 것이다.

아울러 명본 선사는 법성의 본체를 거울과 명주에 비유하여, 가지가지 업의 과보가 마치 거울 속의 영상과 같고 명주의 표면에 반사되는 각종 색상과 같다고 표현하였다. 거울과 명주는 본래 청정무애淸淨無礙하지만 대상과 밝게 비추는 상호 작용으로 인해 각종 색상의 변화가 생기게 되는 것이라고 하였다.

"법성의 본체는 마치 거울 속에 나타난 상과 같아서 명주明珠에 나타나는 여러 가지 색과 비슷하다. 마땅히 알아라. 거울빛은 본래 청정하고 명주의 본체는 자취가 끊어져서 색상色像이 서로 어기지 않아 물경物境(대상)이 서로 밝혀 준다. 실제로 거울과 명주는 본래 청정하다. 그러므로 거울과 명주의 청정함은 내 법성에 비유하고, 그 색상의 오고 감은 마치 업의 과보가 엄연하다는 것을 알아야 한다."[220]

---

220 위의 책. "於法性體上, 如鏡現像, 似株隨色. 當知鏡光本淨, 珠體絶痕, 不違色像而

여기서 거울과 명주의 비유를 들어 말하고자 하는 것은 궁극적으로는 "생이무생生而無生"이요, "무생이생無生而生"의 도리를 주장하여 무생무멸無生無滅의 중도실상을 드러내고자 함이다. 아울러 수증의 입장에서 중생들이 비록 본래 청정자성의 본체를 갖추고 있다는 불성본유佛性本有의 진실과, 업의 과보로 인해 청정자성의 작용에 어두워 지금에는 없다는 불성금무佛性今無의 현실을 직시할 것을 주문하고 있는 것이다. 금무今無의 현실 중생에서 속히 본유本有의 본래부처로 돌아가야 하는 것이 수행임을 우회적으로 표현하고 있다.

그런데 한층 더 깊이 들어가 고찰해 보면, 생멸과 무생은 결코 절대적인 차별이 없는 것인데, 그 관건은 오로지 미혹과 깨달음에 있다고 할 수 있다. 명본 선사의 관점을 더 깊이 고찰해 보도록 하자.

> "제불은 엄연한 생멸生滅 가운데 오직 무생無生을 보고, 중생은 담연한 무생無生 가운데 오직 생멸生滅을 본다. 미혹하고 깨달음의 차이가 있어 과보와 원인이 다름을 보게 된다. 생은 자성이 없고, 무생 또한 자성이 없음을 마땅히 알아야 한다. 깨달

物鏡互彰, 其實鏡珠本來淸淨. 故知鏡珠之淸淨, 喩吾法性, 彼色像之去來, 猶業果之儼然也."

은즉 생멸이 모두 무생이 되고, 미혹한즉 무생이 모두 생멸이 된다. 그러므로 생멸을 떠나서 따로 무생이 없고, 무생을 떠나서 따로 생멸이 없으니, 하나의 본체에 명칭이 다를 뿐이다."[221]

이理의 본체에서 보면 생과 무생은 상즉相卽하여 둘이 아니다. 그러므로 '생즉무생生卽無生'이요, '무생즉생無生卽生'이라고 말하는 것이다. 생과 무생이 스스로 실체가 없어서 공이므로 무생무멸無生無滅의 중도실상이다. 이 도리를 깨달으면 생멸이 무생이 되는 것이고, 미혹하면 무생이 생멸이 되는 것이어서 무생무멸의 중도실상이 완연하게 드러나게 된다.

이와 같이 생과 무생이 무생무멸의 실상이어서 동일한 체성이라는 기초 위에서 진일보하여 "내 마음이 미타요[我心卽彌陀], 차방이 정토이다[此方卽淨土]."라는 개념을 제출하고 있는 것이다.

"아미타불이 곧 내 마음이요, 내 마음이 곧 아미타불이다. 정토가 곧 차방이요, 차방이 곧 정토이다. 또한 미혹과 깨달음의

221　위의 책. "諸佛于儼然生滅中, 唯見衆生, 衆生于湛然無生中, 唯見生滅. 以迷悟之有差, 而見量亦因之而異也. 當知生無自性, 無生亦無自性. 悟則生滅皆無生, 迷則無生皆生滅. 所以離生滅外別無無生, 離無生外別無生滅, 乃一體而二名也."

다름으로 인해 성인과 범부가 피차간에 틈이 있는 것이다."[222]

만약 중생이 진여의 이체理體를 깨닫게 되면 자심과 아미타불의 본체가 둘이 아니어서 차별이 없다는 것과, 또한 예토인 차방此方의 본체가 정토의 본체에 상즉한다는 것을 증득하게 된다. 진여본체에서 보면, 다만 미혹과 깨달음의 차이만 있을 뿐 범부와 성인의 차별은 없다. 이러한 사실로 미루어 볼 때, 명본 선사는 이理의 본체라는 면에서 생과 무생을 통섭하고 이것을 바탕으로 하여 '내 마음이 곧 미타[我心卽彌陀]이며, 차방이 곧 정토[此方卽淨土]'라는 유심정토唯心淨土 자심미타自心彌陀의 사상을 전개하고 있는 것이다.

진여법성이며 영지심靈知心인 일심은 일체 만법을 두루 포섭하며, 무량한 법계의 일체 만물이 모두 이를 의지해서 나타난다. 다만 일체 만법 가운데서 이 마음을 찾으려면 찾을 수 없다. 마음을 찾을 수 없지만, 도리어 또한 능히 만법을 일심으로 거두어들인다. 마치 일천 강물이 바다에 돌아가면 한 맛의 바닷물이 되는 것과 같다. 다시 말하면, 이 진여일심은 만법을 세우지 않지만, 만법은 이

---

222 『三時繫念儀範』. 『嘉興藏』 第20冊, p.251下. "阿彌陀佛卽是我心, 我心卽是阿彌陀佛. 淨土卽此方, 此方卽淨土. 亦迷悟之自殊, 非聖凡彼此之有間也."

를 의지해 전개된다. 그러므로 제불과 중생이 모두 다 일심을 의지해서 세워지는 것이다. 이것은 차방의 예토와 타방의 정토가 모두 일심에 의지해서 건립된다는 사실을 말하고 있는 것이다.

"옛날에 영산회상에서 부처님께서 말씀하시기를, '여기로부터 서쪽으로 십만억 불토를 지나가면 한 세계가 있으니, 이름이 극락이며 아미타불이 현재 설법하고 계신다. 그 나라의 중생은 아무 고통이 없고 다만 모든 즐거움을 받으므로 극락이라 한다.'라고 하셨다. 이것은 아미타불은 보신報身의 보토報土라고 말하고, 법신法身의 정토淨土가 아니라고 말한다. 만약 법신을 말하면 곧 이 마음이요, 정토를 말하면 또한 이 마음이다. 이 마음은 여기에 있지도 않고, 저기에 있지도 않아 장소를 고집하지 않으면서, 또한 장소를 떠나지 않는다. 장소를 고집하지 않는데 어찌 십만억 불찰 밖에 있겠는가. 장소를 떠나지 않는데 시방법계十方法界와 사유상하四維上下가 틈이 없음을 알면 하나의 작은 티끌도 불국정토 아님이 없다."[223]

---

[223] 위의 책, 『嘉興藏』第20冊, p.253下. "昔靈山謂, 此去西方過十萬億佛土, 有世界名極樂, 阿彌陀佛見在說法. 其國衆生無有衆苦, 但受諸樂, 故名極樂. 此言阿彌陀佛報身報土, 非言法身淨土也. 若曰法身, 卽此心是. 若曰淨土, 亦此心是. 此心不在

명본 선사가 보기에 서방정토는 보신불의 보토이지 결코 법신불의 정토가 아닌 것이다. 만약에 법신 및 정토를 말한다면 이는 곧 이 마음을 떠나지 않는다. 이 마음은 일체 처에 두루하여 이곳에 있는 것도 아니고 또한 저곳에 있는 것도 아니다. 이곳저곳의 방소를 한정하지 않고 또한 방소를 떠나 있지도 않는다면 진진찰찰塵塵刹刹이 정토 아님이 없고, 군생함령群生含靈이 미타 아닌 것이 없게 되는 것이다.

바꾸어 말하면, 명본 선사가 볼 때 타방정토他方淨土와 유심정토唯心淨土가 보신정토報身淨土와 법신정토法身淨土라는 관계는 양자가 결코 서로 어긋나지 않는 것이다. 그러나 바로 말하면, 구경에 진여일심을 깨닫게 되면 자심미타를 증득하고 일심의 당체가 바로 법신정토임을 바로 보게 되니, 이것이 바로 정토에 왕생하여 미타를 친견한다는 진정한 의미인 것이다.

선정겸수의 수증론의 입장에서 언제나 대두되는 문제가 바로 근기론에 대비하는 것이다. 유심정토 자심미타의 입론 근거가 될 수 있는 전제가 진여일심의 이체理體를 깨달을 수 있는 근기론적

此, 不在彼, 不執方, 不離方. 以不執方故, 皆在十萬億刹之外. 不離方故, 塵毛刹海, 四維上下, 了無間然, 以至無一微塵非佛淨土者也."

접근이었다. 즉 수승한 근기를 가진 상근기 수행자에 한정해서 일심정토의 수증이 가능하다는 전제하에 성립되는 수증론인 것이다.

그러나 현실 세계 둔근 중생의 입장에서는 이치적으로 가능하지만 현상적으로는 실현 불가능한 일로 치부될 수 있는 문제이다. 즉 유심정토 자성미타라는 것이 깨달은 이근利根의 입장에서는 통용이 되지만, 말법의 둔근鈍根에게는 역시 타방정토의 왕생이 매력적으로 다가올 수밖에 없다.

깨달은 자에게는 '생이무생生而無生, 무생이생無生而生'이 당연한 경지이지만, 미혹한 자에게는 '내 마음이 미타요, 차방이 정토이다.'라는 말이 꿈속의 소리로 들리게 되는 것이다. 그래서 연수 선사가 그랬던 것처럼 명본 화상 또한 중하근기의 중생들을 위해 타방정토의 왕생을 적극 권장하는 방편을 개시하고 있다. 따라서 "조사가 교를 일으켜 사람들에게 염불을 권하는데 법문의 첩경은 오직 염불에 있다."[224]라고 염불을 강조하며 이렇게 노래하고 있다.

"이 마음이 부처요, 이 마음이 부처를 지으니, 삼세의 제불

---

[224] 『明本雜錄』「勸念阿彌陀佛」.『卍續藏經』122, p.367. "祖師起敎勸人念佛, 捷徑法門惟有念佛."

이 이 마음과 부처를 깨닫는다. 염불이 염심이요, 염심이 염불이니 입으로 항상 염불하고, 마음으로 항상 경불敬佛하세. 행주좌와에 염불을 여의지 않고, 고락과 순역에도 염불을 잊지 마세. 살아도 부처요, 죽어도 부처라네. 생각 생각이 부처요, 마음 마음이 부처라네. 서방에 회향하여 염불 발원하여, 임종 시에 아미타불 친견하세."[225]

명본 선사는 정토종의 여러 조사들이 한결같이 주장하고 있는 신信 · 원願 · 행行이 정토왕생을 성취하기 위한 정업淨業의 세 가지 자량資糧이라고 말하고 있다.

"믿음[信]이란 서방정토가 있음을 믿는 것이며, 아미타불이 중생을 섭수한다는 사실을 믿는 것이기에 믿음은 왕생의 지분持分이 있는 것이다."[226]

---

[225] 위의 책. "是心是佛是心作佛, 三世諸佛證此心佛. 念佛念心念心念佛, 口常念佛心常念佛. 行住坐臥不離念佛, 苦樂逆順不忘念佛. 生也是佛死也是佛, 念念是佛心心是佛. 回向西方發願念佛, 臨命終時親覲化佛."
[226] 『三時繫念佛事』. 『卍續藏經』 128, p.58下. "信者, 信有西方淨土, 信有阿彌陀佛, 攝取衆生之事. 我等衆生, 信有往生之分."

"원願이란 아미타불의 사십팔대원에 함께하길 원하면 원과 원이 상응하여 대원이 되는 것이다."[227]

"행이란 『능엄경』에 이르길, '육근을 모두 섭수하여 정념淨念이 끊어지지 않고 이어지면 방편을 빌리지 않고 스스로 마음이 열리게 된다.' 하였다. 『아미타경』에 설하길, '만약 선남자 선여인이 아미타불을 설하는 것을 듣고 명호를 집지執持하여 하루 이틀 내지 칠일에 이르러 일심불란一心不亂하면, 그 사람은 명이 임종에 다다랐을 때에 아미타불과 여러 성중이 그 앞에 나타난다. 이 사람이 임종 시에 마음이 전도되지 않으면 곧바로 아미타불의 극락국토에 왕생하게 된다.'라고 하였다. 이와 같이 행하는 것이 정행正行이다."[228]

이와 같이 신·원·행은 정토왕생의 삼대 자량으로서 마치 솥의 세 다리와 같아 어느 하나라도 결핍되어서는 안 되는 것이다. 그런

---

227 위의 책. "願者, 要與阿彌陀佛四十八大願, 願願相應, 是爲大願也."
228 위의 책. "行者, 楞嚴經云, 都攝六根, 淨念相繼, 不假方便, 自得心開. 阿彌陀經云, 若有善男子善女人, 聞說阿彌陀佛, 執持名號, 若一日, 若二日, 乃至七日, 一心不亂, 其人臨命終時, 阿彌陀佛與諸聖衆現在其前. 是人終時, 心不顚倒, 卽得往生阿彌陀佛極樂國土. 如是行者, 是名正行."

데 설사 신·원·행이 갖추어졌다 하더라도 먼저 다겁 생의 업장을 참회해야 정토왕생이 성취될 수 있다고 하였다.

명본 선사는 매번 행하는 일시불사—時佛事의 설법과 행도 이후에 반드시 대중들과 함께 참회 의식을 진행하였다고 한다. 참회는 정토법문 가운데서 "모든 업을 단박에 비우고, 육근이 두렷이 청정하여, 바로 유심정토를 드러내고, 자성미타를 밝히는 것"229으로서 결핍되어서는 안 되는 것이라고 주장하였다.

신·원·행이 갖추어지고 참회의식이 이루어지는 동시에 일념염불이 상속되게 하는 것이 중요하다고 하였다. 명본 선사는 일념염불이 서로 이어지는 상태를 "정념상계淨念相繼" 혹은 "염념계불念念繫佛"이라고 표현했다. 이 말의 뜻은 모두 "한 생각 한 생각에 염불이 끊어지지 않고 계속된다."는 것으로 『아미타경』에서 설하는 "일심불란—心不亂"의 염불삼매의 경지를 지칭하고 있다 하겠다. 명본 선사는 고덕의 말을 인용하여 비유로 말하고 있다.

"청주淸珠를 탁한 물에 던지면 탁한 물이 맑아지지 않을 수

---

229 『三時繫念儀範』.『嘉興藏』第20冊, p.257中. "群業頓空, 諸根圓淨, 直顯唯心淨土, 覃明自性彌陀."

없듯이, 염불을 어지러운 마음에 던지면 어지러운 마음이 부처가 안 될 수가 없다."[230]

수청주가 탁한 물을 맑히듯이 염불 또한 정념으로 행하면 어지러운 마음을 정화하여 일심불란의 경지가 되어 부처가 될 수 있다고 주장하고 있다. 이때 중요한 것은 염불 일성이 염념상속하여 끊어짐 없이 이어져 마음에 하나의 잡념도 없이 삼매를 현전해야 한다는 것이다. 이것을 염념계불念念繫佛을 통한 정념상계淨念相繼의 경지라고 표현하고 있다.

"번뇌망념이 치성한 마음에 일념으로 명호를 부르고 자비로운 모습을 염하게 되면, 한 소리로 칭념하는 일념지간에 잡념과 난심을 멀리 여의고 생각은 적정해진다. 또한 한 소리의 일념이 일어나 일념一念이 이념二念이 되고 삼三 사四 오념五念이 되어 십념十念에 이르고, 백百 천千 만萬 억념億念으로 이어지면 염념이 청결하고, 염념이 적멸하고, 염념이 순진하여 염념이 해탈하니, 마치 경에서 설하고 있는 '정념상계淨念相繼'가 바로 이것이다."[231]

---

[230] 『三時繫念儀範』, 『嘉興藏』第20冊, p.256下. "清珠投于濁水, 濁水不得不清. 念佛投于亂心, 亂心不得不佛."
[231] 위의 책. "當雜識紛亂之頃, 能移一念, 觀想慈容稱念之, 纔念一聲, 卽一念之間, 雜

명본 화상은 "아미타불이 어떤 사람인지 알고 싶은가?"라고 묻고, 이에 답하기를, "아미타불은 능히 염불하는 중생이다."라고 하였다. "그러면 지금 삼계에서 고락의 두 경계 속에서 윤회의 업을 맺어 밤낮으로 지어 휴식하지 못하는 자는 어떤 사람인가? 곧 능히 아미타불을 염하지 않는 제불이다."[232]라고 하였다.

능히 염불하는 중생이 아미타불이며, 능히 염불하지 않는 제불이 중생이라면, 염불하는 마음과 부처와 중생은 차별의 셋이 아니라 차별 없는 하나가 된다. 명본 선사가 굳이 『화엄』의 설법을 차용해서 의도하는 바는, 부처와 중생이 차별이 없지만 염불일성念佛一聲의 유무에 따라 부처와 중생의 차별이 생기는 것이니, 부지런히 생각 생각을 부처에 묶는[念念繫於佛] 칭명염불의 한 소리마다 한 소리 부처[一聲佛]를 이루기를 서원하고 있는 것이다.

만약 부처에 생각을 묶어[繫念於佛] 오래오래 칭명해 나가서 망념을 제거하고 염불삼매에 이르면, 생각 밖에 부처가 없고[念外無別佛]

亂遠離, 隨念寂靜. 且一聲之念旣爾, 二念入第二聲中, … 乃至第三, 第四五, 至于十百千萬億念, 念念淸潔, 念念寂滅, 念念純眞, 念念解脫. 如敎中所謂, 淨念相繼者也."

232 위의 책,『嘉興藏』第20冊, pp.256下~257上. "要知阿彌陀佛是什麽人, 卽能念佛之衆生也. 卽今三界中循苦樂二境, 如輪迴結業, 日夜營營而部得休息者是什麽人, 卽是不能念佛阿彌之諸佛也."

부처 밖에 생각이 없게 되어[佛外無別念], 몸과 마음이 일치하여[身心一致], 부르는 능能(염불행자)과 불려지는 소所(아미타불)마저 함께 없어지는 염불삼매에 이르게 된다.

선사는 아미타불과 극락세계가 보신보토報身報土라고 말하면서, 법신정토法身淨土는 일체 처에 두루하여 오직 일심이 건립한 것이라고 하였다. 이러한 관점은 일견 타방정토를 부정하는 것처럼 보이지만, 만법이 일심으로 돌아가는 도리를 체득하게 되면 "차방이 정토요[此方卽淨土], 아심이 곧 미타[我心卽彌陀]"라는 구경의 목표를 거듭 제시하고 있다.[233] 동시에 정념상계淨念相繼의 칭명염불을 통해 견불정토見佛淨土를 성취할 것을 권하고 있다.

명본 선사는 『중봉광록』 권11에서 "정토는 마음이요, 선 또한 마음이다. 본체는 하나이지만 명칭은 둘이다."라고 말하여, 본질상에서 선과 정토는 하나이면서 형식상에서 둘로 나누어진다고 하였다. 이것을 선정일치라고 말할 수 있겠다. 그러나 수증방편에 있어서 한 사람의 수행자가 동시에 선과 염불을 겸수하는 것은 크게 동의하지 않은 것 같다.[234]

---

233 釋有晃 著, 『元代中峰明本禪師之硏究』. 『中華佛學硏究所論叢』 48, p.208. 참조.
234 위의 책, p.209. 참조.

「선정사료간」을 최초로 언급하면서 이것이 연수 선사의 작품이라는 것을 확정짓고 있는 것이 명본 선사의 『중봉광록』이다. 『중봉광록』에 기술된 「사료간」을 다시 한번 적시해 보면 다음과 같다.

"영명 화상의 선과 정토에 요간料簡의 사구는 '유선유정토 有禪有淨土, 무선무정토無禪無淨土, 유선무정토有禪無淨土, 무선유정토 無禪有淨土'이다."235

『중봉광록』에서 명본 선사는 세 곳236에서 연수 선사의 「사료간」을 제시하고 있다. 이러한 사실은 명본 선사 당시에 이미 「사료간」의 저자가 연수 선사라는 것이 널리 확정되고 있었다는 것을 명시해 주고 있는 것이다. 물론 명본 선사는 「사료간」이 연수의 소작임을 인정하면서도 구체적인 문헌상의 출처는 제시하지 않고 있다.

명본 선사가 「사료간」이 연수의 저작임을 언급한 이후, 선과 정토의 여러 종사들이 번갈아 「사료간」을 제시하면서 완정完整한 모

---

235 『中峰廣錄』卷二十八「次魯庵懷淨土十首」. 『磧砂藏』第37冊, p.503. "永明和尙以禪與淨土, 揀爲四句謂, 有禪有淨土, 無禪無淨土, 有禪無淨土, 無禪有淨土."
236 세 곳은 『中峰廣錄』의 卷十一上「山房夜話」에서 제시하고, 卷二十八「次魯庵懷淨土十首」의 서문 및 卷五「示吳居士」에 제시하고 있다.

습을 띠고 있음을 볼 수 있다. 『정토성현록』에 소개되어 있는 「참선염불사료간게」의 내용을 다시 살펴보면 다음과 같다.

유선무정토 십인구차로 음경약현전 별이수타거
有禪無淨土 十人九蹉路 陰境若現前 瞥爾隨他去
선만 있고 정토가 없으면 열 사람에 아홉은 길에 넘어져,
음마의 경계가 앞에 나타나면 잠깐 사이에 경계를 따라간다.

무선유정토 만수만인거 단득견미타 하수불개오
無禪有淨土 萬修萬人去 但得見彌陀 何愁不開悟
선은 없고 정토만 있으면 만 사람이 닦아서 만 사람이 가는데,
다만 아미타불 친견하게 되니 어찌 깨닫지 못할 것을 근심하리오.

유선유정토 유여대각호 현세위인사 내생작불조
有禪有淨土 猶如戴角虎 現世爲人師 來生作佛祖
선이 있고 정토도 있으면 마치 뿔난 호랑이와 같아서,
현세에는 사람의 스승이 되고 내생에는 부처와 조사 되리라.

무선무정토 철상병동주 만겁여천생 몰개인의호 [237]
無禪無淨土 鐵床幷銅柱 萬劫與千生 沒箇人依怙

---

237 彭際淸, 『淨土聖賢錄』 卷3 (『卍續藏經』 135, p.244下).

선도 없고 정토도 없으면 무쇠 침상과 구리 기둥이니,
일만 겁 일천 생에 아무도 믿고 의지할 사람이 없다.

「사료간게」에 나타난 표면상의 의미에서 보면, 비록 선정쌍수의 뜻을 드러내고 있다고는 하지만, 또한 염불이 참선보다 우월하다는 함의가 내포되어 있는 것도 사실이다. 선종의 조사 신분인 연수 선사의 입장에서 선을 억누르고 정토를 북돋우는 어감을 주는 「사료간게」를 제시한 것은 억양抑揚의 방편으로 받아들일 수도 있다. 그렇다고 하더라도 「사료간게」에 대해 선종에 속한 수선자의 입장에서는 의혹의 눈길을 거두지 못하는 면이 있었을 것이다.

『중봉광록』에서 "선종에 속한 납자들의 의혹이 없을 수 없다."[238]라는 표현을 하고 있는 것에서도 이러한 기미를 유추할 수 있다.

이러한 경향 속에서 제방에서는 쟁론의 소리가 끊임없고, 염불자들은 이 「사료간게」에 의거하여 더욱 선자禪者를 폄하貶下하는 경우가 있곤 하였다. 『중봉광록』 「산방야화」에는 서귀자西歸子라는 염불인이 연수 선사의 「사료간」을 빗대어 참선에 대한 비평을 하는

---

[238] 『中峰廣錄』 卷二十八 「次魯庵懷淨土十首」. 『磧砂藏』 第37冊, p.503中, "致業單傳者, 不能無惑焉."

사례를 소개하고 있다.

"나는 아미타불을 염송하여 정토에 왕생하기를 구합니다. 생사에서 확실하게 벗어나는 길은 참선하는 것보다 아미타불을 염송하는 것이 쉬운 듯합니다. 이 까닭은 멀리 계시는 아미타불의 본원력으로 가피를 입기 때문입니다. 그대들의 참선은 잡을 것도 없고, 성스러운 힘의 가피를 입을 수도 없습니다. 실로 아주 근기가 예리한 사람들이 한 번 들어 천을 깨닫는 자가 아니고서는 들어가기 어렵습니다. 그래서 영명연수 선사께서도 참선하는 사람 열 명 가운데 아홉 명은 길에서 넘어진다고 걱정하지 않았습니까?"[239]

서귀자라는 염불인은 생사해탈의 방편은 참선하는 것보다는 염불하는 것이 쉽다고 말하고, 그 이유로 미타의 본원력을 들고 있다. 역시 여기서도 근기론적 접근이 대두되고 있는데, 일문천오一聞千悟하는 상근이기上根利器가 아니면 선을 깨닫기는 어렵다고 말

---

239 위의 책, 「山房夜話」, 『磧砂藏』第37冊, p.418. "某念佛阿彌陀求生淨土, 其透脫生死似易於參禪. 蓋遠承阿彌陀佛願力冥資故也. 爾參禪無把捉, 無聖力冥資, 苟非大根利器, 一聞千悟者, 難於趣入. 以故永明壽禪師有十人九蹉路之譏."

하고, 연수 선사의 「사료간게」의 '유선무정토有禪無淨土'의 구절을 가지고 와서 예를 들고 있다. 여기에 대해 명본 선사는 선과 정토가 일치함을 들어 이렇게 반박하고 있다.

"이 무슨 말인가. 그렇다면, 정토 밖에 따로 선이 있다는 것인가. 설사 정말로 있다고 한다면 불佛과 법法의 두 글자가 서로 모순이 되니, 어찌 원융한 이치에 깨달아 들어간다고 하겠는가. 그대는 선교방편을 깨닫지 못해 자신의 견해에 국집하여 선철先哲을 속이고 비방하고 있는 것이다. 영명 선사가 「선정사료간」을 지은 것은 근기에 맞추어 특별히 방편을 써서 억누르고 드높인 것이다. 대체로 교학 가운데 이른바 '불일승佛一乘만 있을 뿐이지만 방편으로 분별하여 삼승三乘을 설한다.'라고 한 뜻과 같다."[240]

여기서 주목되는 것은 영명연수 선사가 「사료간」을 제시한 것

---

[240] 위의 책, 『磧砂藏』 第37冊, p.419上. "是何言歟. 審如是則淨土外別有禪耶. 使果有之, 則佛法二字自相矛盾, 安有會入圓融之理哉. 爾不達善權方便, 局於己見, 誣謗先哲. 夫永明揀禪淨土爲四句, 乃曲徇機宜. 特方便抑揚耳. 蓋教中所謂於一乘道, 分別說三之意也."

을 명본 선사의 관점에서 재해석하고 있다는 점이다. 염불이 선보다 우월한 것이 아니라, 묻는 사람의 근기에 맞추어 설하는 방편을 곧이곧대로 이해해서는 안 된다는 것이다. 『법화경』 '회삼귀일會三歸一'의 법문을 인용해서 설사 성문·연각·보살의 삼승의 법을 설한다 하더라도 결국 불일승佛一乘으로 돌아가기 위한 방편임을 설명하고 있다. 그러면서 이것이 연수 선사의 본래의 뜻이라 대변하고 있는 것이다.

방편에 넘어가 본의를 놓치게 되면 선 밖에 정토가 있고, 정토 밖에 선이 있다고 하고, 심지어는 위의 서귀자와 같은 부류들이 연수 선사의 「사료간계」를 구실로 참선을 비판하는 경우에 대해 명본 선사는 단호하게 대처하고 있다.

"어리석은 자들이 방편을 요달하지 못해 선 밖에 따로 정토가 있어 돌아가야 한다고 말하면서, 영명 선사의 「선정사구禪淨四句」를 끌어와 변명의 구실로 삼기도 하니, 이것 역시 잘못이 아니겠는가."[241]

---

[241] 위의 책, 『磧砂藏』 37冊, p.420. "昧者不達權變, 則謂禪外別有淨土可歸, 及引永明禪淨四句爲口實, 不亦謬乎."

연수 선사의 본의를 이해하지 못하는 입장에서 「사료간게」를 제시한 취지를 모르고 서로 반대되고 모순되는 것으로 착각하여 "선은 스스로 선이요[禪自禪], 정토는 스스로 정토이다[淨土自淨土]."[242] 라고 말했다. 이것은 마치 선과 정토를 상호 대립적인 관계로 보는 것에 대한 경고인 것이다.

당시 선을 수행하는 납자는 공리공담空理空談으로 선지를 삼아 단공斷空에 눌러앉아 스스로 높다 하고, 정토의 염불행자는 염불하여 복을 닦는 유위법으로 만족하고 있었으니, 선자와 염불자 양측 모두 자종의 수행법이 우월하다는 자만에 쟁론이 끝이 없었다. 명본 선사가 보기에 선이 되었든 정토가 되었든 불법의 종지에 명합하지 않으면 모두 쇠멸의 길로 빠져들 수밖에 없었다. 따라서 선과 정토의 대립을 치유하기 위해 이렇게 말하고 있다.

"모름지기 참선은 생사를 깨닫고자 하는 것이며, 염불하여 정토를 닦는 것도 역시 생사를 깨닫고자 하는 것이다. 성인들이 교를 시설함에 수천수만 가지의 방편이 있지만, 하나같이

---

242 위의 책, 『磧砂藏』 第37冊, p.404.

모두 구경에는 생사를 깨달아 해결하려는 것이다."²⁴³

참선과 염불 모두 결국에는 생사 문제를 해결하여 해탈하는 데 그 목적이 있다. 생사는 진여본성을 미혹해서 일어나는 것이므로 만약에 본성을 깨달으면 생사 문제는 저절로 해결된다. 생사가 해결되면 어디에 선이 있고 어디에 정토가 있겠는가. 생사를 해탈하면 결코 선과 정토의 대립은 그 어디에도 찾아볼 수가 없게 된다.

선정일치를 주장하면서 역설하는 바가 바로 앞에서 이미 언급한 바 있는 "정토는 마음이요, 선 또한 마음이다. 본체는 하나이지만 명칭은 둘이다."라는 관점이었다. 이와 같은 관점 위에서 「회정토시懷淨土詩」에서 이렇게 읊고 있다.

미타는 서방에 머물고 조사는 서쪽에서 왔네.	彌陀西住祖師來
염불이여 참선이여, 결국 같은 몸인 것을.	念佛參禪共體裁
오랜 겁 쌓인 의단을 이와 같이 타파하니	積劫疑團如打破
마음 꽃이 함께 일시에 피어나는구나.	心花同是一般開²⁴⁴

---

243 위의 책, 『磧砂藏』第37冊, p.421. "且參禪要了生死, 念佛修淨土亦要了生死, 聖人設教, 雖千塗萬轍, 一皆以決了生死爲究竟."
244 『明本雜錄』.『卍續藏經』122, p.396.

아미타불은 서방에 계시고, 달마 조사 또한 서쪽에서 왔으니, 서방이라는 동향同鄉의 같은 체體이고, 수선자와 염불인은 생사해탈을 위해 동수정업同修淨業하니, 이 또한 같은 체體를 닦는 것이다. 염불은 자성에 계합하고 참선은 자성을 깨달으니 자성의 체體가 함께 밝아 와 심지화心地花가 일시에 피어나니, 선과 정토가 일심동체一心同體라고 노래하고 있다. 여기에 어디 선이 따로 있고, 정토가 따로 있다고 하겠는가. 어디에도 분별 간택은 없다. 이와 같이 자기 마음속의 심지자성心地自性을 깨치게 되면 무엇이든지 완전하고 진실되어 전혀 간택할 것이 없게 된다.

"늙은 달마는 홀연히 명월주明月珠를 잊고, 아미타불도 황금인黃金印을 잃어버려, 선문도 군더더기에 불과한 말이며, 정토도 또한 헛된 이름에 불과하다. 이름이니 본체니 하는 견해도 없어지고, 옳으니 그르니 하는 알음알이가 없어지면, 장육금신丈六金身과 한 줄기 풀이 어떤 우열이 있겠으며, 삼천대천세계와 한 점의 티끌이 어찌 크고 작은 차이가 있을 수 있겠는가. 이것이야말로 일미一味의 평등한 법문이다. 실로 진정으로 온몸을 다해 깨달아 들어가지 않으면 어찌 해탈의 도리가 있겠는

가."²⁴⁵

깨달음 전에는 시비 이해가 있지만, 일단 깨닫고 나면 '선정쌍망禪淨雙亡'의 경지가 됨을 역설하고 있는 것이다. 명본 선사는 선과 정토를 회통하기 위해 "선은 곧 정토의 선이며, 정토는 곧 선의 정토이다."²⁴⁶라는 주장을 하고 있다. 이와 같이 선과 정토는 일심으로 귀결되어 완전한 선정합일禪淨合一을 이루어, 다만 그 이름만 다를 뿐 그 체體는 하나이니, "오직 선이 오직 정토라[唯禪唯淨土], 높고 낮음이 없구나[非下亦非高]."²⁴⁷라고 읊고 있다.

그럼 이제부터 명본 선사의 선정겸수에 대한 구체적 방법에 대해 살펴볼 차례이다. 『중봉광록』「시오거사示吳居士」편에 보면 염불과 화두를 겸수하는 구절이 등장한다.

"거사는 오랫동안 정토를 친하여 공부해 왔다. 이제 다시 소

---

245 위의 책. "老達摩頓忘明月珠, 阿彌陀失脚黃金印. 禪門皆剩語, 淨土亦虛名. 名體見鎖, 是非情盡, 丈六身一莖草何劣何優, 三千界半點塵孰多孰少, 是謂一味平等法門. 苟非眞正全身悟入, 安有解脫之理哉."
246 『中峰廣錄』卷五「示吳居士」.『磧砂藏』第37책, p.404. "禪卽淨土之禪, 淨土乃禪之淨土."
247 『中峰廣錄』卷二十八「次魯庵懷淨土十首」.『磧砂藏』제37책, p.503.

림(달마) 직지直指의 도를 흠모하니, 곧바로 '부모로부터 태어나기 전에 무엇이 나의 본래면목인가.'라는 화두를 염불하는 마음에 두라. 생각마다 방일하지 않고 부지런하여 버려두지 않아 공부가 순숙해지면, 식견이 더욱 정명해지고 도력이 더욱 견고하여 능소能所를 잊고 기식이 끊어진 자리에서 활연히 돈오하리라."²⁴⁸

여기서 괄목할 만한 사건은 "'부모로부터 태어나기 전에 무엇이 나의 본래면목인가.'라는 화두를 염불하는 마음에 두라."고 하는 구절이다. 소위 '부모미생전父母未生前 본래면목本來面目'의 화두는 선문의 본참 공안 가운데 가장 활발하게 참구되는 화두이다. 본래면목의 화두를 염불하는 마음에 두라고 하는 것은 매우 파격적인 참구 방편이다. 염불과 화두의 결합이라는 측면에서 보면 거의 획기적인 선정겸수라고 할 수 있다.

명본 선사가 행화하던 원대元代 이전의 선정일치가 유심정토 자

---

248 『中峰廣錄』卷五「示吳居士」.『磧砂藏』第37冊, p.404. "居士久親淨土之學, 復慕少林直指之道, 直以父母未生前那箇是我本來面目 話置之念佛心中, 念念不得放舍, 孜孜不可棄離, 工夫純熟, 識見愈精明, 道力益堅密, 一旦於忘能所, 絶氣息豁然頓悟."

성미타라는 이념에 기초한 통합이라면, 이는 구체적인 수행 방법으로서 염불과 화두의 융합이라는 점에서 매우 독특한 수증론이라고 할 수 있다. 연수 선사의 선정일치가 유심이라는 이념적인 통합에 기초하고 있다면, 명본 선사 역시 유심唯心을 매개로 한 선정일치禪淨一致를 계승하고 있다고 할 수 있다.

그러나 여기서 진일보하여 염불수행과 화두참구가 하나로 겸수되는 염화겸수念話兼修의 염불화두念佛話頭 내지 참구염불參究念佛이라고 할 수 있는 수행 방편이 제시되고 있다고 하겠다.[249]

이미 앞에서 살펴보았듯이 몽산덕이 선사에 의해 염불과 화두가 접목된 '염자시수念者是誰'라는 염불화두법이 제시되었다. 원元대의 불교 수증은 염불과 화두를 겸수하는 경향이 보편화되고 있었던 것이다.

그런데 이러한 참구염불의 방편이, 오랫동안 염불수행을 해 오다가 선종의 직지인심의 종지를 흠모해서 참선으로 전향하고자 하는 이른바 오吳거사와 같은 특수한 정황에서만 해당되는 수행 방편인지는 알 수가 없다.[250] 왜냐하면 다른 한편에서는 겸수하는 것

---

249 印鏡 著, 『蒙山德異와 高麗後期 禪思想 硏究』, (불일출판사, 2000), p.266. 참조.
250 釋有晃 著, 『元代中峰明本禪師之硏究』, 『中華佛學硏究所論叢』 48, p.217. 참조.

을 승인하지 않고 오직 일문만 깊이 수행해 들어가기를[一門深入] 장려하고 있기 때문이다.

"그러니 생사의 굴레에서 벗어나려면 오직 일문만 깊이 들어가야 한다. 고인이 말하기를, '털끝만큼이라도 알음알이에 얽매인다면 생사의 업인이 되어, 언뜻 그대가 망정이 생겨 만겁을 묶는 고삐가 될 것이다. (그런데 어찌) 겸수兼修를 말할 수 있겠는가.'라고 하였다. 혹시 이와 같지 않다면 선을 담론하고 정토를 말한다면 생각이 복잡해지고 알음알이만 더욱 일어나서 끝내는 생사 문제를 해결하지 못하게 된다. 그러므로 내가 지적하지 않을 수 없는 것이다."[251]

여기서는 분명하게 선과 정토를 겸수하는 것을 찬성하지 않고 각자 자신의 일문을 전수하여 깊이 들어가기를[一門深入] 주장하고 있음을 볼 수 있다. 명본 선사의 겸수에 대한 이러한 견해는 다음 문장에서도 확인할 수 있다.

---

[251] 『中峰廣錄』卷二十八「山房夜話」.『磧砂藏』第37冊, p.419. "然破生死根塵, 惟尚一門深入. 古人謂, 毫釐繫念生死業因, 瞥爾情生萬劫羈鎖. 兼修云乎哉. 或不如此, 談禪說淨, 沸騰識浪, 鼓扇情塵, 卒未有已也. 余所以不能無辯."

"어떤 이가 묻기를, '동도의 희 법사가 선정 중에 연꽃을 보았는데, 그 연꽃잎에 원조종본 선사의 이름이 새겨져 있었다고 합니다. 달마 선종의 선사의 이름이 어떻게 연꽃에 새겨져 있을 수가 있을까 하고 의심했습니다.'라고 했다. 그래서 가서 질문했더니, 원조 스님이 대답하기를, '내가 비록 선문에 있었으나 또한 정토를 겸수했다.'라고 하였다. 당시에 원조 스님은 거짓 방편으로써 찾아와 질문하는 이를 저버리지 않기 위한 것이지 어찌 참으로 그렇게 했겠는가. 미혹한 사람들이 방편으로 그런 줄 모르고 억지로 참선 외에 따로 정토가 있으니 귀의해야 한다고 말하는 것이다."[252]

원조종본 선사는 선문 오가종 중 운문종에 속한 선사이다. 선사의 이름이 극락세계의 연꽃에 새겨져 있음에 대한 대답이 바로 선정겸수였다. 이에 대한 명본 선사의 견해는 "만전선권謾展善權 불고래문不孤來問"이라고 표현하고 있다. 이른바 "만전선권謾展善權"이란

---

[252] 위의 책, 『磧砂藏』第37冊, p.419. "問有指東都曦法師於定中見蓮花標圓照本禪師之名, 疑其單傳之師, 安得標名於此, 故往質之. 照曰, 雖在禪門, 亦以淨土兼修耳. 當時圓照謾展善權, 不孤來問, 豈眞然耶. 昧者不達權變, 剛謂禪外別有淨土可歸."

'짐짓 거짓 방편을 펼친다.'라는 의미이고, "불고래문不孤來問"은 '찾아온 손님을 저버리지 않는다.'라는 정도의 의미가 있다고 할 수 있다. 원조 스님이 진심으로 선정겸수를 거론한 것이 아니고 짐짓 방편으로 지도했다고 말하고 있는 것이다.

이와 같이 명본 선사가 원리原理적인 측면에서 선정일치를 주장하고 있지만, 구체적인 수행 방편에서는 선과 정토가 각자 자신의 일문一門 수행에 전념하라고 주장하고 있는 것이다. 이와 같은 관점은 뒷날 운서주굉 선사의 저작인 『왕생집』에서도 찾아볼 수 있다.

운서주굉 선사가 『왕생집』에서 원조종본 선사의 왕생사적往生事跡에 대해 논술할 때 찬贊하기를, "옛날에 중봉(명본) 선사와 유칙 선사가 말하였다. 선과 정토는 이치로는 비록 하나이지만, 공功(수행)은 함께 행하지 않았다."라고 하고 있다.

또한 『정토의변淨土疑辯』에서는 이렇게 피력하고 있다. "중봉 대사가 말하길, 선이란 정토의 선이요, 정토란 선의 정토이다. 수행에 있어서는 반드시 일문에 깊이 들어가는 것을 귀하게 여긴다."[253]

---

253 『淨土疑辯』, 『大正藏』第四十七卷, p.420上. "如中峰大師道, 禪者淨土之禪, 淨土者 禪之淨土, 而修之者, 必貴一門深入."

다시 말하면 주굉 선사가 평가하기에, 중봉명본 선사와 그의 제자 천여유칙 선사는 선과 정토가 비록 이체理體상으로는 일치한다고 주장하지만, 수행상에서는 공功을 함께 시행하지 않았다고 평론하고 있다.

그러나 앞부분에서 이미 언급한 바와 같이, 정토에서 선문으로 귀의한 오거사를 향해서 수행지도를 할 때에 염불과 본래면목화두를 겸행하라고 한 것은 정토에서 선으로 나아가는 수행자를 지도하는 방편으로 제시한 것이라 유추할 수 있다. 그렇다고 하더라도 종문에서 염불과 화두를 겸행兼行하는 참구염불參究念佛 내지 염불화두念佛話頭를 제시하고 있다는 점과 본래면목화두와 염불을 겸수하라는 것은 획기적인 담론이라고 할 수 있다.

제4절 천여유칙의 선정겸수

천여유칙天如惟則 선사는 임제종 양기파에 속하는 법계이며, 중봉명본 선사의 사법제자로서 선정겸수를 주장한 간화종장이다. 유칙 선사는 멀리로는 영명 선사와 가까이로는 스승인 명본 선사의 정토 사상을 계승하여 유심정토唯心淨土 본성미타本性彌陀로 대변되는 선정일치禪淨一致를 주장하였다.

유칙 선사의 선정일치 사상은 『유칙선사어록』과 그의 정토 관련 저술인 『정토혹문淨土或問』에 자세히 기술되어 있다. 그는 당시 출·재가자를 막론하고 참선과 염불이 같지 않다고 의심하는 사람들을 향해, 참선과 염불이 일치함을 이렇게 설명하고 있다.

"대개 참선과 염불이 같지 않으면서 같다는 것을 알지 못한다. 참선은 생사를 요달하는 것이며, 염불 또한 생사를 요달하는 것이다. 참선자는 직지인심直指人心하여 견성성불見性成佛하는 것이며, 염불자는 유심정토唯心淨土를 요달하여 본성미타本性彌陀를 보는 것이다. 이미 본성미타요, 유심정토라면 어찌 다른 것

이 있겠는가."²⁵⁴

위의 인용문에서 먼저 참선은 직지인심 견성성불하는 것이며, 염불은 유심정토 본성미타를 보는 것이라고 규정하고 있다. 유칙 선사는 스승 명본 선사와 동일하게 참선은 견성하는 것이며, 염불은 견불하는 것이라고 정의를 내리고 있음을 볼 수 있다. 그리고 선이 성품과 마음을 보는 것처럼 염불 역시 본성의 미타와 유심의 정토를 보는 것이기에, 필연적으로 선과 정토가 모두 동일하게 마음과 성품을 보는 것으로 수증을 삼고 있다는 인유(因由)로 하여 선정일치를 주장하고 있는 것이다. 바로 이어서 선정일치를 경전의 비유를 들어 부연하고 있다.

"경에 이르기를, '비유를 들어 말하면, 큰 성 바깥에 네 문이 있는데, 방향에 따라 오는 자가 한 길[一路]에 그치는 것이 아니다. 대개 들어오는 문은 다르지만 성에 도착하면 모두 똑같은 것과 같다. 참선자와 염불자도 또한 각각 그 근기에 따라야 마

---

254 『天如惟則禪師語錄』卷二. 『卍續藏經』122, p.415. "蓋不知參禪念佛不同而同也. 參禪爲了生死, 念佛亦爲了生死. 參禪者, 直指人心, 見性成佛. 念佛者, 達唯心淨土, 見本性彌陀. 旣曰本性彌陀, 唯心淨土, 豈有不同者哉."

땅한 것일 뿐 어찌 다름이 있겠는가.'라고 하였다."[255]

수행하는 방편이 각기 다른 것은 수행자마다 근기 차이가 있는 까닭이다. 설사 근기가 다르고 수행 방편이 차이가 있다고 하더라도 증득하고 나면 똑같은 것이 된다고 말하고 있다. 마치 일천 강물이 각각 다르게 흘러 들어왔지만 바다에 이르고 나면 모두 일미의 바닷물이 되는 것과 같다.

『선관책진』에「천여유칙선사보설」이 소개되고 있는데 이렇게 간절하게 일러 주고 있다.

"태어났으나[生] 온 곳을 알지 못하니 생대生大라 하는 것이요, 죽어 가되[死] 가는 곳을 알지 못하니 사대死大라 한다. 납월 삼십 일이 닥치면 오직 손발이 허둥지둥할 뿐이며, 더욱이 앞길이 망망하여 업을 따라 보를 받게 되니, 참으로 요긴한 일은 이 생사의 과보를 받는 데 있느니라.

생사업의 근본을 말한다면, 지금의 한 생각 중에서 소리를

---

[255] 위의 책. "經云, 譬如大城外有四門, 隨方來者, 非止一路. 蓋以入門雖異, 到城則同. 參禪念佛者, 亦各隨其根器, 所宜而已. 豈有異哉."

따르고 빛을 좇아 허둥지둥하는 이것이다. 이 까닭에 불조가 큰 자비를 운용하시어 혹은 참선을 하라 하고 혹은 염불하라 하심은, 그대로 하여금 망념을 소제掃除하고 본래면목本來面目을 깨달아 말끔하고 훤출한 대해탈인이 되게 하신 것이다. 그럼에도 지금까지 영험을 얻지 못한 자는 세 가지 병통이 있는 까닭이다.

첫째는 진정한 선지식의 가르침을 만나지 못한 것이요, 둘째는 생사의 일이 큼을 사무치게 생각하지 않고 그럭저럭 지내서 일 없는 집에 들어앉은 것을 알지 못하는 것이요, 셋째는 세간의 허망하고 덧없는 명예나 이익을 관조하여 떨치거나 내려놓지 못하고, 망연의 악습에 주저앉아 끊지도 벗어나지도 못한 채, 경계의 바람이 부는 곳에서 저도 모르게 몸이 업의 바닷속에 빠져 동서로 허우적거림을 깨닫지 못함에 있나니, 진정한 도류道流일진대 어찌 이와 같겠는가!

조사가 한 말을 마땅히 믿어야 할 것이다.
분분히 이는 잡념, 어찌하여 소탕할까.
하나의 화두는 마치 쇠로 된 빗자루와 같나니
쓸면 쓸수록 많이 일어나

많아지면 더욱 열심히 쓸어라.
쓸어도 안 쓸리면 목숨을 걸고
죽을 힘 다하여서 쓸어 내어라.
홀연히 허공마저 쓸어버리면
천차만별이 한 길로 통하리.

선덕들이여, 노력하여 모름지기 금생에 분명히 요달하여 영겁토록 재앙을 받지 않도록 하라. 또한 염불과 참선이 같지 않다고 의심하는 자가 있으니, 이는 참선은 단지 마음을 알고 성품을 보려 함이요, 염불은 자기 성품이 미타彌陀요, 마음이 곧 정토淨土임을 알지 못하는 데서 오는 것이니, 어찌 이치에 둘이 있으랴. 경에 말씀하시기를 '불佛을 생각하고 염불하면 현세나 당래에 반드시 불을 뵈오리라.' 하셨으니, 이미 현세에서 부처님을 친견할진대 어찌 참선하여 도를 깨치는 것과 다름이 있으랴!"[256]

---

[256] 『禪關策進』「師子峰天如則禪師普說」. "生不知來處, 謂之生大. 死不知去處, 謂之死大. 臘月三十日到來, 只落得手忙脚亂, 何況前路茫茫, 隨業受報, 正是要緊事, 在這箇是生死報境. 若論生死業根, 卽今一念, 隨聲逐色, 使得七顚八倒者便是. 由是佛祖, 運大慈悲, 或敎爾參禪, 或敎爾念佛, 令汝掃除妄念, 認取本來面目, 做箇洒洒落落大解脫漢. 而今不獲靈驗者, 有三種病. 第一不遇眞善知識指示. 第二不能痛

이와 같이 선정일치를 주장하며 참선과 정토를 함께 닦을 것을 강조하고 있다. 그리고 유칙 선사는 정토와 예토가 모두 일심一心의 나타남이라고 하는 일심정토를 아주 상세하게 논술하고 있다. 그 내용은 "오직 이 일심에 네 종류의 국토가 있으니, 첫째, 범성동거토凡聖同居土, 둘째, 방편유여토方便有餘土, 셋째, 실보무장애토實報無障礙土, 넷째, 상적광토常寂光土이다."257라고 하였다. 이른바 일심사토설一心四土說은 일찍이 천태지자 선사가 『유마경문소』권1에서 설한 내용이다. 유칙 선사는 천태 사토설을 인용하여 나름 관심석觀心釋하고 있는 것이다.

유칙 선사가 설명한 바에 의거하면, 첫째, 범성동거토는 말 그대로 범부와 성인이 함께 동거하는 국토이며, 둘째, 방편유여토는 성문, 연각 및 삼종보살이 거처하는 국토이며, 셋째 실보무장애토는

將生死大事爲念, 悠悠漾漾, 不覺打在無事甲裏. 第三於世間虛名浮利, 照不破, 放不下, 妄緣惡習上, 坐不斷, 擺不脫, 境風扇動處, 不覺和身輥入業海中, 東飄西泊去, 眞正道流, 豈肯恁麽. 當信祖師道, 雜念紛飛, 如何下手, 一箇話頭, 如鐵掃箒, 轉掃轉多, 轉多轉掃. 掃不得, 拌命掃. 忽然掃破太虛空, 萬別千差一路通, 努力今生須卻, 莫教永劫受餘殃. 又有自疑念佛參禪不同, 不知參禪只圖識心見性, 念佛者, 悟自性彌陀, 唯心淨土. 豈有二理, 經云, 憶佛念佛, 現前當來必定見佛. 旣曰現前見佛, 則與參禪悟道有何異哉."

257 위의 책. "惟此一心具四種土, 一曰凡聖同居, 二曰方便有餘, 三曰實報無障礙, 四曰常寂光也."

모든 법신보살이 거처하는 국토이며, 넷째, 상적광토는 제불여래가 거처하는 국토라고 하였다.

이 네 종류의 국토가 모두 일심의 정토임을 설명하면서, 그 가운데 상적광토에 대한 설명을 자세히 살펴보면, "상적광토란 묘각妙覺의 극지極智가 비추는 여여법계如如法界의 이치理를 국國이라 이름하고, 또한 법성토法性土라고 이름한다. 다만 진여불성은 신身도 아니요, 토土도 아니지만 신토身土라고 설한다. 신身을 떠나 토土가 없고, 토土를 떠나 신身이 없음을 이름하여 토土라 하는 것이다. 한 법에 두 가지 뜻이 있는 것이다."258라고 하였다.

연이어서 계속 상적광토에 대해 논술하고 있는데, "보현보살이 비로자나불의 주석처를 관하니, 이름하여 상적광이다."라고 하고, "상적광常寂光의 상常은 곧 법신이요, 적寂은 곧 해탈이며, 광光은 곧 반야이다. 제불여래의 거처하는 바이며, 진실되고 항상하는 구경의 극위정토이다."259라고 하였다.

부처의 입장에서 보면 일체의 국토가 모두 정토 아님이 없겠지

---

258 위의 책. "常寂光土者, 妙覺極智所照如如法界之理, 名之爲國, 亦名法性土. 但眞如佛性非身非土, 而說身土. 離身無土, 離土無身, 名其土者. 一法二義."
259 위의 책. "普賢觀毘盧遮那住處名常寂光, 常卽法身, 寂卽解脫, 光卽般若. 諸佛如來所遊居處, 眞常究竟極爲淨土."

만, 중생의 눈으로 보면 국토마다 차별이 있게 마련이다. 제 국토를 차별로 분류하는 입장에서 말하면 상적광토야말로 법신·해탈·반야가 두렷한 진정한 의미에서 최극最極의 정토가 되는 것이다. 그렇다 하더라도 유칙 선사는 정토가 오직 유심이며, 미타가 오직 본성임을 거듭 이렇게 말하고 있다.

"이른바 시방의 미진 국토가 오직 내 마음 가운데의 국토이며, 삼세 항사恒沙의 제불이 오직 내 마음의 부처이다. 이 도리를 알면 한 국토도 내 마음을 의지하여 건립되지 않는 것이 없으며, 한 부처도 나의 성품으로 인해 발현되지 않는 것이 없음을 알게 된다. 그러므로 십만 억 국토 밖의 극락세계도 오직 유심의 정토가 아니겠으며, 극락국토의 교주도 오직 본성의 미타가 아니겠는가."[260]

시방의 모든 국토가 오직 이 마음을 의지해 건립되었고, 삼세의

---

[260] 『淨土或問』. 『大正藏』 第四十七卷, p.294下. "所謂十方微塵國土者, 惟吾心中之土也. 三世恒沙諸佛者, 惟吾心中之佛也. 知此則知無一土不依吾心而建立, 無一佛不由吾性而發現. 然則十萬億外之極樂, 獨非惟心之淨土乎. 極樂國中之教主, 獨非本性之彌陀乎."

모든 부처도 오직 나의 성품을 의지해 이루어졌음을 밝히고 있다. 마음을 떠나서 정토가 없고, 성품을 여의고 부처가 없다는 사실을 설파하고 있다. 유칙 선사는 『정토혹문』에서 정토가 유심의 정토임을 재삼재사 강조하고 있음을 볼 수 있다.

"정토는 유심이라 마음 밖에 정토가 없다. 이 유심의 국토는 그 동방이라 하지만 동방이 아니요, 그 서방이라 하지만 서방이 아니다. 사유四維 상하를 모두 포섭하여 남음이 없다. 이른바 시방 미진微塵의 불찰佛刹도 정토 가운데 불찰이요, 삼세 항사恒沙의 제불도 정토 가운데 부처이다. 극락세계 미타세존도 또한 정토 가운데 하나의 불찰이며 하나의 부처에 불과하다."[261]

유칙 선사는 정토를 정의함에 있어서, "제법이 있지 않음[非有]을 정淨이라 하고, 제법이 없지 않음[非無]을 토土라고 한다."[262]라고 하여, 유무중도有無中道에 의거하여 정토를 해석하고 있다. 그리고 진

---

261 위의 책, 『大正藏』第四十七卷, p.432下. "淨土惟心, 心外無土. 此惟心之土, 其東無東, 其西無西, 四維上下含攝無餘. 所謂十方微塵佛刹者, 吾淨土中之刹也. 三世恒沙諸佛者, 吾淨土中之佛. 極樂世界彌陀世尊, 亦吾淨土中之一刹一佛而已."
262 위의 책. "諸法不有之謂淨, 諸法不無之謂土."

속이제眞俗二諦가 평등함을 들어 "진제가 곧 속제라 하나도 아니요, 많음도 아니다."라고 하고, 또한 체용일여體用一如의 각도에서 "작용은 항상 번성하여 흥하지만 본체는 스스로 청정(공)하다."[263]라고 하여 미진의 불국토가 오직 마음의 발현임을 설명하고 있다.

아울러 정토왕생이 중도실상을 깨치는 것임을 이렇게 말하고 있다. "더럽지만 더럽혀진 바가 없고, 닦지만 닦은 바가 없으니, 본래 무심하여 염念하여 묶을 수 있다. 가도 간 바가 없고, 나도 난 바가 없으니, 또한 어느 곳을 가리킬 수 있겠는가."[264] 이것은 중도실상을 깨치는 것이 정토왕생임을 강조하는 것이다.

정토경론에서는 정토를 말할 때 십만 억 국토 밖에 극락이 있다고 하고, 아미타불은 그 극락정토의 교주이기에 멀리 유심의 본성 밖에 있는 것인데 어찌하여 유심정토 본성미타를 말하는가라는 물음에 대해, 오직 유심의 정토임을 확언하면서 이렇게 답하고 있다.

"『능엄경』에 설하길, '색신 밖의 산하와 허공 대지가 모두 묘명진심妙明眞心 가운데의 물건'이라고 하였다. 또한 이르길,

---

263 위의 책. "卽眞卽俗非一非多. 用常繁興, 體自淸淨."
264 위의 책. "染而非染, 修而非修. 本無心念之可繫, 往而非往, 生而非生, 亦何方所之可指哉."

'생生한 바의 모든 법이 오직 마음의 나타난 것이라고 하였는데 어찌 불국토가 나의 마음에 있지 않겠는가. 정토는 유심이며, 마음 밖에 정토가 없다.'라고 하였다."[265]

이어서 이 뜻을 거듭 강조하고자 예를 들어 다음과 같이 말하고 있다. "큰 바다에 나타난 많은 거품이 한 거품도 바다 밖에 있지 않은 것과 같다. 오직 마음이 정토요, 정토 밖에 마음이 없다. 마치 많은 티끌이 대지를 의지하여 한 티끌도 대지라 부르지 않는 것이 없는 것과 같다."[266]

삼라만상 산하대지 정토·예토가 모두 마음을 의지하여 건립되어 있기에 "생한 바의 모든 법이 오직 마음이 나타난 것"이라고 말하는 것이다. 이것이 바로 유심정토요, 일심정토인 것이다.

유심정토이기 때문에 오직 이 마음에 십법계十法界가 구족되어 있고, 신토身土가 융통融通하여 중중무진重重無盡의 법계연기가 이루어지고 있음을 알아야 한다. 그러므로 『화엄』에서 설하듯이 마음

---

[265] 『淨土或問』. 『大正藏』第四十七卷, p.294下. "楞嚴云, 色身外洎山下虛空大地, 咸是妙明眞心中物. 又云, 諸法所生惟心所現, 安有佛土而不在吾心者哉. 當知淨土惟心, 心外無土."

[266] 위의 책. "如大海之現群漚, 無一漚能外海也. 惟心淨土, 土外無心. 猶衆塵之依大地, 無一塵不名地也."

과 부처와 중생, 이 셋이 차별이 없게 되는 것이다. 중생과 부처가 서로 비추어 생각 생각이 교참交參하게 되므로 제불의 마음 안에 중생의 번뇌마다 극락이며, 중생의 마음 가운데 제불의 생각마다 미타라고 말하는 것이다.

일심정토인 까닭에 시방의 정토와 예토를 품어서 함께 찰나에 있으니, 생각 생각이 정토가 되어 한 생각 일어나는 마음이 법계를 두루 거두어 나열하게 된다. 아울러 한 생각에 천진면목天眞面目이 본래 갖추어졌으니 연기하여 새롭게 이루어진 것이 아니다. 한 생각이 이미 그러하니, 한 티끌 또한 그러하다. 그러므로 능히 하나하나의 티끌 가운데 일체 국토요, 하나하나의 마음 가운데 일체 마음이며, 하나하나의 마음과 티끌이 다시 서로 두루해 중중무진重重無盡하고 무장무애無障無礙하여, 일시에 단박에 나타나니 숨음도 나타남도 아니어서, 일체가 두렷이 이루어져 뛰어남도 없고 또한 하열함도 없는 것이다.

유칙 선사의 『정토혹문』은 사실 선과 정토가 일치함을 보여 주기 위해 시종일관 문답을 시설하여 선정융합에 대해 명쾌하게 해설해 주고 있는 선정겸수의 해설서이다. '선종의 선사가 어찌 정토에 왕생하는가?'라는 물음을 통해 선과 정토가 어긋나지 않음을 이렇게 답하고 있다.

"묻는다. 선종의 깨달은 달사가 이미 견성성불하였는데 다시 정토에 태어나겠는가?

답한다. 그대가 알지 못하는 것이다. 깨달은 달사도 마땅히 정토에 나기를 원한다. 고인이 이르기를, '정토에 나지 않으면 어느 국토에 나겠는가. 그대가 다만 깨닫지 못했기에 그대로 하여금 깨닫게 한다면 곧 정토에 나아가게 되는데 만 마리의 소가 당겨도 말리지 못한다.'라고 하였다."[267]

여기서 견성성불이 바로 정토왕생임을 주장하고 있다. 다시 말하면 선에서 견성하여 깨닫게 되면, 이것이 바로 정토에 왕생하는 것이 되기 때문에 견성과 견불을 일치시켜 선정융회禪淨融會를 시도하고 있는 것이다. 선사들은 직지인심 견성성불의 종지에 경도되어 오직 선문의 참선수행이 최상승의 가르침이라고 국집하고 여타의 수증방편을 폄하하고 수용하지 않는 경향이 있다.

반면 정토행자들은 염불수행만이 정토에 왕생할 수 있는 유일한 방편이라 고집하면서 유심이 정토임을 받아들이려고 하지 않

---

[267] 위의 책,『大正藏』第四十七卷, p.292下. "問, 如禪宗悟達士, 旣曰見性成佛, 其肯復求淨土之生乎. 答, 汝未之知耳. 悟達之士政願求生. 古人云, 不生淨土, 何土可生. 汝但未悟, 使汝旣悟, 則汝淨土之趣, 萬牛不能挽矣."

는다. 그러나 유심이 정토임을 알고, 자성이 미타임을 알게 되면 참선과 염불이 둘로 갈라질 수 없게 된다. 선과 염불이 모두 마음을 닦고 성품을 보는 것으로 수증방편을 삼고 있다는 사실이 중요하다. 따라서 선종의 참선자가 정토왕생할 수 있게 되고, 정토종의 염불자가 견성성불할 수 있게 되는 것이다.

지금까지 유심정토에 대해 이치적으로 많은 설명을 했지만 그래도 아직 정토를 믿지 않는 많은 사람들이 있음을 알고 거듭거듭 반복적으로 이해시키려고 하는 자애심을 엿볼 수 있다. 다시 한번 『정토혹문』에 서술된 하나의 문답을 통해 유심정토에 왕생함이 결코 어렵거나 멀지 않다는 사실을 이해시키고자 하는 유칙 선사의 고구정녕한 자비를 맛보기로 하자.

"묻는다. 정토왕생의 취지에 대해 분명하지만, 아직 밝게 요지了知하지 못하는 사람이 많다. 특히 천 사람, 만 사람이 극락정토가 십만 억 국토에 떨어져 있는데 어찌 임종 시에 그곳에 도달하는지 두려워하고 있다. 어떠한 방편으로 일깨워 주겠는가?"[268]

---

[268] 위의 책,『大正藏』第四十七卷, p.298下. "問, 往生之說, 其旨昭然. 但今之學者不

"답한다. 많은 사람들이 마음 밖에 정토가 없고 정토 밖에 마음이 없다고는 말하지만, 실상은 제대로 요해하지는 못한 것 같다. 이것은 다른 것이 아니라, 다만 중생들이 자기 마음이 색신色身 안에 있다고 망령되이 인식하여, 자신의 심량心量이 원래 스스로 광대함을 알지 못하고 있다. 어찌 찬불게를 들어보지 못했는가. '마음이 태허太虛를 포섭하여 사바세계에 두루하고, 또한 시방 허공에 무량하고 무변하지만, 나의 심량心量에 모두 포함되고, 항사恒沙세계가 무량하고 무수하지만, 나의 심량에 하나하나 두루하다네.'

이렇게 보게 되면, 십만 억 국토가 나의 마음 가운데 있으니, 그 실제는 매우 가까운 것인데 어찌 멀리 있다고 하겠는가. 임종 시에 내 마음 가운데 태어나니 기실 매우 쉬운 것인데 어찌 어려움이 있다고 하겠는가.

어찌 『십의론』에 설하는 것을 보지 못했는가. 십만 억 국토는 범부가 육안으로 보는 생사의 심량心量을 말하는 것일 뿐이다. 다만 중생으로 하여금 정토업淨土業을 성취케 하여 임종 시의 정심定心이 바로 정토에 수생受生하는 마음이니, 한 생각 움

能曉了. 千人萬人疑道. 極樂遠隔十萬億國, 臨命終時恐難得到. 復何策以曉之."

직이면 바로 정토에 태어나는 때이다.

　이를 위해 『관경』에 설하기를, '아미타불의 불국에 가는 것은 여기에서 멀지 않다. 또한 업력이 불가사의하여 일념에 바로 생生하니 먼 것을 근심할 필요가 없다. 또 어떤 사람이 꿈속에서 몸은 비록 침상에 누워 있지만 심의식心意識은 타방에 두루 나아가는 것과 같아서 정토에 생生하는 것도 또한 마찬가지이니 의심할 필요가 없는 것이다.'라고 하였다.

　경에 설하기를, '한 손가락 튕기는 사이'에 왕생하며, 또 이르길, '팔을 펴는 순간'이라 하고, 또 이르길, '눈 깜빡할 순간'이라고 하였다. 까닭에 『자신록自信錄』에 이르길, '십만 억 국토를 경각에 이른다는 것은, 자심에 본래 있는 묘妙함'이라고 설하는 등 많고 많은 비유가 있다. 이것은 오로지 그 생生이 자신의 광대한 마음 가운데 생生하는 것이기에 매우 가깝고 매우 쉽다는 것을 말하는 것이다.

　비유하여 말하면, 여기서 서천축西天竺에 도달하고자 하면 십만여 리를 지나서 가는 길에 많은 나라를 거쳐야 하는 것과 같다. 어떤 사람이 비록 직접 도달하지는 못했지만 일찍이 다른 사람들에게 들은 바가 있어서 마음에 기억하고 있다가, 그 사람이 후에 앉고 눕는 가운데 홀연히 한 생각 움직여 그 나라를 사량思量하게 되면, 천 리를 사량하면 천 리를 가고, 만 리를 사량하면 만 리를 가고, 천축을 사량하면 곧 천축을 가는 것이다.

이와 같이 비유하면, 정토에 생生하는 것도 곧 이와 같은 도리이니, 어찌 손가락 튕기는 사이가 아니겠는가. 한 생각에 바로 도달하니 어찌 어렵게 도달함이 있겠는가. 그대가 만약 정토업을 닦지 않고 도달하려면 극히 어렵겠지만, 정토업을 이룬다면 도달하기가 매우 쉽다."[269]

유칙 선사는 이른바 "극락정토가 십만 억 국토나 떨어져 있는데 어찌 임종 시에 바로 그곳에 도달할 수 있는가."라는 의문에 대해

---

[269] 위의 책, 『大正藏』第四十七, p.298下. "答曰, 說了許多心外無土, 土外無心, 到者裏有道不曉. 此無他, 只是衆生妄認自心在色身之內方寸之間, 不知自家心量元自廣大. 豈不聞讚佛偈云, 心包太虛量周沙界, 且十方虛空無量無邊, 被我心量都盧包了, 恒沙世界無量無數, 我之心量一一周遍. 如此看來, 十萬億國在我心中, 其實甚近, 何遠之有. 命終生時, 生我心中, 其實甚易, 何難之有. 豈不見十疑論云, 十萬億刹爲對凡夫肉眼生死心量說耳. 但使衆生淨土業成者, 臨終在定之心卽是淨土受生之心, 動念卽是生淨土時. 爲此觀經云, 彌陀佛國去此不遠, 又業力不可思議. 一念卽生, 不須愁遠, 又如人夢身雖在床, 而心意識遍至他方, 生淨土亦然, 不須疑也. 經云, 一彈之頃卽得往生. 又云, 屈伸臂頃. 又云, 頃刻之間. 故自信錄云, 十萬億刹頃刻至者, 自心本妙耳. 此等重重喩說. 只是言其生在自己廣大心中甚近而甚易者也. 譬如此方到西天竺, 動經十萬餘里, 一路之間多經國土, 有一人雖未親到, 曾聞他人講說一遍, 記憶在心, 其人後時坐臥之間, 忽動一念思量彼國, 思量千里便到千里, 思量萬里, 便到萬里, 思量天竺便到天竺. 以此比之, 生淨土便是這箇道理, 豈不是彈指之頃, 一念便到, 何難到之有哉. 汝若不修淨業要到極難, 淨業若成要到極易."

아주 긴 문장을 통해 자상하게 설명을 해 주고 있다. 중생의 일심 가운데 정토가 있으므로 일심을 깨치면 바로 정토에 왕생하게 되는 것이라고 말하고 있다. 극락정토뿐만 아니라 십만 억 국토마저 마음 안의 국토이기에 멀고 가까움이 애초에 존재하지 않게 되는 것임을 일깨워 주고 있는 것이다.

이러하니 멀고 어렵다는 말은 결코 성립될 수 없는 것임을 알 수 있다. 즉 마음이 마음에서 마음으로 생하는 것이기 때문에 생한 바 없이 생하는 무생이 되는 것이다. 무생의 생이므로 시공을 초월한 생이며, 불생불멸의 생이 되는 것이다.

그래서 왕생설과 무생의 이치를 묻는 질문에 이와 같이 응대하고 있다.

"천태가 이르길, '지혜로운 자는 치연燬然히 정토에 나기를 구하지만, 생生의 체體를 요달하여 얻을 수는 없으니, 이것이 곧 참된 무생이다. 이것은 마음이 청정한 까닭에 불토가 청정하다는 것을 이르는 것이다. 어리석은 자는 생에 속박되어 생이라는 말을 들으면 곧 생이라는 알음알이를 짓고, 무생이란 말을 들으면 곧 무생이라는 알음알이를 짓는다. 생이 곧 무생이고[生

卽無生], 무생이 곧 생임[無生卽生]을 알지 못한다.'라고 하였다."²⁷⁰

즉 본래 생生도 없고 무생無生도 없는 무생무멸無生無滅이기 때문에 생즉무생生卽無生이요, 무생즉생無生卽生이라는 중도실상의 도리를 밝게 요달하게 되면 그것이 바로 무생의 생으로써 왕생임을 주장하고 있다. 유칙 선사는 이것을 증명하기 위하여 선문의 여러 선사들의 법문을 인용하여 증거하고 있다.

장노長蘆 선사는 "생으로써 생을 삼는 것은 상견常見의 잃은 바이고, 무생으로써 무생을 삼는 것은 단견斷見의 미혹한 바이며, 생이 무생이고 무생이 생인 것은 제일의제"라고 하여 단견斷見과 상견常見을 여읜 중도의 제일의제第一義諦로 생명의 실상을 설명해 주고 있다. 그리고 천의天衣 선사는 "생은 곧 결정 생이요, 가되 실로 감이 없다."라고 하였다.²⁷¹ 즉 왕생은 결정코 생하지만 그러나 생이 무생의 생이기 때문에 가고 옴이 없는 생이기에 "가되 실로 감이 없다."라고 말하는 것이다.

---

270 위의 책, 『大正藏』第四十七, p.298中. "天台云, 智者熾然求生淨土, 達生體不可得, 卽是眞無生. 此謂心淨故佛土淨. 愚者爲生所縛, 聞生卽作生解, 聞無生卽作無生解, 不知生卽無生, 無生卽生也."

271 위의 책. "長蘆曰, 以生爲生者, 常見之所失也, 以無生爲無生者, 斷見之所惑也. 生而無生無生而生者, 第一義諦也. 天衣曰, 生則決定生, 去則實無去."

이와 같이 천태, 장노, 천의 선사의 말은 왕생의 생이 무생으로서의 생이라는 종지를 실로 명확하게 드러내 보여 주고 있으며 유칙 선사는 거듭 성상융회性相融會의 입장에서 정토왕생의 생이 바로 무생의 생이라는 도리를 부연하여 설명해 주고 있다.

"삼가의 설은 그 종지가 매우 밝지만, 지금 내가 다시 성상性相 두 글자에 대해 해석해 보겠다. 미묘한 진여의 성품은 본래 스스로 무생無生이지만, 인연이 화합하여 마침내 생生의 상相이 있는 것은 그 성품이 능히 상을 드러내기 때문에 무생이 곧 생이라고 말하는 것이다. 또 그 상은 성품이 드러난 것이기 때문에 생이 곧 무생이라고 말하는 것이다. 이것을 알면 곧 정토의 생은 유심唯心의 생生한 바여서 무생無生의 생生임을 알게 되니 어찌 그 이치가 어긋나겠는가."[272]

정토가 유심의 정토이므로 왕생往生 또한 유심의 생生이 될 수밖에 없다. 진여본성은 본래 남도 없고 멸도 없는 중도실상이다. 중

---

[272] 위의 책. "三家之說其旨甚明. 今余復以性相二字釋之. 妙眞如性本自無生, 因緣和合乃有生相, 以其性能現相故, 曰生卽無生也. 知此則知淨土之生, 惟心所生無生而生. 理何乖焉."

도실상이기 때문에 필경공畢竟空이다. 필경공이기에 나도 난 바가 없고 나지 않아도 나지 않은 바가 없다. 남이 없으니 상相이 공空한 성性이다. 공空한 성性이라 남이 없지만, 또한 인연의 가합으로 생生이 있으므로 상相이 드러난다. 공空으로서의 성性이요, 인연으로서의 상相이다. 즉 이치로 숨으면 성性이요, 현상으로 드러나면 상相이다. 체體로서 성이요, 용用으로서 상이니, 체용일여體用一如이며 성상융회性相融會이다. 이것이 중도실상의 도리이며 정토왕생의 이치이다.

유칙 선사는 『정토혹문』에서 광범하게 선과 정토를 융합시키면서 선문의 선사들의 이력을 통해 결코 염불정토를 여의지 않았음을 예로 들고 있다. "오가 종파를 합하여 천하의 모든 선승들이 깨닫고 못 깨닫고를 막론하고 한 사람도 정토로 돌아가지 않음이 없다."[273]라고 말하고 있다. 그 구체적인 내용을 살펴보면, 선종 총림의 실질적 창시자인 백장혜해 선사로부터 여러 선문 조사들을 열거하고 있다. 특히 백장 선사는 마조의 적자로서 『백장청규』로 인해 천하총림의 건립자임을 자타가 공인하고 있음을 상기시키고,

---

[273] 위의 책, 『大正藏』第四十七, p.293下. "合五家之宗派, 盡天下之禪僧, 悟與未悟, 無有一人不歸淨土者."

그 청규의 구체적 내용에 기인하여 선종이 정토를 신봉하고 있음을 증명하고 있다.

"선원청규에 병승病僧을 위해 염송하는 규범을 살펴보면, 대중이 운집하여 다 함께 한 게송을 거양하고, 그다음에 아미타불을 칭찬하고, 다시 동성同聲으로 나무아미타불을 칭념하는데, 백 번 천 번 소리 내어 부르고, 회향함에 엎드려 축원하기를, '모든 인연이 미진하지만 빨리 경안輕安이 얻어지고, 대명大命을 피하기 어려우면 지름길로 안양국에 돌아가게 하소서.'라고 하였다. 이것이 어찌 정토로 돌아가기를 가리키는 것이 아니겠는가."274

"또한 망승亡僧을 보냄에 있어서 한밤에 염송하며 회향하여 축원할 때 '신神이 정토에 나아가 업의 진로가 소멸되어, 연꽃이 피어나 상품上品이 열리어, 부처님께서는 일생의 수기를 내려 주소서.'라고 하였다. 이 역시 정토로 돌아가기를 가리키는

---

274 위의 책. "看他爲病僧誦念之規云, 集衆同聲擧揚一偈, 稱讚阿彌陀佛, 復同聲稱念南無阿彌陀佛, 或百聲千聲, 回向伏願云, 諸緣未盡, 早遂輕安, 大命難逃, 徑歸安養. 此非淨土之指歸乎."

것이 아니겠는가."²⁷⁵

"다비장에 이르러서는 따로 행하는 것이 없이, 다만 유나의 명에 의해 소리 내어 고성으로 '나무서방극락세계대자대비아미타불'을 칭명한다. 이와 같이 열 번 부르면 대중이 함께 소리 내어 열 번을 따라 한다. 이것을 총칭하여 십념十念이라 한다. 염불이 끝난 뒤 회향에 이르길, '이와 같이 십념을 칭양하는 것을 자조로 하여 왕생하여지이다.'라고 축원한다."²⁷⁶

유칙 선사는 백장 이래 선종 오가의 종파에 속한 천하 총림의 모든 선승들이 이와 같이 청규의 의례에 의해 정토로 돌아갈 것을 염원하고 있음을 예로 들어서 정토를 믿지 않는 이는 한 사람도 없다고 주장하고 있다. 심지어 정토를 불신하는 선승은 백장 조사의 청규 입법의 취지를 망각하고 성각지심省覺之心을 내지 않는 것이라고 비판의 수위를 높이고 있다. 이로 미루어 볼 때, 선문의 오달지

---

275 위의 책, 『大正藏』第四十七, p.294上. "又看他津送亡僧, 大夜念誦回向伏願云, 神超淨域, 業謝塵勞, 蓮開上品之花, 佛授一生之記. 此非淨土之指歸乎."
276 위의 책. "至於茶毘之際, 別無所爲. 但令維那引聲高唱, 南無西方極樂世界大慈大悲阿彌陀佛. 如是十唱而大衆十和, 總名之曰十念也. 唱畢復回向云, 上來稱揚十念資助往生. 此非淨土之指歸乎."

사悟達之士가 정토를 원하지 않는 경우는 결코 없다고 단언하고 있는 것이다.

그리고 백장 선사 외에 역대 선문 조사들의 기연을 열거하면서 단연코 선과 정토가 융회함을 강조하고 있다. 특히 영명연수永明延壽 선사의 기연에 대한 서술은 매우 경이롭기까지 하다.

무주의 한 스님이 해를 지내며 영명선사 사리탑을 돌고 있었다. 그 연유를 물으니, 이 스님이 병으로 죽어서 명부에 갔는데 사자의 잘못으로 다시 환생하게 되었다. 돌아오기 전에 잠시 염왕전을 둘러보니 염왕전 좌측에 한 분 스님의 진영을 모셔 놓고 공양을 올리고 있었다. 염왕이 말하길, "이 스님은 영명연수 선사로서 수행정진의 경지가 수승하여 곧바로 극락세계에 상품상생하여 희유한 일이기에 매우 공경하는 마음으로 초상화를 모시고 예배 공양하고 있다."고 하였다. 이러한 사실을 직접 보고 들은 후 환생하여 영명선사의 사리탑에 예배하고 있다고 하는 내용을 소개하면서, 달마직지선直指禪의 조사가 상품 극락에 왕생하였음을 근거로 선과 정토를 융합하는 논리로 삼고 있음을 볼 수 있다.[277]

그리고 황룡사심黃龍死心 선사의 정토 관련 법문을 소개하고 있

---

277   위의 책, 『大正藏』 第四十七, p.293下. 참조.

다. "사심 선사가 정토를 권수하는 문장을 지었는데, '미타를 염하는 것은 매우 쉽고, 정토에 생하는 것도 매우 쉽다.'라고 말하고, 또한 '참선인이 염불하기가 최고로 좋다. 근기가 혹 둔하여 금생에 큰 깨달음을 얻지 못할까 염려스러우면 미타의 본원력에 의거하여 접인왕생하는 것을 빌려도 된다.'라고 하였다. 또한 이르길, '그대들이 만약 염불하여 정토에 왕생하지 못하면 노승이 마땅히 발설지옥에 떨어진다.'라고 하였다."[278]

이 외에도 진헐청료, 천의의회, 원조종본, 남악혜사, 정자대통 선사 등 많은 선문 내외 조사들을 언급하면서 한결같이 선과 정토를 겸수하는 법문이 있음을 예로 들어 선정겸수를 강조하고 있다.

『정토혹문』에서 정토를 수행하는 법에 대한 상세한 가르침을 펴고 있는데 역시 근기론에 입각하여 설명하고 있음을 볼 수 있다.

"정토는 닦음이 없으나, 닦음의 인因은 미혹으로 인해 있는 것이다. 법에는 높고 낮음이 없으나, 근기로 인해 높고 낮음이 있는 것이다. 근기가 다양함으로 인해 닦음 또한 다양하다. 그

---

[278] 위의 책. "如死心新禪師, 作勸修淨土之文有云, 彌陀甚易念, 淨土甚易生. 又云, 參禪人最好念佛, 根機或鈍, 恐今生未能大悟, 且假彌陀願力接引往生, 又云, 汝若念佛不生淨土, 老僧當墮拔舌地獄."

다양한 것을 포섭하여 총 삼문이 있다. 첫째 관상觀想, 둘째 억념憶念, 셋째 중행衆行이다. 모두가 극락세계의 아미타불이 주가 되는 것이다."279

정토수행을 삼문으로 시설하고 있으니, 첫째의 관상觀想을 이렇게 설명하고 있다. 제불여래의 법계신이 일체중생의 마음 가운데 들어가서, 중생의 마음이 부처가 될 때 이 마음이 즉시 삼십이상 팔십종호를 갖추게 되니, 시심작불是心作佛이 되는 것이다. 제불의 정변지가 마음으로부터 생하므로 응당 일심으로 한 생각을 묶어 아미타불을 제관諦觀하니 시심시불是心是佛인 것이다. 시심작불是心作佛이요, 시심시불是心是佛이므로 일심으로 공空 · 가假 · 중中 삼관(삼제)을 닦는 것은 정토를 구하는 것이다. 따라서 마땅히 삼혹三惑을 돌이켜 삼제三諦로 나아가야 한다. 삼혹은 예토의 인因이며, 삼제는 정토의 과果이다. 그러므로 혹이 다하면 곧 적광정寂光淨의 구경삼제가 되는 것이다.280

279　위의 책, 『大正藏』第四十七, p.295上. "淨土無修, 修因迷有. 法無高下, 高下由根. 根有多殊, 修分多類. 攝其多類總有三門, 一曰觀想, 二曰憶念, 三曰衆行. 皆依極樂彌陀以爲之主也."
280　위의 책, 『大正藏』第四十七, p.295上. 참조.

둘째, 억념憶念에 대해서는 이렇게 주석하고 있다. 염불수행을 할 때 혹 상호를 관상하거나 명호를 집지하는 것은 모두 억념이라 한다. 『화엄경』의 해탈장자가 무량수여래를 보고자 하면 뜻에 따라 바로 보는 것[隨意卽見]처럼 시방의 일체 여래를 모두 뜻에 따라 바로 볼 수 있다. 일체 여래의 국토와 장엄 신통 등의 일이 모두 온 바도 없고 이른 바도 없어서 행처가 없고 주처가 없는 것이다. 내 몸 또한 이와 같아서 옴도 없고 감도 없으며 행처와 주처가 없다.

그러므로 저 여래는 온 바 없이 여기에 이르고, 나 또한 거기에 간 일이 없다. 일체 불과 내 마음이 모두 꿈과 같으므로 꿈에서 보는 것처럼 분별이 생生해서 일체 불을 보고 자심으로부터 일어나 자심을 알게 되는 것이다. 부처와 자심은 허깨비[幻]요, 메아리[響]에 불과하다. 이렇게 알면 생각 따라 곧 부처를 보게 된다[隨念見佛]. 이와 같이 알고 이와 같이 억념憶念해야 한다고 하였다.

셋째, 중행衆行은 『화엄경』에서 보현보살이 선재동자로 하여금 십대원을 발하게 하였다. 이 하나하나의 원마다 모두 허공계가 다하고 중생계가 다하고, 중생의 업이 다하고, 중생의 번뇌가 다하면 나의 이 원도 다한다고 하였다. 그러나 허공계 내지 중생의 번뇌가 다함이 없으므로 나의 이 원도 다함이 없다고 하였다.

염념상속하여 간단없이 신구의 삼업으로 행하되 피로함과 싫어

함이 없으면 임종 시 최후 찰나지간에 사대 육근이 무너지고 일체 위세가 사라질 때 이 원을 여의지 않아 일 찰나 사이에 곧바로 극락왕생하여 아미타불을 친견할 수 있다는 것이다. 이와 같이 계정혜 삼학을 균수하는 수행을 닦음이 중행兼行이라 하였다.[281]

그런데 두 번째 억념의 구체적 방법으로 참된 염불을 할 것을 주창하고 있다. 먼저 그 효용의 측면에서 영험이 있고 없음의 차이가 생겨나는 이유가 마음으로 염불하느냐 혹은 입으로 염불하느냐에 달렸다고 하였다.

"입으로 염하고 마음으로 염하지 않는 자는 영험이 없다. 입과 마음이 (염불) 소리 소리에 상응하여 마음과 부처가 걸음마다 떨어지지 않는 자는 영험이 있다. 마치 지금 어떤 한 사람이 손에 염주를 세고 입으로 부처님 명호를 부르고 있지만 망상과 광심狂心으로 동분서주한다면 이것이 입으로 염하고 마음으로 염하지 않는 자이니, 일에 정신을 헛되이 쓰니 무슨 이익이 있겠는가. 만약 마음으로 부처님을 억념하여 마음으로 염불하면 비록 입 밖으로 소리가 나지 않더라도 오히려 참된 염불인 것

---

281 위의 책, 『大正藏』第四十七, p.296下. 참조.

이다."²⁸²

    참된 염불을 강조하면서 동시에 칭명稱名이나 창불唱佛을 통한 견불의 효용 또한 중요하게 피력하고 있음을 볼 수 있다. 예를 들어 "여산의 혜원 법사가 일생 중에 세 번이나 부처님께 마정수기를 받았고, 또한 회감 법사가 칭명염불로 바로 견불하였으며, 또 소강 법사가 창불 일성一聲 중에 대중이 한 부처님이 입으로부터 날아 나오는 것을 보았고, 창불 십성十聲 중에 열 분의 부처님이 입으로부터 날아 나오는 것을 보았으니 마치 염주를 꿴 것과 같았다. 이와 같은 영험은 만 번 천 번에 이른다."²⁸³라고 하였다. 이처럼 유칙 선사는 참된 염불이 무엇인가에 대한 정답을 제시하고 있다. 마음으로 억념하는 것이 영험 있는 참된 염불이라고 하였다.

    그리고 유칙 선사는 억념의 구체적인 한 방편으로 염불과 화두

---

282 『天如惟則禪師語錄』 卷二. 『卍續藏經』 122, p.415. "且以口念而心不念者, 不靈驗也. 口與心聲聲相應, 心與佛步步不離者, 有靈驗也. 如今有一種人, 手搯數珠, 口稱佛號, 一箇妄想狂心, 東走西走, 這箇是口念而心不念者, 徒費精神於事何益莫. 若以心憶佛, 以心念佛, 雖然口不出聲, 却是眞念佛也."

283 『淨土或問』. 『大正藏』 第四十七, p.302中. "只如廬山遠法師, 一生之中三度蒙佛摩頂, 又如懷感法師, 稱念佛名便得見佛. 又如少康法師, 唱佛一聲衆見一佛從口飛出, 唱佛十聲則有十佛從口飛出. 如貫珠焉. 此等靈驗萬萬千千."

를 함께 닦는 것을 제시하고 있음이 매우 특이하다.『정토혹문』과
『유칙선사어록』에서 주장되고 있는 염불화두에 대한 소회를 차례
대로 명기하면 다음과 같다.

"다만 아미타불 4자四字를 가지고 화두를 지어 가라. 12시간
가운데 곧바로 제시提撕하라. 유심으로 염하지 말고, 무심으로
도 염하지 말고, 유이기도 하고 무이기도 한 마음으로 염하지
말고, 유도 아니고 무도 아닌 마음으로도 염하지 말라. 전후가
끊어져 한 생각도 일어나지 않아, 여러 단계를 밟지 않고 초월
하여 불지佛地에 이른다."284

"비유하자면 생사의 큰일과 참선 염불 두 가지 법문에 불과
하다. 염불자는 오직 아미타불 4자 화두를 취하여 의지할 뿐
따로 다른 가르침은 없다."285

---

284 위의 책,『大正藏 』第四十七, p.296中. "但將阿彌陀佛四字做箇話頭. 二六時中直
下提撕. 不以有心念, 不以無心念, 不以亦有亦無心念, 不以非有非無心念. 前後際
斷一念不生, 不涉階梯徑超佛地."
285 『天如惟則禪師語錄』卷二.『卍續藏經』122, p.416. "喩生死事大及參禪念佛兩種
法門而已. 念佛者, 只是靠取阿彌陀佛, 四字話頭, 別無他說."

앞 단락에서 명본 선사는 부모미생전 본래면목의 화두를 염불에 두라고 하여 염불과 화두를 겸하는 참구염불을 제시한 바가 있다고 하였다. 그의 제자인 유칙은 "아미타불 네 글자를 가지고 화두를 지어 가라."고 말하고 있다. 그것도 간화정종으로서 화두를 참구하는 것과 똑같이 십이 시 가운데 곧바로 제시하라고 하였다. 또한 화두참구의 금기인 사구四句 분별을 초월해서 온전히 심신心身을 다해 참구하여 곧바로 불지에 나아가라고 일러 주고 있다.

그런데 두 인용문이 모두 염불과 화두를 함께 참구하라고 하고 있긴 하지만, 어감상에서 볼 때 앞의 "다만 아미타불 4자四字를 가지고 화두를 지어 가라."고 하는 것은 화두를 참구하는 가운데서 염불을 수용하는 것처럼 보이고, 뒤의 "염불자는 오직 아미타불 4자 화두를 취하여 의지할 뿐"이라고 하는 것은 염불에 화두를 취하는 느낌이 들기도 한다. 어쨌든 종문에서 아미타불 4자를 화두참구로 제시한 것은 유칙 선사에 의해 처음으로 제기된 사건임이 분명하다.

하나 아쉬운 점은 "아미타불 4자四字를 가지고 화두를 지어 가라."고만 했지 더 이상의 구체적인 방법론은 제시하지 않고 있다는 것이다. 예를 들어서 「몽산화상염불화두법」이나 지철 선사의 「정토현문」에서처럼 '염불하는 자가 누구인가?'라고 하는 구체적 참구 방법이 제시되었으면 하는 아쉬움이다.

　수행 방편에 있어서 다소의 차이는 있지만 이치상에서 선정일치를 주장하는 것은 연수, 명본, 유칙 등 선사 모두 동일한 인식을 공유하고 있다고 할 수 있겠다. 그런데 유칙 선사가 한 발 더 나아가 아미타불의 칭명과 화두를 결합하여 참구해야 함을 주장하는 것은 종문의 전통에서 볼 때 매우 독특한 가르침이라고 할 수 있다.

　염불수행이 되었든 화두참구가 되었든 가장 중요한 수행상의 문제는 집중과 지속이다. 이 집중과 지속을 한마디로 요약하여 선문에서는 무간단無間斷이라는 말로 자주 사용하고 있다. 염념상속하여 조금의 틈도 없이 이어지는 것을 무간단이라고 한다. 이 무간단은 참선과 염불에 공통으로 해당되는 참구법이다.

　"너희가 만약 마음에 간단없이 (염불하면) 견불見佛하는 것은 어렵지 않다. 간단間斷하여 마음이 생하면 결정코 견불할 수 없다. 이미 견불하지 못하면 부처와 더불어 인연이 없다. 이미 부처와 인연이 없다면 정토에 생하기 어렵다. 정토에 생하지 못하면 반드시 악도에 떨어진다. 그러한즉 일념 간단의 마음은 바로 삼악도의 업이다. 경계하고 경계해야 한다. 위와 같은 경책은 마땅히 자신의 아픈 채찍으로 삼아 생각으로 하여금 부처

를 떠나지 않게 해야 한다. 부처가 생각을 여의지 않으면 도와 감응하고 교철되어 견불이 현전된다."²⁸⁶

이른바 간단間斷은 삼악도의 업이 되고, 무간단無間斷은 견불이 현전되어 해탈의 도가 되는 것이다. 이렇게 간단없이 염불하여 생각이 부처를 떠나지 않아 염불자와 부처가 교철되면 견불이 이루어져 구경성불하게 되는 것이다. 그런데 이미 언급하였듯이 화두참구에도 똑같이 적용되는 방편이기도 하다. 이러한 논리에 의하면 무간단으로 정토의 부처를 보는 순간 일체 모든 부처를 보게 되는 것이며, 또한 내 마음의 자성불을 보는 것이 된다.

그런데 이렇게 화두와 염불을 함께 참구하는 수증상의 연장선에서 유칙 선사는 정토선淨土禪, 혹은 선정토禪淨土라는 명제를 가장 먼저 사용하고 있기도 하다. 『정토혹문』 말미에 이렇게 말하고 있다.

"이미 정토의 부처를 보았다면 곧 시방의 제불을 보게 된다.

---

286 『淨土或問』. 『大正藏』第四十七卷, p.302中. "爾若心無間斷, 見佛不難, 間斷心生, 決不見佛. 旣不見佛, 與佛無緣. 旣無佛緣, 難生淨土. 淨土不生, 必墮惡道. 然則一念間斷之心, 便是三塗惡道業也. 戒之戒之. 如上三策, 當自痛鞭, 使其念不離佛, 佛不離念, 感應道交現前見佛."

이미 제불을 보았다면 곧 자성의 천진불天眞佛을 보게 되는 것이며, 이미 자성의 천진불을 보았다면 곧 대용大用이 현전함을 얻게 된다. 그런 후에 비원悲願을 추동하여 널리 일체중생을 교화한다. 이것을 이름하여 정토선淨土禪이라 하고, 또한 선정토禪淨土라고 한다."287

이와 같이 유칙 선사는 종문에 처음으로 정토선 혹은 선정토라는 용어를 사용하면서 선정일치를 강력하게 주창하고 있다. 여기서 한 가지 주목해야 할 것은 정토의 아미타불을 보아 견불성불하고, 자성의 천진불을 보아 견성성불함과 동시에 비원을 추동하여 널리 일체중생을 제도하는 것이 정토선 혹은 선정토라고 한다는 점이다. 즉 견성성불見性成佛 요익중생饒益衆生하는 것이 선의 종지이며, 정토의 종지가 되는 것임을 시사하고 있는 것이다. 이것이 바로 달마 이래로 종문에서 강조되어 온 해행상응解行相應 행화일치行化一致의 종풍이다.

마지막으로 정토선을 구가하는 수행자의 모범으로 영명연수 선

---

287 위의 책,『大正藏』第四十七卷, p.302中下. "旣見樂邦之佛, 卽見十方諸佛. 旣見諸佛, 卽見自性天眞之佛, 旣見自性天眞之佛, 卽得大用現前, 然後推其悲願, 廣化一切衆生, 此名淨土禪, 亦名禪淨土也."

사를 거론하면서 「사료간」의 '유선유정토有禪有淨土'를 들고 있다. "그러므로 영명 선사가 이른바 유선유정토는 마치 뿔 달린 호랑이 같아 현세에 사람의 스승이 되고 내생에 부처와 조사가 된다고 하였으니 어찌 이것을 체험하지 않았겠는가."[288]라고 하면서 『정토혹문』의 대미를 장식하고 있다.

지금까지 고찰해 본 바와 같이 유칙 선사는 연수 선사와 스승 명본을 계승하여 간화종장임에도 불구하고 이理의 분상에서 선정일치를 주창하고, 사事의 구체적 방편에서는 근기론에 입각하여 정토염불 수행을 강력하게 주창하면서, 더 나아가 아미타불 4자四字 염불에 화두를 지어 가라고 명시하고 있다. 그리고 종문에 처음으로 정토선淨土禪 혹은 선정토禪淨土라는 용어를 사용하면서 선정겸수를 주장하고 있다.

그런데 유칙 선사의 스승인 명본 선사의 경우에서 이미 살펴보았듯이, 이치적인 면에서 선정일치를 주장하고 수행 방편에서도 일정 부분 선정겸수의 색채를 띠고 있으면서도 굳이 참선과 염불에 있어서 각자 일문수행一門修行을 강조하는 면을 고찰하였다. 유

---

[288] 위의 책, 『大正藏』 第四十七卷, p.302下. "然則永明所謂有禪有淨土, 猶如帶角虎, 現世爲人師, 來生作佛祖, 豈不驗於此哉."

칙 선사 역시 선정융합을 적극적으로 주장하는 한편, 선정겸수적인 입장에서 아미타불화두를 지어 가라고 하면서도 스승인 환주(명본) 화상의 말을 빌려 각자 일문의 수행에 전념하라고 당부하고 있음을 볼 수 있다. 유칙 선사의 어록에 이렇게 밝히고 있다.

"환주 화상께서 이르시길, '참선은 단지 생사生死를 밝히는 것이며, 염불은 오직 사생死生을 깨닫는 것이다. 다만 한쪽을 향해서 득입得入하니, 양 문의 수행은 많은 다툼이 없다. 수행에는 많은 다툼은 없으나, 서로 겸수兼修하는 것은 불허한다. 참선자는 오직 참선만 하고, 염불자는 오직 염불만 한다. 만약 양쪽으로 나누어지면, 피차 모두 성취할 수 없다.'라고 하였다."[289]

자기 스승인 명본 선사가 환주암幻住庵에 주석하였기 때문에 환주 화상이라 칭한 것이다. 유칙 선사의 평론에 의거하면, 명본 선사는 선과 정토가 이理에 있어서 그 목적이 생사 문제를 해결하는

---

[289] 『天如惟則禪師語錄』卷二. 『卍續藏經』 122, p.415. "幻住和尙有云, 參禪只爲明生死, 念佛惟圖了死生. 但向一邊挨得入, 兩條門路不多爭. 門路雖不多爭, 卻不許互相兼帶. 參禪者單單只是參禪, 念佛者單單只是念佛. 若是話分兩頭, 彼此都無成就."

것이라는 점에서는 일치하지만, 다만 참선자는 단순하게 참선만 하고 염불자도 순수하게 염불만 해야지, 자못 이쪽저쪽을 어중간하게 왔다 갔다 하게 되면 성취에 어려움이 있다는 것이다.

비유로써 거듭 말하기를, "다리로 두 척의 배를 밟고 있다면 이쪽도 저쪽도 제대로 밟지 못해서 양쪽에 모두 닿지 않아 오히려 방해 없이 몸 전체가 물에 빠지게 되는 것과 같다."[290]라고 하였다. 여기서 알 수 있는 것은 이치로는 선과 정토가 일치하지만 그 사상事相(수행)에서는 각자 영역에서 '단단참선單單參禪 단단염불單單念佛'할 것을 천명하고 있다.

수행자 개인의 수행 방편은 결국 자신의 근기나 선지식, 환경 등 여러 가지 요소가 결합되어 자신에게 가장 적합한 것을 선택해야만 한다. 이런 정황에서 볼 때 다양한 수행자들을 접인해야 하는 선지식의 입장에서는 결국 참문한 당사자에게 알맞은 수행 방편을 제시해 줄 수밖에 없다.

그런 의미에서 선의 종장인 명본 선사나 유칙 선사 입장에서는 당연히 선수행을 중심에 놓고, 때로는 참선과 염불의 일문을 강조

---

[290] 위의 책. "古人有箇喩子云, 譬如脚踏兩邊船, 這邊那邊都不著, 兩邊不著尙無妨, 照顧和身都陷脚, 記取記取勉之勉之."

하기도 하고, 때로는 참선과 염불을 겸수하도록 하는 다양한 방편을 구사할 수밖에 없었으리라 사료된다. 어쨌든 전체적 맥락에서 볼 때 유칙 선사는 스승인 명본 선사를 계승하여 선정일치와 선정겸수적인 수행가풍을 전승하고 있다고 할 수 있다.

제5절 감산덕청의 염불시수念佛是誰

영명연수 선사가 선정일치와 선정겸수를 주창한 이래 송원명宋元明 시대를 거치면서 임제종 계통의 선사들과 정토종의 여러 대사들이 기본적으로 참선과 염불을 융회하는 사상과 실천을 견지하고 있었다. 이른바 명말明末 4대 고승으로 불리는 선사들도 모두 정토를 수용하여 선정겸수적인 수행가풍을 보여 주고 있다.

특히 그 가운데 한 분인 감산덕청憨山德淸 선사(1546~1622) 또한 이러한 선정겸수적인 풍토 속에서 자연스럽게 염불과 참선을 병행하는 수행가풍을 유지하고 있다.

『감산연보憨山年譜』에 따르면, 출가 전 "9세에 절에 가서 독서하던 중에 스님들이 『관음경』을 독송하는 소리를 듣게 되었는데, '능히 세간의 고통을 구한다[能救世間苦].'라는 구절을 듣고 환희심을 내었다."라고 하였다.

감산 선사는 12세에 남경 보은사 서림영녕의 제자로 출가하고, 19세에 서하산 운곡법회 선사로부터 『중봉광록』을 배우고 참선에 대한 입지를 굳혔다. 이러한 가운데 일상생활에서 늘 아미타를 염불하였다. 어느 날 꿈속에서 공중에 화현한 아미타불을 친견하게 되었는데, 관음, 세지 두 보살도 함께 친견하였다. 이를 계기로 더욱 염불수행에 대한 확신을 갖게 되었다고 한다.

26세 때 천계사에서 안거하며 운곡 선사로부터 '염불시수念佛是誰' 공안을 받았다. 감산 선사는 이때부터 염불화두 참구에 집중하게 되었다. 석 달이 지나자 마치 꿈속에 있는 것처럼 느껴졌다. 대중 가운데 있어도 대중이 보이지 않고, 일상의 생활을 하고 있을 때에도 그것을 전혀 의식하지 못했다. '일념불이一念不移'의 경지에 들었던 것이다.[291]

이후 오대산五臺山과 반산盤山에서 참선수행에 몰두하였다. 오대산 토굴 옆에 폭포가 있어 그 소리가 매우 시끄럽게 들렸다. 도반인 묘봉 선사가 감산 선사에게 말했다. "경계는 마음에서 생기는 것이지[境自心生], 밖에서 들어오는 것이 아니다[非從外來]. 고인이 말하기를 30년간 물소리를 듣고도 의근이 동요되지 않는다면 관음보살의 원통경지를 증득한다."[292]

이 말을 들은 감산 선사가 나무다리 위에 혼자 앉아 수행한 지 얼마 지나지 않아 자신을 잃어버렸다. 폭포 소리도 들리지 않았다.

---

[291] 『憨山老人夢遊集』卷五十三, 五十四 『自敍年譜』. 『卍續藏經』 127, pp.947~951.
[292] 위의 책, 『卍續藏經』 127, p.955. "境自心生, 非從外來. 聞古人云, 三十年聞水聲, 不轉意根, 當證觀音圓通."

비로소 흐름이 끊어지는 곳으로 들어갈 수 있어 마음이 전혀 동요되지 않았다. 소리가 들리지 않으니 소리에 방해받지 않았다. 관음보살의 이근원통을 증득한 것이다. 선사는 경행에 나섰다가 홀연히 삼매에 들었는데 그때의 경지를 이렇게 표현했다.

"홀연히 선정에 드니, 몸과 마음이 사라지고 오직 큰 빛의 세계가 펼쳐졌는데 원만 담적한 것이 둥근 거울과 같았다. 산하대지가 그 속에 그림자처럼 나타났다. 나의 자각은 명료하고 내 몸은 찾을 수가 없었다."[293]

설산(오대산) 가운데서 더욱 정진에 몰두하여 참선을 행하던 중에 생사거래에 대한 의심이 얼음 녹듯하면서 게송을 읊었다.

나고 죽음과 낮과 밤이여,	死生晝夜
물은 흐르고 꽃은 지는구나.	水流花謝
오늘에야 비로소 알았다네.	今日乃知
콧구멍은 밑으로 나 있다는 것을.	鼻孔向下

---

[293] 위의 책. "忽立定, 不見身心, 唯一大光明藏, 圓滿湛寂, 如大圓鏡, 山下大地, 影現其中. 及覺則朗然, 自覓身心, 了不可得."

이와 같이 염불과 참선을 함께 병행하는 선정겸수적인 수행풍토는 명말明末 시대에 선자禪者가 정토로 귀향歸向하는 보편적인 경향이 반영된 것이라고 할 수 있다. 감산 선사의 정토 사상은 그의 『어록』과 『서간』에서 볼 수 있으며, 정토와 연관된 많은 저술이 있다. 열거해 보면 『감산노인몽유집』 가운데 「시염불참선절요示念佛參禪切要」, 「시염불절요示念佛切要」, 「시우바새결사염불示優婆塞結社念佛」, 「시수정토법문示修淨土法門」, 「답덕왕문答德王問」, 「시서인정공수정토示西印淨公修淨土」, 「정토지귀서淨土指歸序」, 「답원창유사군答袁滄孺使君」 등이 있다.

　먼저 『감산노인몽유집』에 언급된 「논심법論心法」을 통해 감산 선사의 심법心法에 대한 논술을 살펴보면 다음과 같다.

　　"내가 어릴 때 공자를 스승 삼았으나 공자를 알지 못했고, 노자를 스승 삼았으나 노자를 알지 못했다. 이미 장성하여 부처를 스승 삼았으나 부처를 알지 못했다. 이후에 깊은 산과 큰 물로 물러나서 마음을 고요히 관觀하게 되었고, 이로 말미암아 삼계가 오직 마음이고[三界唯心], 만법이 오직 식[萬法唯識]임을 알게 되었다.

　　이미 오직 마음과 식일 뿐임을 관하면, 일체 형상은 마음의 그림자[影]이고, 모든 소리는 마음의 메아리[響]이다. 그런즉 일체 성인은 곧 그림자의 바름[影之端]이요, 모든 가르침은 곧 메아리의 따름[響之順]인 것이다. 이로 말미암아 만법이 오직 마음이며 (마음이) 현실로 드러남이니, 그러므로 세상을 다스리는 언어와 생업 활동 등이 모두 정법正法을 따르는 것이다.

마음 밖에 따로 법이 없는 연고로 법마다 다 진실이다. 미혹한 자는 집착하여 신묘하지 않으나, 만약 자기 마음을 깨닫는다면 법이 신묘하지 않음이 없다. 마음과 법이 모두 신묘하지만 오직 성자만이 능히 그렇게 할 수 있다."[294]

삼계유심三界唯心, 만법유식萬法唯識의 도리로 공자 노자 부처의 삼성三聖이 모두 한 마음임을 밝히고, 형상은 마음의 그림자이고, 소리는 마음의 메아리이기 때문에 성인은 올바른 그림자이고, 가르침은 따르는 메아리이니 이는 모두가 마음뿐이며 마음의 드러남에

---

[294] 『憨山老人夢遊集』卷第四十五「論心法」. 『卍續藏』 127, p.818上. "余幼師孔不知孔, 師老不知老. 旣壯師佛不知佛. 退而入於深山大澤, 習靜以觀心焉. 由是而知三界唯心, 萬法唯識. 旣唯心識觀, 則一切形, 心之影也. 一切聲, 響之順也. 是則一切聖人, 乃影之端者, 一切言敎, 乃響之順者. 由萬法唯心所現, 故治世語言資生業等, 皆順正法. 以心外無法, 故法法皆眞. 迷者執之而不妙. 若悟自心, 則法無不妙, 心法俱妙, 唯聖者能之."

불과하다는 것이다. 마음 밖에 따로 법이 없으니 인간의 모든 행위가 모두 바른 법을 따르게 된다. 그러하니 마음을 깨달아 성자의 길로 나아가야 한다. 이것이 바로 감산 선사가 밝힌 일심의 도리이다. 이와 같이 감산 선사는 일심을 종지로 하는 선사상을 전개하고 있다.

"불교의 종지는 오직 일심을 종지로 삼는다. 원래 이 마음은 본래 원만하고 광명이 광대하며 가는 티끌도 없고 청정하여 한 물건도 없음을 깨달아야 한다. 이 마음 가운데는 본래 미혹함과 깨달음, 생生과 사死, 범부와 성인을 세우지 않으며, 중생과 부처가 동일한 체이고, 둘이 없고 차별이 없다. 이것은 달마가 서쪽에서 와서 본래 있는 진심眞心을 바로 가리킨 것이니, 이것을 선종禪宗이라고 한다."[295]

감산 선사는 영명 선사가 그랬던 것처럼 일심을 종지[一心爲宗]로 하여 선 사상을 펼치고 있으며, 또한 이 일심의 도리를 근간으로

---

[295] 『憨山老人夢遊集』 卷第十 「答德王問」. 『卍續藏』 127, p.343下. "佛教宗旨, 單以一心為宗. 原其此心, 本來圓滿, 光明廣大, 了無纖塵, 清淨無物. 此中本無迷悟生死, 聖凡不立, 生佛同體, 無二無別. 此正達磨西來, 直指此本有真心, 以為禪宗."

하여 유심정토를 선양하고 있다. 또한 일심을 종지로 한 유심정토의 입장에서 선과 정토를 융회하여 선정겸수를 주장하고 있는 것이다. 『감산노인몽유집』에 다음과 같이 설했다.

"우리 부처님의 설법은 일심을 종지[一心爲宗]로 한다. 백천 법문이 모두 일심을 깨닫는 행이 아님이 없어, 그 가장 중요한 것은 참선과 염불일 뿐이다. 참선은 여기 예전의 여러 조사가 창립한 마음 깨닫는 법이며, 그 염불일문은 우리 부처님께서 삼현과 십지보살에게 열어 보인 것이니, 이를 종합하면 염불을 성불의 요결로 삼는 것이다. … 만약 부처를 염念하면, 염이 일심불란一心不亂의 경지에 이르러 번뇌가 소멸되어 자심을 밝게 요달하게 되니 이름하여 깨달음이라 한다. 이와 같이 되면 염불이 곧 참선이다. 만약 보살과 같다면 깨달은 후에도 염불을 버리지 않으니 이전의 조사들이 모두 정토를 버리지 않았다. 이와 같아서 염불이 곧 참선이며 참선은 정토를 낳는다."[296]

---

[296] 『憨山老人夢遊集』卷第九「示慧鏡心禪人」. 『卍續藏經』127, pp.329下~330上. "吾佛說法, 以一心爲宗. 無論百千法門, 無非了悟一心之行, 其最要者, 爲參禪念佛而已. 而參禪乃此方從前諸祖創立, 悟心之法, 其念佛一門, 乃吾佛開示三賢十地菩薩, 總以念佛爲成佛之要. … 若念佛, 念到一心不亂, 煩惱消除, 了明自心, 即名爲悟. 如此則念佛即是參禪. 若似菩薩, 則是悟後不捨念佛, 故從前諸祖, 皆不捨淨土.

부처님께서 설하신 팔만사천법문이 모두 일심을 종지로 하고 일심을 깨닫게 하는 데 그 목적이 있다. 참선이나 염불 모두가 일심을 밝히는 것으로 귀결된다. 즉 일심이 부처이며, 일심이 정토이기에 본성미타가 되고 유심정토가 되는 것이다. 선禪은 일심의 본성을 밝히고 정토도 또한 일심의 부처를 친견하는 것이므로 선이 정토가 되고, 정토가 선이 된다. 이것이 바로 선과 정토가 하나가 되는 선정일치인 것이다.

감산 선사가 정토법문을 선양하는 원인은 몇 가지로 분류하여 말할 수 있다.[297]

첫째, 부처님께서 설하신 생사해탈의 방편 법문 가운데 오직 염불 정토왕생을 최고의 첩경으로 여기고 있기 때문이다. 감산 선사가 생각하기에,『화엄경』,『법화경』,『대승기신론』등의 경론에서 모두 정토의 기연을 설하고 있다는 것이다. 또한 불교 역사에서 보더라도 마명, 용수 및 영명 등의 조사들이 한결같이 정토일문淨土一門을 적극적으로 제창한 바 있다.

그리고 선종의 여러 조사들도 정토를 명확하게 밝히지는 않았

如此則念佛即是參禪, 參禪乃生淨土."
[297] 夏淸瑕,『憨山德淸的淨土思想』, (210093 中國南京大學哲學系). 參照.

지만, 단지 마음을 깨달으면 바로 생사를 벗어나고, 생사를 벗어나면 곧 정토로 돌아가게 되는 것이다. 이와 같이 정토를 제창하는 것은 종문의 오래된 전통이라고 피력하고 있다.

둘째, 정토법문은 그 이념 자체에서 말하면, 선교禪敎의 합일과 돈점頓漸을 융회하는 특성을 갖추고 있다. 이에 대해 감산 선사는 「정토지귀서」에서 이렇게 말하고 있다.

"우리 부처님 세존이 중생을 거두어 교화함에 설한바 법문의 방편이 하나가 아니고, 시종 요긴하고 중요하게 성상性相 이종二宗이 있다. 기틀에 크고 작음이 있으므로 교에 돈점頓漸을 시설하였으며, 최후에는 선교禪敎의 이문으로 분류되었다. 교는 삼근三根(상중하근기)을 인도하여 포섭하고, 선禪은 오직 일심을 돈오할 뿐이다. … 만약 정토일문이 널리 삼근을 거두어 돈점으로 함께 들어가면 기틀도 없고 포섭도 없어 이른바 삼계를 바로 초월하니 최상승의 법문인 것이다."[298]

---

[298] 『憨山老人夢遊集』 卷第二十 「淨土指歸序」. 卍續藏經』 127, pp.491下~492上. "吾佛說世尊, 攝化群生, 所說法門, 方便非一, 而始終法要, 有性相二宗. 以其機有大小, 敎有頓漸之設, 末後爲禪敎二門. 敎則引攝三根, 禪則頓悟一心. … 若淨土一門, 普被三根, 頓漸齊入, 無機無攝, 所謂橫超三界, 是爲最勝法門."

셋째, 명심견성明心見性하는 것은 지금 당장에 바로 깨닫는 선종의 종지이지만, 선종이 발전하고 지속되는 과정에서 여러 가지 폐단이 생기게 되었다. 선자禪者들은 참선을 존숭하여 향상사向上事로 삼는 반면, 대개가 계율을 가벼이 여기고 입으로는 공空을 담론하면서 마음으로는 유有에 집착하여 명예를 좋아하는 무리가 생겨나게 되었다. 고덕의 말에 의거하면 입으로만 성불작조成佛作祖하니 선문이 날로 쇠락하게 되었다고 하였다. 그러므로 정토는 선림의 폐단을 구제할 수 있는 최선의 방편이 될 수 있는 것이다.

종합적으로 말하면, 여러 경론에서 한결같이 정토를 설하였고, 정안 조사들도 정토를 선양하였으며, 정토법문이 선교와 돈점을 융회하여 이근利根과 둔근鈍根을 막론하고 닦을 수 있는 가장 적합한 수증방편이며, 나아가 쇠락한 선종을 다시 중흥할 수 있는 수단으로 가장 좋은 도구가 될 수 있는 까닭에 생사해탈 법문 중에 최상승인 정토염불을 주장하는 것이라고 하였다.

여기서도 선과 정토에 대한 근기론적 접근이 이루어지고 있음을 볼 수 있다. 감산 선사는 근기론에 착안하여 "중하근기의 사람들이 오로지 염불하여 서방정토에 왕생을 구하는 것은 바로 방편의 정토일문에 속하는 것"²⁹⁹이라고 말하고, 더 나아가 모든 근기의 사람들이 정토수행으로 성취할 수 있다고 주장하고 있다.

"정토법문은 무엇을 위해 시설한 것인가? 부처님께서 삼승의 법을 시설한 까닭은 사람들을 수행하게 한 것인데, 일생에 성취하지 못하여 생사고해에 떨어져 단박에 벗어나지 못할까 두려워한다. 참선하면 일생에 깨달아 생사를 벗어날 수 있지만, 또한 망상이 분분하고 습기가 깊고 두터워 참구할 수 없다. 만약 이 마음을 깨닫지 못하면 윤회를 면하지 못하므로 별도로 서방정토의 일문을 시설하는 것이다. 이는 상중하근기는 물론 빈부귀천을 막론하고 모두가 다만 긍정하고 의지해 그것을 닦기만 하면 일생에 성취할 수 있다."³⁰⁰

감산 선사 역시 영명, 중봉, 유칙 등 선사들의 이론을 수용하고

---

299 『憨山老人夢遊集』卷第十,「答德王問」.『卍續藏經』127, p.345下. "乃中下根人, 專以念佛求生西方, 正屬方便淨土一門耳."
300 위의 책,『卍續藏經』127, p.345上. "一問淨土法門, 爲何而設. 因佛設三乘之法, 要人修行, 不是一生可以成就, 恐落生死苦海, 難頓出離. 若要參禪, 可一生了悟, 得出生死, 又因妄想紛紛, 習氣深厚, 不能參究. 若未悟明此心不免輪迴. 故別設西方淨土一門, 此不論上中下根, 及貧富貴賤, 但肯依而修之, 一生可以成就."

있다. 다만 감산이 이전 조사들과 다른 점은 참선을 하게 되면 바로 생사해탈할 수 있다고 전제하고, 망상과 습기로 인해 참구가 어려울 때 정토일문을 시설하여 상근기는 말할 것도 없고 중하근기 및 빈부귀천에 관계없이 믿고 행하면 일생에 성취할 수 있다고 말하고 있는 것이다.

감산 선사가 보기에는 선禪이 육조 이전에는 균등하게 당하에 바로 깨달아 해탈하는 종지가 세워졌지만, 이후에 화두를 참구하여 명심견성明心見性하는 방편이 제시되었다. 다만 직접 당하에 바로 깨닫는 돈오의 방편은 오직 상상근기上上根機의 사람들만이 겨우 실현할 수 있는 것이라고 말하고 있다.

아울러 항상 선수행은 선지식의 호념護念과 제시提撕, 점검點檢 등의 지도 방편이 필요하지만 송원宋元 이후 선풍의 쇠락, 선지식의 감소로 인해 선정을 닦기가 더욱 어렵게 되었다. 그러나 정토수행은 오로지 염불을 수지하면 곧 생사를 벗어나는 이행易行의 한 길이기 때문에 상근인은 말할 것도 없고 또한 중하근기의 사람들에게도 매우 적합한 방편이라고 생각하였던 것이다.

그렇다 하더라도 상근기는 유심정토를 증득하게 되고, 둔근기는 염불정토를 득입할 수밖에 없는 것이다. 이제 감산 선사가 주장하는 유심정토를 증득하고 정토에 왕생하는 정인正因에 대해 살펴보도록 하겠다. 감산 사상의 가장 두드러진 특징은 융합과 회통이다. 전통문화의 측면에서 삼교합일三敎合一을 선도하고, 불법 안에서 선교일치禪敎一致와 성상융회性相融會를 제창하였다. 정토 사상에 대해 말하면, 감산 선사는 영명연수의 관점을 계승하여 선정겸수를 주장하였으며, 아울러 유심정토로써 선정겸수의 이론 기초를 삼고 있다.

『아미타경』에서 정토는 일종의 공덕 장엄으로 이루어진 것으로 묘사되고 있다. 예를 들어 극락세계는 어떠한 괴로움도 없고 오직 온갖 즐거움만 있으며, 칠보연못에 팔공덕수가 가득하며, 칠중 난간欄楯, 칠중 나망羅網, 칠중 항수行樹 등으로 장엄되어 있고, 항상 하늘 음악이 연주되고 대지가 황금으로 되고 백학, 공작, 앵무새, 사리새, 가릉빈가 등 여러 가지 기묘한 소리로 노래하는 새들이 있어 가지가지 공덕 장엄으로 이루어져 있다고 하였다.

이러한 설법이 응당히 수기설법隨機說法에 의해 방편으로 시설되었다 하더라도 사람마다 경전을 이해하는 정도의 차이는 있을 수 있겠지만, 염불자들은 정토에 관한 이해를 실제로 묘유妙有의 실제 모양으로 표현하는 경향이 있다. 이러한 경향 위에 미타의 본원력에 의해 서방정토에 왕생할 수 있다고 신행하는 것이 정토론자들의 견해이다.

그에 반해 『화엄경』에서는 "삼계에 존재하는 바는 오직 일심이다[三界所存 唯是一心]."라고 설하고, 『유마경』에서는 "그 마음이 청정함을 따라 곧 불국토가 청정하다[隨其心淨則佛土淨]."라고 설하고 있다. 이러한 가르침에 의거하여 철저히 진공眞空을 깨달아 자력으로 유심정토를 증득하려는 경향을 가진 것이 선수행자들의 견해이다.[301]

이러한 경향에 치우친 선자禪者들과 염불자念佛者들을 융회하고자 영명 선사로부터 많은 조사들이 선정겸수를 제창하고 있는 것이다. 그런데 수증론에서 말하면, 선을 전문으로 닦든, 염불을 전수하든, 아니면 여타의 수증방편으로 닦든지, 사실 이것은 중요하지 않다. 다만 자신의 근기와 조건에 맞는 방편이 최상승이 될 수 있기에 적확한 방편으로 마음을 밝히는 것이 중요하다. 그렇다 하더라도 눈 밝은 조사의 자비로 보면, 상근 수행자는 바로 유심정토를 증득하면 되고, 중하근기의 수행자는 염불수행으로 정토왕생을 득입하는 것이 가장 바람직한 방편이라는 확신 속에 선정겸수를 제창하고 있는 것이다.

감산 선사는 염불결사에 동참한 우바새들에게 유심정토 자성미타에 대해 이렇게 법문하고 있다.

---

301 夏淸瑕, 『憨山德淸的淨土思想』, (210093 中國南京大學哲學系). 參照.

"지금 염하는 바의 부처는 곧 자성미타요, 구하는 바의 정토는 곧 유심극락이다. 모든 사람이 만일 능히 생각마다 잊지 않는다면, 마음마다 미타가 출현하고 걸음마다 극락의 고향인데, 또 어찌 멀리 십만 억 국토 밖에 따로 있는 정토에 돌아가겠는가?"302

감산 선사는 선자禪者의 입장에서 일심을 종지[一心爲宗]로 하여, 이 일심이 본래 원만구족하고, 광명이 정대하며, 번뇌에 걸림 없어, 부처와 범부가 하나의 체體여서 모두가 여래장如來藏의 청정한 묘명진심妙明眞心의 나타남이므로 중생과 부처가 단지 미혹과 깨달음의 일념지간一念之間에 있다는 것이다. 이에 의거하여 정토는 스스로 유심이 만든 바이므로 유심정토唯心淨土라고 말하는 것이다.

마음이 천당도 만들고 지옥도 만들듯이 예토도 만들고 정토도 만들어 일체가 모두 마음이 만든다고 보는 것이 감산의 유심관唯心觀이다. 이러한 연유에서 천여유칙 선사가 정토의 원근에 대해 언급한 천축국의 비유는 완전하지 못하고 친절하지도 않으며, 꿈의 비

---

302 『憨山老人夢遊集』卷第二「示優婆塞結念佛社」.『卍續藏經』127, p.234下. "今所念之佛, 卽自性彌陀, 所求淨土, 卽唯心極樂. 諸人苟能念念不忘, 心心彌陀出現, 步步極樂家鄕, 又何必遠企十萬億國之外, 別有淨土可歸耳."

유는 친절하기는 하지만 아직 정예淨穢가 분별되지 못했다고 말하고 꿈의 비유로 유심의 정토관을 토로하고 있다.

"오직 부처님께서는 제법이 꿈과 같고 환과 같다고 설했다. 또한 생사열반이 마치 어젯밤 꿈과 같다고 말하고, 정토와 예토가 마음 따라 이루어지고, 또한 낮에 생각하는 마음에 따라 밤의 꿈속에 형상으로 나타난다고 하였다. 그러므로 꿈의 비유는 유심의 의지이다."303

여기서 주목되는 것은 생각[想心]에 따라 정예淨穢가 갈라진다는 것이다. 즉 생각에 의해 정토가 되기도 하고 예토가 되기도 하는 것이다. 그러므로 "진실로 시방세계 일체중생이 정보正報와 의보依報에 의해 비록 정토와 예토의 우열이 있긴 하지만 모두가 일심에 따라 감응하여 변한 바이다. 그러므로 이르기를, 마음이 청정하면 국토도 청정하다. 이른바 유심정토는 곧 이 정토가 마음 밖에 있는 것이 아니라, 정토가 일심으로 말미암아 있으니 진실로 마음을 깨

---

303 『憨山老人夢遊集』卷第十八「答袁滄孺使君」.『卍續藏經』127, p.471下. "惟佛說諸法如夢幻. 又云生死涅槃, 猶如昨夢. 又云淨穢隨心, 又云晝爲想心, 夜形諸夢. 故以夢喩唯心之旨."

닫지 못한 인사는 어찌 정토에 나겠는가."³⁰⁴라고 말했다.

　감산 선사의 유심의 의지[唯心之旨]는 일체 모든 세계는[一切世界] 오직 생각이 만들어 낸 것[惟想所持]으로 본다. 생각은 청정한 생각[淨想]과 오염된 생각[染想]으로 나누어진다고 말하였다. 그러므로 유심정토는 다만 일념의 청정한 생각의 변한 바이며, 생사의 근본은 오염된 생각이 만들어 낸 것이라고 하였다.

　"참선은 생각을 떠나는 것[離想]이고, 정토는 생각을 오로지 하는 것[顓想]이다. 대개 생각으로 생각을 제거하여 넓게 바꾸는 법[博換法]이다. 중생은 생각마다 오염된 생각으로 일용하므로 단지 생사의 고통스러운 업을 만든다. 지금 고통을 벗어나려면 생각 생각에 청정한 생각을 하여야 하니, 불국정토를 생각해야 한다. 청정한 생각이 이기면 오염된 생각이 소멸되고, 오염된 생각이 소멸되면 곧 청정한 생각이 순일하고, 청정한 생각이 순일하면 곧 예토가 변해 정토가 된다."³⁰⁵

304　『憨山老人夢遊集』 卷第二十 「淨土指歸序」. 『卍續藏經』 127, p.492上. "良以十方世界一切衆生, 依正二報, 雖有勝劣淨穢之殊, 皆終一心之所感變. 故云, 心淨則土淨, 所謂唯心淨土. 是則土非心外, 淨由一心, 苟非悟心之士, 安可以淨其土耶."
305　위의 책. "然參禪要離想而淨土要顓想. 蓋以想除想, 乃博換法耳. 以衆生日用念念染想, 但造生死苦業. 今要出苦, 故念念淨想, 想佛淨土. 淨想勝, 則染想消, 染想消,

이른바 참선은 오염된 생각[染想]을 떠나는 것이고, 염불은 청정한 생각[淨想]을 모으는 것이라고 정의한 것은 감산 선사 특유의 안목이다. 따라서 오염된 생각으로 된 생사업을 벗어나려면 청정한 생각으로 염불하여 정토로 대치해야 한다. 염상染想을 소멸시키고 정상淨想을 회복시키는 것이 예토를 정토로 바꾸는 것이다. 그러나 염상도 정상도 일념이 만든 것이기에 일념이 공한 도리를 깨치면 염정染淨이 모두 꿈속의 일이요, 허깨비 같은 환상이다. 여몽如夢이고 여환如幻인 줄 알면 예토가 정토가 된다. 그러므로 부처님께서는 '일체의 유위법이 여몽환포영如夢幻泡影이라고 말하고 마땅히 이와 같이 관觀하라.'고 설하신 것이다.

"다만 일념의 정상淨想이 순숙해지면 더러운 생각을 바꾸어 자연히 예토가 변하여 정토를 이루게 된다. 그리하여 정토에 왕생하는 것이 꿈과 같다는 설법은 비유가 아니고 실화이다. 보살이 수행하여 칠지 이전에 이른 것은 모두가 무명의 꿈을 깨지 못한 것이다. 나아가 중생을 교화하고 정토를 성취하는 것은 모두 몽중불사夢中佛事이다. 그러므로 팔지보살이 꿈속

則淨想純, 淨想純, 則變穢土而爲淨土矣."

에서 강을 건너는 것도 아직 꿈을 깨지 못한 것이며, 곧바로 불지佛地에 나아가야 비로소 대각大覺(크게 꿈을 깸)이라 칭한다."³⁰⁶

감산 선사의 관점에서 보면, 결코 실체적 정토세계는 있지 않은 것이다. 경전에서 설하고 있는 사바세계로부터 십만 억 국토를 지나 극락세계가 있다고 하고, 부처님께서 극락정토에 왕생할 것을 제시한 것은 방편설법이라 할 수 있다. 일념이 더럽고 깨끗하다는 관점에서 "목전의 일용하는 행리 가운데 걸음걸음 부딪치는 모든 것이 정토인데, 어찌 십만 억이나 멀리 있겠는가."³⁰⁷라고 하였다. 그러므로 오직 일념이 청정하면 있는 그대로 유심정토가 되는 것이다.

감산 선사가 정토와 예토가 모두 일심의 나타난 바이며, 꿈과 같고 환과 같다고 말하면서도 굳이 서방정토 극락세계가 아미타불이 거주하는 실보토實報土라고 말하는 것은 첫째는 중하근의 사람들에

---

306 『憨山老人夢遊集』卷第十八「答袁滄孺使君」.『卍續藏經』127, p.472下. "只是要一念淨想純熟, 博換得過穢想, 則自然變穢邦而成淨土矣. 然生淨土如夢之說, 不是譬喻, 乃是實話. 以菩薩修行, 乃至七地以前, 皆未破無明之夢. 一向敎化衆生, 成就淨土, 皆是夢中佛事. 故八地菩薩如夢渡河, 猶未存覺, 直至於佛, 方稱大覺."

307 위의 책,『卍續藏經』127, p.472上. "目前日用行履, 步步頭頭, 皆是淨土, 皆有十萬億之遙耶."

게 신심을 일으켜 서방정토로 귀향하게 하기 위함이고, 둘째는 보신불인 아미타불의 본원력에 힘입어 결정코 왕생할 수 있음을 알려 주기 위함일 것이다.

보통의 범속한 사람들이 멀리 타방의 극락세계를 구하는 것은 대개 예토가 그대로 정토[即穢即淨]라는 도리를 모르기 때문이다. 감산 선사의 유심정토는 선종에서 말하고 있는 "마음이 곧 부처이다[即心即佛]."라는 도리를 벗어나지 않는다. 그렇다고 해서 감산 선사가 단순한 선자禪者에 머무는 것은 결코 아니다. 이理에 집착하고 사事에 미혹한[執理迷事] 치선癡禪이나 광선狂禪을 극복하고, 공리공담空理空談과 단멸斷滅의 허무虛無에 타락한 암증선暗證禪의 늪에 빠지지 않게 하기 위해서 감산 선사는 서방정토와 정토왕생을 결코 부인하지는 않는 것이다.

감산 노인이 유심정토를 강조하면서도 굳이 서방정토를 말하는 것은 선교방편을 제시하여 중하근기의 중생들을 제도하기 위함이다.

"그러나 경에서 십만 억을 설하고, 부처님께서 화장세계를 가리켜 사바세계로부터 서쪽으로 십만억 불토를 지나 극락세계가 있다고 하였다. 이는 아미타불이 거주하는 바의 실보토

實報土이니, 사람들로 하여금 알아서 그곳을 향해 돌아가게 하기 위함이다."308

이른바 실보토實報土란 천태가 말한 네 종류의 국토를 말한다. 즉 ① 범성동거토凡聖同居土, ② 방편유여토方便有餘土, ③ 실보무장애토實報無障礙土, ④ 상적광토常寂光土이다. 세 번째 실보무장애토가 바로 실보토로서 보신불이 교주로 교화하는 불국토를 말한다. 근기론의 입장에서 둔근의 수행자를 위해 서방정토로 왕생을 접인하는 방편을 시설하지 않을 수 없다. 이것은 감산 선사가 묘사하고 있는 서방정토를 보면 충분히 알 수 있다.

"이 나라 가운데는 단지 모든 즐거움만 수용하므로 극락이라 한다. 이 불국에는 절대로 더러움이 전혀 없는 까닭에 정토라 한다. 여인이 없어 연꽃 중에 화생하므로 태어남의 고통이 없다. 수명이 끝이 없으므로 늙어 죽는 고통이 없다. 의식衣食이 자연히 해결되므로 구하는 것을 얻지 못함이 없고 … 그 국토

---

308 위의 책. "然經說十萬億者, 乃佛指華藏世界, 娑婆之西越十萬億佛土, 有極樂國. 乃阿彌陀佛所居實報土, 令人知所歸向耳."

는 칠보로 장엄되었기에 와석·가시·대소변 등 부정한 것이 없고, 가지가지가 청정하여 전체가 이 사바세계와 같지 않다."[309]

감산 선사는 『아미타경』에서 설하고 있는 극락세계는 아미타불의 원력에 의한 원력정토로서 실제적인 사실이라고 말하고 있다. 다만 이러한 극락세계가 결코 외재하는 주체적 실유는 아니며, 이것은 마음속 생각[心想]의 결과이며, 그 정토에 왕생을 구하는 것은 다른 방법이 없이 오직 "일심염불一心念佛"에 있다고 하였다.

비유해서 표현하면, 다음과 같다. "한 소년이 『화엄경』을 듣다가, 그 가운데 오대산 만년 빙설의 대목에 이르러 생각이 절절하게 오대산에 당도하여 머물러 있다고 하자. 일단 이러한 생각이 밤낮으로 이어져 오랜 시간이 지나면 자기의 면전에 하나의 설산이 있다고 여겨, 행주좌와 일체 시에 이 산중에 있게 되니 몸이 시끄러운 저자를 지날 때도 또한 한 사람도 보이지 않아 산중을 지나가는 것처럼 느끼게 되는 것과 같다. 후에 오대산에 당도하여 옛날에 생각한 것과

---

[309] 『憨山老人夢遊集』 卷十 「答山東德王問」. "以此國中, 但受諸樂, 故名極樂. 以彼佛國絶無穢汚, 故名淨土. 無有女人, 蓮花化生, 故無生苦. 壽命無極, 故無老死苦. 衣食自然, 故無求不得故, … 以彼國土, 七寶莊嚴, 故無瓦礫荊棘便利不淨. 種種淸淨, 全不同此世界."

같기에 이 관觀이 정토의 멀고 가까움을 알 수 있는 것이다. 그런데 오대산은 몸이 가야 하지만 정토는 단지 마음이 가는 것이다."[310]

이러한 비유는 선사 자신이 오대산 빙설 속에서 수행할 때의 체험을 토대로 구성한 것임을 짐작할 수 있다.

염불왕생 또한 이와 같다. 염불로써 정토경계를 관상觀想하여 오래 지나면 곧 일상의 행주좌와가 바로 정토 가운데 있게 되어 귀에 들리는 것이 모두 염불의 소리가 된다. 이렇게 염하는 것을 계속 견지하게 되면 임종 시에 일체 세간의 잡념이 모두 일어나지 않고 오직 한 생각으로 아미타불을 염하는 정진이 어지럽지 않아서 목전에 정토 경계나 혹은 연화 등이 나타나며 아미타불이 접인하여 곧바로 극락세계에 오르게 된다. 감산 선사가 말한 바의 심상정토心想淨土는 일종의 유심작용인 것이다. 선사 자신이 어떤 때는 꿈과 생시를 비유하여 정토와 예토를 설명하곤 하였다.

"마치 어떤 사람이 음란한 생각을 하면 곧 꿈에 음욕의 일이 있게 된다. 음욕의 일이 비록 거짓이지만 꿈속에서는 실로 없지 않아서 바로 진실이 되는 것이다. 만약 사람이 낮에 오로지

---

[310] 『憨山老人夢遊集』卷第十八「答袁滄孺使君」. 『卍續藏經』127, p.472上.

정토만 생각하면 밤의 꿈에 연꽃 대와 보배 땅이 되어 극락의 경계로 바뀌어 수용이 자재하게 된다."³¹¹

이것으로 정토는 꿈속과 꿈 깸으로 나눔에 있는 것이니, 어찌 멀고 가까움이 실로 있겠는가. "그러므로 부처님께서 설하시길, '유심정토라는 것은 일념의 청정한 생각이 감응하여 변한 것'이라고 하셨다."³¹² 이것은 『화엄』의 제일 사구게에서 설하고 있는 "일체유심조一切唯心造"의 경계와 같음을 알 수 있다.

사실 극락 경계를 수용자재하려고 한다면 염불삼매로 일심불란一心不亂의 경계에 나아가 꿈이 꿈이 아니요, 생시가 생시가 아닌 경지일 때 가능한 일이다. 이것을 대혜 선사의 말을 빌리면 "몽자재법문夢自在法門"이라고 한다. 즉 꿈도 공이요, 생시도 공이라서 꿈이 생시이며, 생시가 꿈임을 요달하여 그 어디에도 묶이지 않고 자재함이 곧 몽자재夢自在이다.

이와 같이 수용이 자재한 극락 경계에서는 생이 곧 무생이며, 무생이 생이 되는 것이다. 그러므로 감산 선사도 이른바 십만 억 국

---

311 위의 책, 『卍續藏經』 127, p.471下. "如人想淫, 則夢有欲事. 然欲事雖假, 在夢不無, 卽以爲眞. 若人白日專想淨土, 則夜夢化台寶地極樂境界, 受用自在."
312 위의 책, 『卍續藏經』 127, p.472上. "所以佛說唯心淨土者, 專在一念淨想所感變耳."

토의 멀고 가까움의 분별은 결코 있을 수 없고, 단지 정토는 "생각이 맑으면 이루어지는 국토[想澄成國土]"이기 때문에 "왕생한즉 결정코 생하는 것이요[生則決定生], 가는즉 실로 가는 것이 없다[去則實不去]."³¹³라고 말하고 있다.

"정토일문淨土一門은 깨닫고 못 깨닫고를 막론하고 다만 수행하면 반드시 얻게 되는 것이니, 모두가 스스로의 마음으로 말미암은 것이다. 이것이 유심정토의 종지이다."³¹⁴

이른바 깨닫고 못 깨달음에 관계없이 정토왕생할 수 있는 것은 우선 오롯이 일념으로 염불하느냐가 관건이 되고, 더욱이 미타의 본원력의 가피로 이루어지는 것이다. 자기 마음에 연유한다는 것은 바로 전수염불專修念佛로서 일심염불인 것이다. 입으로만 염송하고 마음이 전심전력이 되지 않으면 이루어질 수 없게 된다. 만약 건성으로 구불口佛을 하고 있다면 이는 왕생과는 무관한 공용이 될 것이다. 그러므로 감산 선사는 「비한가費閑歌」에서 이렇게 노래하

---

313 위의 책, 『卍續藏經』127, p.472下.
314 『憨山老人夢遊集』卷第二十「淨土指歸序」.『卍續藏經』127, p.492下. "淨土一門, 無論悟與不悟, 但修必得者, 皆由自心. 斯則唯心淨土之旨."

고 있다.

> 염불은 쉬워도 마음으로 믿기는 어려우니　　　念佛容易信心難
> 마음과 입이 하나 아니면 모두 헛일이다.　　　心口不一總是閑
> 아미타불을 입으로 염해도 마음이 산란하면　　口念彌陀心散亂
> 목이 터져라 소리 질러도 아무 소용이 없다.　　喉嚨喊破也徒然

즉 구불口佛이 아닌 염불念佛을 요구하고 있다. 근기에 따라 각자 염불의 방편은 달라질 수 있지만, 염불을 행하는 마음 자세는 오직 입과 소리와 마음이 하나가 되어야 한다. 감산 선사는 근기에 따른 정토수행자를 네 종류의 근기로 분류해 말하고 있다.[315]

첫째는 상상근기上上根機의 사람이다. 예를 들면 선종의 제 조사들이 자성미타를 닦고 유심정토를 증득하는 것이 여기에 해당한다.

둘째는 중하근기의 사람들을 말한다. 이런 사람들은 계율을 수지하고 전심으로 염불하여 임종 시에 반드시 왕생하게 된다. 비록 왕생에 거래의 상이 남아 있지만 미타의 상호와 보수연대寶樹蓮臺가 자심自心으로 말미암은 감응感應의 나타남이라, 마치 꿈과 같아 밖

315　夏淸瑕,『憨山德淸的淨土思想』, (210093 中國南京大學哲學系). 參照.

으로부터 오는 것이 아니다.

셋째는 일반적인 보통 청신단월淸信檀越들이다. 이런 사람들은 한편으로 십선十善을 닦고 오계를 지키고 전심으로 염불하며, 다른 한편으로 부처님의 가피를 입어 "원願과 염念이 교접하여 자심과 부처가 묵묵히 상응하며 비록 정토의 경계는 나타나지 않지만 왕생의 공功은 이미 이루어지니", "실로 자심으로 말미암은 은밀한 감응의 힘인 것이지 또한 밖의 경계가 아니다."[316]

넷째는 십악을 저지르는 무리들이다. 이런 사람들은 임종을 당하여 지옥에 떨어지는데, 다만 떨어지려는 찰나에 고통의 핍박이 극에 달해 고통을 벗어나려고 하는 마음이 절절해져서, 극렬한 고통의 마음이 오직 염불한 힘으로 부처님의 가피를 입게 되니, 염念과 불佛이 상응하게 된다. 이때 도산刀山이 변해 보수寶樹가 되고, 화탕火湯이 변해 연지蓮池가 된다. 이러한 정토의 경계 역시 "자심 전체가 전변된 공功으로 말미암은 것이지, 실로 밖에서 얻은 것은 아니다."[317]

---

[316] 『憨山老人夢遊集』卷第二十「淨土指歸序」.『卍續藏經』127, p.492上. "願與念接, 自心與佛默默相應, 雖淨土之境未現, 而往生之功已成." "實由自心冥感之力, 亦非外也."

[317] 위의 책, 『卍續藏經』127, p.492下. "自心全體轉變之功, 實非外得."

무릇 근기의 상하를 막론하고 왕생은 실제 마음으로 말미암아 일어나는 것이므로 감산 선사는 이렇게 확언하고 있다.

"삼계의 만법이 한 법이라도 마음으로부터 생기지 않음이 없으며, 정토와 예토의 경계가 한 경계라도 마음으로부터 일어나지 않는 것이 없다. 그러므로 정토일문은 깨닫고 못 깨닫고에 관계없이 뛰어난 지혜를 가진 사람이나 어리석은 사람이 단지 닦기만 하면 반드시 얻게 되니, 모두가 자기의 마음으로 말미암은 것이다. 이것이 바로 유심정토의 종지이다."[318]

일체 만법이 모두 마음에서 생겨나고, 일체 국토가 모두 마음에서 일어난다. 일체 모든 중생은 모두 마음을 가지고 있다. 마음을 가진 자는 모두 정토일문을 수행하여 정토의 경지에 득입할 수 있다. 정토도 예토도 자기 마음이 짓는 것이기 때문이다. 이것이 유심정토唯心淨土의 종지라고 하였다.

위에서 열거한 네 종류 근기의 사람들 가운데 앞의 두 종류의

---

[318] 위의 책. "三界萬法, 未有一法不從心生, 淨穢之境, 未有一境不從心現. 所以淨土一門, 無論悟與不悟, 上智下愚之士但修必得者, 皆由自心, 斯則唯心淨土之旨."

사람은 지혜의 근성이 깊고 넓어 자력에 의거하여 왕생할 수 있다. 그러나 뒤의 두 종류의 사람은 지혜의 근성이 얕고 엷어서 반드시 불력佛力의 가피에 의지하여야 한다.

부처 밖에 마음의 체體가 따로 있다는 오인誤認을 면하기 위해 감산 선사는 반야공般若空의 이론을 인용하고 있다. 부처의 본체는 공空과 같음을 알아 자기 마음이 공정空淨(텅 비고 청정함)하게 되면 마음과 부처의 본체가 일여一如한 까닭에 능히 명합冥合하여 하나가 된다. 어리석은 사람들은 오직 일념의 원력을 의지하여 자심의 부처와 자심의 공정空淨이 합일하여 정토의 경계가 단박에 나타나게 된다. 불력(타력)과 자력이 모두 자심의 산물임을 보게 된다.

"자심염불自心念佛이라, 염불하고 염심하니 마음과 부처가 둘이 아니다. 생각 생각에 머물지 않아 염하는 주체도 세우지 않고 염해지는 대상도 성품이 공하다. 성품이 공하니 적멸하여, 주와 객을 둘 다 잊으니 이름하여 마음 그대로 자성불自性佛을 이룬다. 일념을 잃어버리면 바로 마업魔業에 떨어지리라."[319]

---

[319] 『憨山老人夢遊集』卷第七「示等愚侍者」.『卍續藏』127, p.299上."自心念佛, 念佛念心, 心佛無二, 念念不住, 能念不立, 所念性空, 性空寂滅, 能所兩忘, 是名即心成自性佛. 一念遺失, 便墮魔業."

시자에게 준 이 가르침에서 감산 선사는 염念하는 주체와 염念해지는 대상이 둘 다 공空한 그 바탕 위에서 염하는 자는 염하는 바 없이 염하여 기틀[機]을 세우고, 염해지는 부처는 염해지는 바 없이 염해져서 감응[感]함으로써 기감機感이 상응하여 정토를 득입하고 미타를 득견하게 되는 것이다. 이것을 일러 자심염불自心念佛이라고 하였다.

이미 위에서 살펴보았듯이 감산 선사는 유심정토의 종지를 적극적으로 주장하면서도 한편으로 서방정토의 실유實有를 드물게 말하고 있다. 어느 한 방면에서는 물론 선자로서 마음과 부처가 둘이 아니라는 유심의 관점을 고수하고 있지만, 다른 한 방면에서는 명말에 매우 성행하고 있던 염불왕생의 정토신앙을 마주하고 있었다.

명말 시기에 불교의 총림에서는 '유심정토 자성미타'의 사상이 대단히 유행하고 있었다. 그 이론 근거를 『유마경』의 "그 마음의 청정함을 따라[隨其心淨] 곧 불국토가 청정하다[則佛土淨]."는 법문과 『화엄경』에서 설하고 있는 "마땅히 법계의 성품을 관하라[應觀法界性], 일체가 오직 마음이 지은 것이다[一切唯心造]."라는 게송에 두고 있다.

다만 자기의 원래 있는 청정심이 본래 갖추어진 불성임을 명백히 알아서 마음과 국토가 불이[心土不二]하고, 마음과 부처가 불이[心佛不二]하여, 곧 왕생정토가 실로 자기 마음 가운데의 정토에 생하는 것이라서, 미타를 친견하는 것은 자성에 본래 갖추어진 미타를 친견하는 것이므로 왕생은 무생과 동일한 것이 된다.

일찍이 영명연수 선사는 『만선동귀집』에서 이제원융二諦圓融의 각도에서 선자들이 오해하여 서방정토가 없다고 하는 것은 분별심이 있기 때문이라고 말하면서 이렇게 말하였다.

"어리석은 자는 생生에 결박되어서 생生을 들으면 곧 생이라는 알음알이를 내고, 무생無生을 들으면 무생이라는 알음알이를 내어, 생이 곧 무생임을 알지 못한다. … 불법은 둘을 여의지 않았다. 진眞으로부터 속俗을 통합하니, 속이 없으면 진도 없다. 속으로부터 진을 통합하니 만법이 완연하다."[320]

연수 선사가 말하는 왕생이란 곧 무생無生의 생生을 말하는 것이다. 생이 곧 무생의 생이며, 무생이 곧 생인 도리를 깨치게 되면 중

---

[320] 『萬善同歸集』. "愚者爲生所搏, 聞生卽作生解, 聞無生卽作無生解, 不知生卽無生. … 佛法不離二. 從眞統俗, 無俗無眞. 從俗統眞, 萬法宛爾."

도불이中道不二의 도리를 증득하여 무생의 생으로서 정토왕생하게 된다는 것이다. 운서주굉 선사 역시 「정토불가언무」에서 심경불이心境不二의 관점에서 이렇게 말하고 있다.

"마음이 곧 경계이니 결국 마음 밖에 경계가 없고, 경계가 곧 마음이니 또한 경계 밖에 마음이 없다. 경계가 온통 마음이니 어찌 마음을 고집하여 경계를 물리칠 수 있겠는가. 경계를 거두고 마음을 말하는 것은 통달하지 못한 것이다."321

운서주굉 선사는 비록 깨달음의 경지로 왕생과 무생의 간격을 해소하고 있지만, 다만 그 이치를 밝힘에 있어서는 아직 명료하지 않다. 그러나 감산 선사는 관상觀想으로 인해 묘유妙有로서의 서방극락이라는 심리적 기초를 구축하고 있음을 볼 수 있다. 그는 몽夢과 환幻의 심리작용으로 왕생을 해명하고 있다.

즉 "생즉무생生卽無生, 거즉불거去卽不去"란 말에 있어서, 주굉 선사와 똑같이 심성 기초 위에 본체와 현상의 상호 관조적 심경불이

---

321 雲棲袾宏, 『竹窗隨筆』 二. "卽心卽境, 終無心外之境. 卽境卽心, 亦無境外之心. 卽境全是心, 何須定執心而斥境. 拔境言心, 未爲達也."

心境不二의 구별을 통해서 어느 정도의 논리와 분석의 수요를 충족시켜 주고 있다. 다만 마음의 본체가 무념無念이고, 성품의 본체가 무생無生이라는 근본에 있어서는 선종의 진여본성과 반야공성을 결합하는 사상과 일맥상통하고 있다고 하겠다.[322]

그러면 감산 선사에게 있어서 과연 정토는 어떻게 감득되는 것인가. 이는 정행正行과 조인助因으로 나누어지는데, 정행에 해당되는 것이 바로 염불관상念佛觀想이며, 조인(보조적 원인)으로는 지계持戒, 발원發願, 공덕功德 등이 제시되고 있다. 정행과 조인을 갖추어 "이와 같이 수행하는데도 만약 왕생하지 못한다면 이는 부처님께서 망어를 한 것이 되는 것이다."[323]라고 하였다.

감산 선사는 법어의 곳곳에서 거듭 강조하여 "염불하여 정토를 구하는 일문은 원래 생사대사를 요달하기 위한 것"이라고 말하고 있다. 생사를 요달하기 위해서는 당연히 정행과 조인이 제대로 갖추어져야 가능해진다. 정행의 염불을 어떻게 수행해야 하는가에 대해 이렇게 언급하고 있다.

---

[322] 夏淸瑕, 『憨山德淸的淨土思想』, (210093 中國南京大學哲學系). 참조.
[323] 『憨山老人夢遊集』 卷第九 「示修淨土法門」. 『卍續藏』 127, p.325下. "如是修行, 若不往生, 則佛墮妄語矣."

"먼저 외연을 끊고 오직 일념으로 한마디 아미타불로써 생명줄을 삼아서 생각 생각 잊지 않고 생각 생각 끊어지지 않아야 한다. … 만약 생각이 일심불란一心不亂의 경지에 이르게 되면, 임종이 다가왔을 때 정토 경계가 눈앞에 나타나 당연히 생사업에 끄달리지 않고 아미타불이 방광하여 접인할 것이다. 이것은 반드시 결정된 왕생의 효험이다."[324]

위 인용문에서 언급되고 있는 바와 같이 오직 일념으로 아미타불을 집지하여 생각 생각 잊지 않고 생각 생각 끊어지지 않아 일심불란의 경지에 나아간다는 염불수행은 바로 참선에서 화두를 참구하는 것과 똑같은 방식으로 수용되고 있는 것이다. 이와 같이 감산 선사는 염불에 선관禪觀을 겸하는 것이 가장 온당한 방편임을 제시하고 있다.

이것은 칭명稱名, 관상觀像, 관상觀想, 실상實相의 4종 염불 가운데 칭명稱名과 관상觀想을 취한 것으로서 칭명과 관상의 염불을 상호 의존시켜 겸수하게 하는 방법인 것이다. 즉 칭명염불을 함과 동시

---

[324] 위의 책, 『卍續藏』127, p.325上. "先切斷外緣, 單提一念, 以一句阿彌陀佛以爲命根, 念念不忘, 念念不斷. … 若念至一心不亂, 則臨終命時, 淨土境界現前, 當然不被生死拘留, 則阿彌陀佛放光接引. 此必定往生之效驗."

에 십육관법 가운데 일관을 취하여 항상 묵묵히 염하게 한다. 즉 자기 눈앞에 하나의 큰 연꽃을 관상함에 있어서 모양이 수레바퀴와 같고 꽃의 모양 또한 분명하게 하여, 자신이 연꽃 중에 앉아서 부처님의 방광이 자신을 비추고 있음을 관상해야 한다.

이와 같이 밤낮으로 관상하여 오랜 세월을 지속하면 임종 시에 곧 아미타불과 관음, 세지 양대 보살이 접인하게 되는 것이다. 여기서 말하는 '관상觀想'은 바로 심리작용으로 작동되어 심상心想이 경계境界를 만들고, 경계에 따라 생각이 일어나니, 이렇게 오래되면 염경불이念境不二가 이루어지게 된다. 이것이 정행正行으로서의 염불수행이다.

다음은 염불수행의 조인助因 가운데 감산 선사가 가장 중요시한 지계持戒에 대해 살펴보기로 하자. 감산 선사는 영명연수 선사가 그랬듯이 정토왕생에 있어서 계율수지를 매우 강조하고 있음을 볼 수 있다.

"경에 이르시길, '만약 불국토를 청정하게 하기 위해서는 마땅히 자심을 청정히 해야 한다.'라고 하였다. 오직 지금 정토업을 수행하고자 하면 반드시 청정한 마음이 근본이 되어야 한다. 자심을 청정하게 하기 위해서는 제일 먼저 계의 근본이 청정해야 한다."[325]

계의 근본을 청정하게 한다는 것은 분명히 삼업을 청정하게 하는 것이다. 삼업청정은 곧 십악업十惡業을 제거하고 십선업十善業을 닦는다는 의미이다. 이와 같이 삼업을 청정히 하고, 계의 근본을 청정하게 한 연후에 염불을 발원하는 것이 바른 가르침이 되는 것이다. 모든 수행이 다 청정한 지계의 바탕 위에서 이루어지겠지만, 감산 선사는 염불수행에 있어서 특히 지계의 중요성을 여러 정토법문에서 거듭 설하고 있음을 볼 수 있다.

"정토의 참된 원인은 이(지계) 외에 있지 않다. 다만 입으로만 염불하여 정토왕생을 구하여 만약 청정한 계율을 지키지 않아 번뇌를 끊지 못하고 심지가 오염되면, 부처님께서 이 사람은 영원히 성취할 수 없다고 하였다. 그러므로 염불을 수행하는 사람은 제일 중요한 것이 지계를 기본으로 하여 발원을 조인助因으로 하고, 염불하여 관상觀想하는 것을 정행正行으로 삼는

---

[325] 위의 책. "經云, 若淨佛土, 當淨自心. 唯今修行淨業, 必以淨心爲本. 要淨自心, 第一先要戒根淸淨."

다."³²⁶

   지금까지 고찰해 본 바에 의하면 결국 감산 선사는 선문의 정통 선사의 신분이기는 하지만 또한 정토염불을 홀시할 수 없는 시대적 상황을 맞이하고 있었던 것이다. 간화선의 화두수행과 정토의 염불수행을 융합하고 있는 선사의 구체적 수행방법론적인 선정겸수에 대해 알아보도록 하자. 먼저 선정겸수의 당위성에 대해 살펴 보겠다.

   "참선은 화두를 참구하는 한 길이며 명심견성明心見性을 위한 최고의 절요이다. 다만 근세에 화두참구를 하려는 사람이 희소하다. 첫째, 근기가 둔하고, 그다음 옛사람들과 같이 마음이 죽은 사람이 없고, 선지식의 결택 또한 없어서 많은 사람들이 사견邪見에 떨어져 있다. 그러므로 염불과 참선을 겸수하는 행이 가장 온당한 법문이다."³²⁷

---

326 위의 책,『卍續藏』127, p.325下. "淨土眞因, 無外此者. 若但口說念佛, 求生淨土, 若淨戒不持, 煩惱不斷, 心地汚染, 佛說是人, 永不成就. 是故行人, 第一要持戒爲基本, 發願爲助因, 念佛觀想, 爲正行."

327 『憨山老人夢遊集』卷第五「示劉存赤」.『卍續藏經』127, p.267下. "參禪, 看話頭一路最爲明心切要, 但近世下手者稀. 一以根鈍, 又無古人死心, 無善知識決擇, 多

그 시대에 가장 온당한 법문이 선정겸수라고 말하고, 그 이유에 대해 화두참구로 참선하려는 이가 드물고, 마음이 들떠서 푹 쉴 사람이 없고, 선지식의 지도 또한 없다고 말하여, 결국 선정겸수로 나아갈 수밖에 없다고 말하고 있다. 당시에는 아마도 선정겸수의 수증방편이 가장 온당한 법문으로 평가받고 있었던 것 같다.

그런데 참선은 명심견성明心見性을 중시하여 지금 여기의 즉시성과 자력적 해탈에 착안하는 것이며, 염불은 임종 시의 왕생에 관심을 두어 미타의 본원력에 의한 타력으로 해탈을 구한다. 그리고 참선은 선오후수先悟後修하고 염불은 선수후오先修後悟한다. 그러면 어떻게 해야 이론적으로 이 두 종류의 수행방법을 융합하여 하나가 될 수 있을지는 실로 어려운 문제이다.

"참선과 염불, 화두를 간看하는 데는 갖가지 방편이 있지만, 모두가 마음을 치유하는 약이다. 예를 들어 거울의 빛이 본래 밝았으나 때가 끼므로 어두워져서 반드시 문질러 닦는 약이 필요하다. 그러나 이 약 또한 때이기에 취하더라도 그 때를 버려야 한다. 그러므로 거울의 밝음에는 약이 없다. … 중생의 마음

落邪見, 是故, 念佛參禪兼修之行爲穩當法門."

의 때는 여의기 어려워서 반드시 공부로 정근하여 고르게 치유하여야 한다. 때가 없어지면 마음이 밝아지므로 중생이 본래부처라고 설한다."[328]

우선 대승불교에서 설한 중생이 본래부처라는 명제하에 참선과 염불 모두 본래부처를 밝히고 친견하는 것으로 동일한 수증의 결과와 원인을 공유하고 있다. 본래 밝았지만 지금은 어두워진 마음거울을 수습하는 방편으로써 염불과 참선은 동일한 수증의 논리 위에 함께 겸수할 수 있는 것이다. 왜냐하면 마음이 성품이요, 부처이기 때문이다. 성품을 보면 견성이며, 부처를 보면 견불이 되기 때문에 선과 염불이 병행할 수 있게 되는 것이다.

호주湖州 승 해인이 선정겸수에 대해 여러 가지 문제 제기를 하고 있는 데 대해 감산 선사는 자상하게 의문을 풀어 주고 있다. 문답 전체를 살펴보자.

"묻는다. 고인이 이미 달마로부터 이심전심以心傳心으로 단

---

[328] 위의 책. "故有參禪念佛看話頭種種方便, 皆治心之藥耳. 譬如鏡光本明, 而垢故昏. 必假磨鍊之藥. 藥亦垢也. 以取能去其垢. 故鏡明而藥不存矣. … 衆生心垢難離, 必須工夫精勤調治. 垢去心明, 故說衆生本來是佛."

전單傳하여 직지인심 견성성불하라고 하였는데, 다시 정토업을 닦아 왕생하려고 하는 것은 깨달은 뒤에 원願을 따라 행하는 것입니까? 아니면 깨닫기 전에 두 가지 행을 겸수하는 것입니까? 만약 겸수兼修란 것이 훔친 마음의 갈래에 떨어져 공부하면 어느 한 편을 이루게 됩니까? 이미 깨달았다면 진진찰찰이 화장세계이며 있는 곳마다 연화이므로 시방세계 어디라도 가可하지 않는 곳이 없지 않을 텐데 어찌 한 곳 서방극락입니까?"329

달마 선종에서 이미 직지선直指禪으로 "직지인심直指人心 견성성불見性成佛"을 종지로 수증의 원칙을 제시했는데 굳이 정토왕생을 권장하는 것은 깨달은 뒤의 일인지, 아니면 깨닫기 전에 두 가지를 겸수하라고 하는 것인지 분명하게 제시해 줄 것을 청하고 있다. 그런데 여기서 주목되는 것이 이른바 '투심偸心'이라는 말이다. 즉 훔치는 마음이란, 선종은 분명하게 선의 수증론이 있는데, 정토염불을 가지고 와서 겸수하라는 것은 타 종파의 것을 훔치는 것이 아닌가 하는 의미에서 한 말인 것 같다. 이 물음에 대해 이렇게 답하고

---

329 『憨山老人夢遊集』卷第五「答湖州僧海印」, (『卍續藏經』 127, p.347上).

있다.

"답한다. 교에서 말하기를, 정토에는 셋이 있는데 상적광토常寂光土, 실보장엄토實報莊嚴土, 방편유여토方便有餘土 등이다. 만약 제불보살이 위로부터 단전單傳하여 마음을 깨달은 여러 조사들은 모두 자성법락自性法樂을 수용하여 상적광토로 돌아가지 않는 분은 한 사람도 없으니 이를 일러 유심정토唯心淨土라 한다.

만약 진진찰찰이 모두 정토라면 이는 화장장엄의 실보토實報土이다. 이 또한 유심唯心이 나타난 바이다. 나아가 서방정토에 왕생할 것을 구하는 것은 이름하여 방편유여토로서 화장진찰 가운데 하나의 국토이다. 이것은 왕생을 구하는 것이다.

논에 이르기를, '중생이 처음 배울 때 신심을 이루기 두려워하여 의지가 물러나려 할 때 마땅히 알아야 한다. 여래가 수승한 방편이 있어 신심을 거두어 보호하여 서방 극락세계 아미타불을 전념케 하여 닦은 바의 선근을 회향하여 원하여 구하면 곧 왕생을 얻는다.'라고 하였다. 항상 부처님을 친견하여 귀의하며 물러남이 없으니, 이것은 깨닫지 못해서 닦는 것이다. 곧 영명 선사가 말하였듯이 '다만 아미타불을 득견했는데 어찌 깨닫지 못함을 근심하겠는가.'라고 하였다.

만약 이 행을 겸수하면 논에서 말한 바와 같이 '만약 저 부처님의 진여법신을 관하여 항상 부지런히 닦으면 필경에 왕생하여 정정正定에 머무는 까닭에 이것이 어찌 훔치는 마음이겠는가. 깨달아 안 자는 (정토왕생) 구함을 기다리지 않아도 자연히 왕생한다. 아직 깨닫지 못한 자라도 역시 훔치는 마음이 아니어서 염불하여 왕생할 수 있다."330

다소 긴 문장이긴 하지만 선정겸수를 해야 하는 연유와 당위에 대해 자상하고 친절하게 설명해 주고 있다. 깨닫고 못 깨닫고를 상관하지 않고 선정일치의 이치를 잘 파악하여 왕생의 기연으로써 생사해탈의 길로 나아가라고 하는 노파심절한 가르침이다.

그리고 감산 선사는 중생의 마음이 본래부처라는 관점 위에서 오심悟心과 오불悟佛이 둘이 아니라는 것과 참선과 염불의 수행이 함께 부처로 돌아간다는 도리에서 선과 정토를 융섭하고 있다. 즉 유심정토의 본체론적인 입장에서 마음과 국토가 둘이 아니므로[心土不二], 참선과 염불이 상자相資하는 작용으로 드러난다는 것이다. 화엄에서 마음과 부처와 중생, 이 셋이 하나라고 하였다. 따라서

---

330 『憨山老人夢遊集』卷第五「答湖州僧海印」.『卍續藏經』127, p.347上下.

마음이 곧 부처이다. 선에서는 마음을 깨닫고, 정토에서는 부처를 깨닫는다.

다시 말하면, 선에서는 마음의 성품을 보니 견성見性이고, 정토에서는 마음의 부처를 보니 견불見佛이 되는 것이다. 마음과 부처가 둘이 아니므로 오심悟心과 오불悟佛, 견성과 견불이 하나로 융섭된다. 정토 또한 유심의 정토인 까닭에 마음을 깨닫고 부처를 깨달으면 그대로 정토가 되므로 심토불이心土不二가 이루어지는 것이다. 이것이 선정일치요, 선정쌍수이다.

또한 감산 선사는 참선은 망상妄想을 여의는 것이며, 염불은 정상淨想을 오로지하는 것이라고 인식하고 있다. 그러므로 참선으로 깨닫지 못했을 때 염불이 아니면 자심을 청정하게 할 수 없으니, 염불로 마음이 청정하게 되면 곧 깨달음이다. 마음을 깨달은[悟心] 후에 여전히 염불하는 것은 부처를 깨닫지[悟佛] 못하면 정각을 이룰 수 없기 때문이라고 하였다.

염불하여 염이 일심불란에 이르면 번뇌는 소멸하고 자심이 밝아지면 곧 깨달음이다. 그러므로 염불이 곧 참선이며, 참선이 곧 염불인 것이다. 수행하여 해탈을 얻기 위해 방편을 쓰는 지점과 귀결하는 지점에서 볼 때, 참선과 염불 또한 공동의 취지로써 대응하고 있다는 것을 알 수 있다.

선정겸수의 종지를 견지하고 있는 조사들이 공통적으로 제시하고 있는 수증의 경지론적 대응이 바로 선의 일념불생一念不生과 정토의 일심불란一心不亂이다. 선에서 어떠한 수행 방편으로 대치하더라도 종국에는 일념불생의 경지를 체득하게 되며, 정토에서도 마찬가지로 어떤 염불을 행하더라도 결국 일심불란의 경지를 득입해야 하기 때문이다. 그러므로 일념불생과 일심불란을 등치시키고 있는 것이다.

이러한 기조 위에서 수행의 구체적인 방편에 있어서 참선과 염불이 어떻게 결합하게 되는지에 대해 감산 선사는 이렇게 말하고 있다.

"참선은 일념불생一念不生을 귀하게 여기고, 염불은 정념상계淨念相繫를 귀하게 여긴다. 이것은 아미타불 4자四字의 불명호를 마음 가운데 놓아 정념淨念으로 삼는 것이다. 특별히 네 글자의 부처님 명호의 의미를 모른다 하더라도 상속하여 끊어지지 않으면 이를 계념繫念이라 하지 정념淨念이라 하지 않는다. 중하근기의 사람들이 오로지 염불하여 서방극락에 왕생하기를 구하는 방편의 정토일문이다. 지금 말하는 참구염불이란 뜻이 묘한 깨달음에 있으며, 한 소리 부처님을 부르는 염불로써 화두를 지어 참구하는 이른바 염불참선공안이다.

  마치 위로부터 모든 조사들이 사람들에게 화두를 간看하는 것을 가르칠 때, 예를 들어 정전백수자庭前柏樹子, 마삼근麻三斤, 간시궐乾屎橛, 구자무불성狗子無佛性, 방하착放下著, 수미산須彌山 등의 공안 가운데 일칙一則을 제시함에 따라 가슴에 간직하고 묵묵히 참구하여, 이 참구를 빌려 의근을 끊고 망상을 제어하여 오래오래 행하면 홀연히 한마디 소리 질러 식은 재가 폭발하듯 무명업식의 덩어리가 부서지게 된다. 이것은 묘한 깨달음으로서 참구염불이라 한다.

  또한 이와 같이 참구하되 다만 한 소리 아미타불을 제기하여 바로 누구인가를 의심하여 깊이깊이 참구하여 '이 염불이 어느 곳으로부터 일어나는가?' 하고, 이렇게 의심하고 의심하며 참구하고 참구해서 오래오래 하게 되면 득력하여 홀연히 깨닫게 된다. 이것이 염불로 실참하는 공안인데 화두참구와 원래 두 모양이 없다. 필경 참구하여 일념불생의 경지에 이르면 이것을 정념淨念이라 한다.

  『지관止觀』에 이르기를, '만약 마음이 달아나려 하면 응당히 거두어 정념正念으로 돌아가야 한다. 정념正念이란 무념無念이다. 무념無念을 정념淨念이라 한다.'라고 하였다. 오직 정념正念이 어둡지 않은 것을 상계相繫라고 한다. 어찌 소리 소리로 염불하여 끊어짐이 없는 것을 정념淨念을 참구한다고 하겠는가. 이것은 비단 참선을 알지 못할 뿐만 아니라, 또한 염불도 알지 못하는 것이다. 만약 참구의 과果가 정념淨念이 현전함에 이르면 곧 정토를 마음 밖에서 구할 필요가 없어 바로 상품상생한다는 것이 이 행이 이루어진 바이다."³³¹

종문에서 일찍이 선정쌍수의 수행전통이 계승되어 오다가 몽산덕이 선사에 의해 염불화두법이 제시되어 참구염불이라는 수행법이 비롯되어서, 감산덕청 선사에 이르러서 본격적으로 참구염불에 대한 정의가 세워지고 있음을 볼 수 있다. 이른바 참구염불이란 화두참구와 똑같은 방식으로 진행되지만, 다만 네 글자 아미타불을 부르는 염불을 화두 삼아 '염불하는 자가 누구인가[念佛是誰]?'라고 참구하는 것이다.

다시 말하면, 참구염불은 "오로지 한 소리 아미타불을 화두로 하여 제시하는 그곳에서 곧바로 의정을 내어 묻기를 '염불하는 자가 누구인가?'라고 한다. 거듭 제시하고 묻기를, '반복하여 보는

---

331 『憨山老人夢遊集』卷第五「答湖州僧海印」.『卍續藏經』127, pp.347下~348上.

자, 염불하는 자가 필경 누구인가?' 하고 참구한다. 이와 같이 화두에 의지하여 일체의 망상과 잡념을 단박에 끊어 내는 것이 마치 어지럽게 헝클어진 실을 지금 당장 한꺼번에 자르는 것과 같다."[332]

"이른바 참구염불이란 바로 화두를 참구하는 마음으로 하는 염불이다. 구체적으로 말하면, 한 소리 아미타불을 화두로 하여 참구하는 것으로 다만 한 소리 아미타불을 제시하여 곧 '의심하는 자가 누구인가?' 하고, 깊이깊이 참구하여 '이 아미타불이 어느 곳을 향해 일어나는 것이며, 염하는 자가 필경 누구인가?'라고 의심한다. 이와 같이 의심하여 오고 의심하여 가서, 참구하고 또 참구해서 오랫동안 하여 힘을 얻으면 홀연히 깨닫게 된다."[333]

---

[332] 『憨山老人夢遊集』 卷第九 「示念佛參禪切要」. 『卍續藏經』 127, p.325下. "單提一聲阿彌陀佛作話頭, 就於提處, 卽下疑情, 審問者念佛的是誰. 再提再審, 審之又審, 見者念佛的畢是誰. 如此, 靠定話頭, 一切妄想雜念當下頓斷, 如斬亂絲."

[333] 『憨山老人夢遊集』 卷第五 「答湖州僧海印」. 『卍續藏經』 127, p.348上. "所謂參究念佛, 就是以參究之心來念佛. 具體來說, 就是以一聲阿彌陀佛作話頭參究, 但提一聲佛來, 卽疑審者是誰, 深深覷究, 此佛向何處起, 念的畢竟是誰. 如此疑來疑去, 參之又參, 久久得力, 忽然了悟."

"요즘 사람이 이 마음이 본래 한 물건도 없음을 믿어야 한다. 마치 지금 공부하는 것은 단지 본래면목을 보지 못해서 부득불 한 번 죽는 공부를 해야 비로소 집에 도달하는 시절이 있다. 이로부터 한 길로 똑바로 나아가면 자연히 어느 때 단박에 본래면목을 보아 생사를 벗어나 영원히 의심이 없어지리라."[334]

이와 같은 염불은 단지 일종의 화두선話頭禪의 변화된 방식으로서 아미타불을 화두로 하는 염불선念佛禪이라고 해야 할 것이다. 참구염불의 구체적 공부 방법을 제시하는 말로 의정疑情, 제시提撕, 심찰審察 등은 실제로 간화선의 수증방법과 똑같다. 또한 위의 예시문 가운데 이른바 "본래무물本來無物", "한 번 죽는 공부[下死工夫一番]", "돈견본래면목頓見本來面目" 등의 용어는 선 공부에서 사용하는 일상 용어들이다. 감산 선사는 화두참구와 참구염불이 다르지 않다는 점을 강조하기 위해 선의 용어들을 동일하게 적용하고 있는 것이다.

---

[334] 『憨山老人夢遊集』卷第九「示念佛參禪切要」.『卍續藏經』127, p.326上下. "今人但信此心, 本來無物. 如今做工夫, 只爲未見本來面目, 故不得不下死工夫一番, 方有到家時節. 從此一直做將去, 自然有時頓見本來面目, 是出生死永無疑矣."

화두선과 염불선을 참구함에 있어서 의심의 대상인 화두나 아미타불 그 자체에 선禪이 있는 것은 아니다. 다만 화두와 염불의 제시를 통하여 면밀하게 참구함으로써 업식을 정제하여 생사를 요달하는 것이 중요하다. 감산 선사는 대혜종고 선사의 말을 인용해서 화두란 마치 문을 두드리는 기와 조각과 같아서 단지 문을 두드려 집 안의 사람을 보기 위함인 것이지 문밖에 머물고자 함이 아니라고 했다.

다시 말하면 화두를 의거하여 의정을 일으키는데 그 화두 의심의 목적은 화두 그 자체에 있는 것이 아니고 생사의 근본을 대치하는 데 있다. 그리고 참구염불이 일으킨 의정 역시 부처가 누구인가를 의심하는 것이 아니라, 염불하는 바의 당체, 곧 자기 자신이 누구인가를 의심하는 것이다. 화두와 염불 양자 모두가 망념의 폭류를 대치하는 데 그 효용이 있는 것이다. 감산 선사는 또한 염불행자가 생사의 문제에 철저해야 됨을 이렇게 일러 주고 있다.

"염불하는 사람들은 제일 먼저 생사심이 간절해야 한다는 것을 알아야 하고, 생사를 끊겠다는 마음이 간절해야 하며, 생사의 뿌리에서 생각 생각 끊어 나가야 한다고 말하겠다. 이렇게 되면 곧 생각 생각에 생사를 요달하는 것이니, 납월 삼십 일을 기다려서 비로소 요득할 필요가 어디 있겠는가. 그때는 너무 늦었다. 소위 목전에 있는 것은 모두 생사의 일이니 목전을 요달하면 생사가 공할 것이다. 이와 같이 하면 생각이 참으로 간절하고 휘두르는 칼마다 피를 볼 것이니, 이렇게 용심해야 한다. 만약 생사를 여의지 못하면 곧 모든 부처님이 망어에 떨어지는 것이다. 따라서 재가 출가를 막론하고 오직 생사심을 알면 이것이 곧 생사에서 벗어나는 시절이다. 어찌 다시 묘법이 따로 있겠는가."335

이와 같이 염불 또한 참선과 마찬가지로 생사심에 간절하여 생사대사生死大事를 요달하는 것이 제일 목적임을 말하고 있다. 비록 참선과 염불이 많은 공통점을 가지고 있으나, 그 모두가 생사해탈의 방편법문으로 귀결된다. 하지만 양자 또한 차이가 있는 것도 사실이다. 실천수행의 입수처에서 보면, 염불이 더욱 간단하고 용이하므로 이른바 이행도易行道라고 하는 것이다.

---

335 『憨山老人夢遊集』卷第七「示念佛切要」.『卍續藏經』127, p.298上. "故勸念佛人, 第一要知爲生死心切, 要斷生死心切, 要在生死根株上念念斬斷, 則念念是了生死之時也. 何必待到臘月三十日, 方纔了得. 晚之晚矣. 所謂目前都是生死事, 目前了得生死空. 如此念念眞切, 刀刀見血, 這般用心. 若不出生死, 則諸佛墮妄語矣. 故在家出家, 但知生死心, 便是出生死的時節也. 豈更有別妙法哉."

정토법문이 이행도이므로 누구나 다 수행할 수 있다고 하였다. 그래도 상근의 사람들은 능히 유심정토를 바로 깨달을 수 있지만, 거의 대다수의 둔근인들은 당장에 깨닫기 어렵다. 이처럼 당장에 깨닫지 못하는 사람들을 위해 이행도의 방편이 더 절실하다. 오로지 일심염불一心念佛하여 부처님 원력의 가피로 연화국에 왕생하여 견불하고 보리를 증득할 수 있기 때문이다.

따라서 감산 선사는 "선을 참구하여 깨닫기는 어려우나[參究難悟] 염불로 이루기는 쉽다[念佛易成]."라고 하였다. 또한 "많은 선자들이 생사 해탈에 실패하는 반면, 정토를 행하는 사람들은 쉽게 생사를 해탈한다. 그 이유가 무엇인가. 선에서는 생각을 떠나야[離想] 하지만, 염불에서는 생각에 집중하기[顓想] 때문이다."라고 하였다.

염불행자들이 생각을 집중하여 쉽게 생사해탈을 이루기 위해서 당연히 일률적으로 참구염불을 강조하게 되는 것이다. 다만 공구염불空口念佛(입으로만 하는 염불)에 머무는 이들에게 지적하여 말하기를, "명호를 집지하는 것은 단지 염불의 외형적인 형식일 뿐 진정한 염불은 본래 생사를 벗어나는 것이니, 전자는 원인이며 후자는 결과이다."라고 하였다.

생사해탈이라는 대명제를 염두에 둔다면 결국 염불이 구경에 생사의 뿌리를 끊기 위한 것이다. 그런데 단지 왕생만을 구하고 있다면 염불과 생사는 별로 상관없는 것이 된다. 염불이란 오로지 부처를 염念하는 것임과 동시에 부처를 증장[長]시키는 것이다. 중생이란 지금 불각不覺의 중생이지만 본래는 본각本覺의 부처라는 이중성을 동시에 갖고 있기 때문에 불각의 입장에서는 부처를 염해야 되고 본각의 입장에서는 부처를 드러내어 증장시켜야 한다. 애욕의 무명을 걷어 내면 진여의 본성이 드러나기 때문이다. 따라서 감산 선사는 애욕을 끊을 것을 당부하며 다음과 같이 강조하고 있다.

"부처님께서는 오직 생사를 요달할 수 있다고 말했다. 만약 생사의 뿌리를 모른다고 한다면, 필경 어디로 가겠다는 것인가. 만약 염불하는 마음이 생사의 뿌리를 끊어 버리지 못한다면 생사를 어떻게 요득하겠는가. 무엇이 생사의 뿌리인가. 고인이 말하기를, '업이 무겁지 않으면 사바세계에 태어나지 않고, 애착을 끊지 못하면 정토에 나지 못한다.'라고 하였다. 이로써 애근愛根이 생사의 뿌리임을 알 수 있다. 일체중생이 생사의 고통을 받는 것은 모두 애욕의 허물이다."[336]

---

[336] 『憨山老人夢遊集』卷第七「示念佛切要」.『卍續藏經』127, p.297下. "只說佛可以了生死. 若不知死生根株, 畢竟向何處念. 若念佛的心斷不得生死根株, 如何了得生死. 如何是生死根株. 古人云, 業不重不生娑婆, 愛不斷不生淨土. 示知愛根乃生

애욕의 뿌리를 완전히 끊고 생사를 해탈하기 위해서는 입으로 하는 구칭염불口稱念佛이나 공구염불空口念佛로는 이루어질 수 없다. 오로지 온몸과 온 마음을 다하여 행하는 참구염불만이 생사해탈의 길로 나아갈 수 있다. 감산 선사 또한 스스로 요해한 바의 염불이 일반적으로 형식만 갖추고 행하는 칭명염불과는 구별된다는 것을 알리기 위해 참구염불參究念佛로써 정토수행의 본질을 지시하고 있는 것이다.

명말의 불교계는 대다수 선자들이 보편적으로 선정겸수적인 입장에서 수증문을 제시하고 있다. 특히 감산덕청 선사에 있어서는 선종 우위의 입장에서 정토를 수용하고 있음을 볼 수 있다. 그러나 감산 선사의 선과 정토 양자에 대한 관심의 경중을 따진다면 또한 구분하기 어렵다. 선과 정토가 상자상보相資相補의 관계 속에서 겸수가 이루어지고 있기 때문이다.

다만 명말의 불교가 선禪 중심에서 점차 이행문易行門인 정토로 귀향하는 추세가 역력한 것은 시대적 과제임이 분명하다고 하겠다. 이러한 가운데 감산 선사는 여전히 선사로서 선禪 중심의 사상과 실천에 주력하고 있지만, 다른 한편으로 과감하게 정토를 수용

死之根株. 以一切衆生受生死之苦, 皆愛慾之過也."

하여 선정겸수를 선양하고 있다. 이와 같이 감산덕청 선사 시대로부터 선정쌍수에 입각한 '염불시수念佛是誰'라는 화두를 매개로 한 염불과 화두를 함께 닦는 염불선念佛禪이 보편적으로 전개되고 있음을 볼 수 있다.

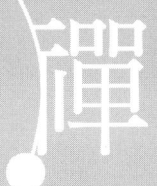

제5장
한국 선사들의 정토 사상

보조지눌普照知訥 선사(1158~1210)는 지리산 상무주암에서 『대혜어록』을 열람하다가 "선정은 고요한 곳에도 있지 않고 또 시끄러운 곳에도 있지 않고, 생각하고 분별하는 곳에도 있지 않다. 그러나 먼저 고요한 곳이나 시끄러운 곳이나 날마다 일용하여 반연하는 곳에서 분별하는 곳을 버리고 진실로 참구하라. 문득 눈이 열리면 비로소 그것이 집안일임을 알 것이다."[337]라는 구절에 이르러 개오하였다.

이후 조계의 불법을 중흥시키기 위해 정혜결사定慧結社를 결맹하고, 아울러 선교겸수를 주장하고 선오후수先悟後修의 입장에서 돈오점수를 강조하였다. 주지하는 바와 같이 정혜결사는 정혜定慧를 쌍수하는 선수행 중심의 결사로서 한국 선불교의 전승과 발전에 지대한 영향을 미쳤다.

보조 선사는 『근수정혜결사문』에서 "모든 대승 경론의 뜻을 의지하여 밝은 증명으로 삼아, 현재 전하는 (수행)문에서 신해信解하여 밝음을 드러낸 연유로서의 이치와 아울러 나고 죽으며 정토와 예토에 왕래하는 득실得失을 간략히 밝힌다."[338]라고 하였다. 이는 정

---

337 『大慧語錄』. "禪定不在靜處, 亦不在鬧處, 亦不在思量分別處. 然則靜處鬧處, 皆日用攀緣處也. 棄分別而眞究之. 忽然開眼, 始知是家常事."
338 『勤修定慧結社文』. "皆依大乘經論之義, 爲明證, 略辯現傳門, 信解發明之由致, 幷

혜定慧를 닦아 심지를 밝히는 이치와 정토왕생의 이치를 동시에 밝히고 있는 것이다.

『근수정혜결사문』에서 먼저 문답을 통해 법성정토法性淨土를 밝히고 있다. 법성정토는 일찍이 원효 대사가 언급한 바가 있다. '수행하는 사람들이 비록 정혜를 닦고 있지만 대부분 도력이 미치지 못하니, 정토를 구하지 않고 예토에 머물러 있으면 역경계를 당해서 물러날 염려가 있지 않겠는가?'라는 물음에 이렇게 답하고 있다.

"만약 대심大心 중생이라면, 이 최상승의 법문을 의지해서 사대四大는 물거품과 허깨비와 같고 육진六塵 심식은 허공꽃과 같으며, 자심自心이 불심佛心이고 자성自性이 법성法性이며, 본래부터 번뇌의 성품을 스스로 여의어 성성惺惺하며 역력歷歷함을 결정적으로 신해信解한다. … 비록 방편과 삼매로 혼침과 산란을 여의는 공功이 있지만, 반연하는 생각과 분별이 참성품[眞性] 가운데의 연기라는 것을 알기 때문에 성품의 깨끗함에 맡겨도 취하거나 거두어들이는 모양이 없다. 비록 바깥 연緣의 어기고 따르는 경계를 대하더라도 오직 마음[唯心]임을 알아서 자신과 타

出生入死淨穢往來之得失."

인, 주체와 대상이 없기 때문에 사랑과 미움, 성냄과 기쁨이 멋대로 생기지 않는다. 이와 같이 법에 맡겨 습기를 고르고 다스려 이치에 맞는 지혜가 더욱 밝아져서 연緣에 따라 중생을 이롭게 하고 보살도를 행하니, 비록 삼계 속에 있지만 법성정토法性淨土 아님이 없다."339

보조 선사는 이른바 "자심自心이 불심佛心이고 자성自性이 법성法性이다."라고 말하고, 또한 일체 경계가 참성품[眞性]의 연기이며, 유심唯心의 드러남을 알기 때문에 비록 삼계에 있지만 이는 법성정토 아님이 없다고 주장하였다. 여기서 말하는 법성정토는 오직 마음임을 깨달은 정토이기에 또한 유심정토唯心淨土이며, 일심을 깨친 것이기에 일심정토一心淨土라고도 한다.

보조 선사는 번뇌를 조복하고 정혜를 닦으면 밝고 고요한 법성의 경지를 깨달을 수 있다고 말하고, 이를 위해서는 자력과 타력이 있음을 밝히고 있다. 이 두 종류의 사람들에 대해 이렇게 말하고

---

339 위의 책. "若是大心衆生, 依此最上乘法門, 決定信解四大如泡幻, 六塵似空花, 自心是佛心, 自性是法性, 從本已來, 煩惱性自離, 惺惺直然惺惺, 歷歷直然歷歷 … 雖有方便三昧, 離昏散之功, 以知緣慮分別, 是眞性中緣起故, 任性淨而無取攝之相. 雖涉外緣違順之境, 爲了唯心, 無自他能所故, 愛憎嗔喜, 任運不生. 如是任法, 調治習氣, 使稱理智增明, 隨緣利物. 行菩薩道, 雖處三界內, 無非法性淨土."

있다.

"혹 자비와 원력이 두터운 사람은 이 세계에서 생사를 싫어하지 않고, 자신도 이롭고 타인도 이롭게 하며, 자비와 지혜를 증장시키며, 대보리를 구하며, 나는 곳에서 부처를 친견하고 법을 듣는 것으로 원을 삼는다. 이 사람은 따로 정토를 구하지 않지만, 또한 어려움을 만나 물러나고 잃을 근심도 없다.

혹 정토와 예토, 괴로움과 즐거움에 좋고 싫어하는 마음이 무거운 사람은, 닦는 바의 정혜와 모든 선근을 회향하여 저 세계(서방정토)에 태어나서 부처님을 친견하고 법을 들어 속히 물러나지 않음을 이루어 다시 되돌아와 중생을 제도하는 것으로 원을 삼는다."[340]

최상승의 사람들은 비록 사바세계에 살더라도 생사를 싫어하지 않고 자력으로 정혜를 닦아 자기도 이롭고 남도 이롭게 하며, 자비

---

[340] 위의 책. "或有悲願重者, 於此世界, 不厭生死, 自利利他, 增長悲智, 求大菩提, 所生之處, 見佛聞法, 以之爲願也. 此人不別求淨土, 亦無逢難退失之患. 或有淨穢苦樂, 欣厭心重者, 所修定慧, 及諸善根廻向, 願求生彼世界, 見佛聞法, 速成不退, 却來度生, 以之爲願也."

와 지혜를 함께 닦아 나는 생마다 견불見佛하고 문법聞法하는 것을 원력으로 하기 때문에 굳이 정토를 구하지 않아도 된다. 그러나 정예淨穢를 분별하고 고락苦樂에 치우쳐 업식이 무거운 사람들은 서방정토에 왕생하여 속히 성불하여 중생을 제도하는 것으로 원을 삼는다고 하였다.

보조 선사는 설사 정토에 나기를 원하는 사람일지라도 또한 두 종류가 있다고 하였다. 하나는 정혜를 닦은 공덕으로 부처님의 경계와 계합하는 경우이고, 다른 하나는 다만 명호만 부르고 거룩한 상호만 생각하며 왕생하기를 희망하는 사람이라고 하였다. 이것은 선정일치의 입장에서 정토를 닦는 것과 오직 칭명稱名과 관상觀像으로만 왕생하고자 하는 사람들을 구분하고 있음을 알 수 있다. 이에 대해 분명하게 우열이 있다고 말하는 것은 정예불이淨穢不二의 중도실상을 모르고 왕생만을 위한 그릇된 정토수행에 대해 비판을 하고 있는 것이다.

자비와 원력이 두터운 상근 수행자가 자력으로 정혜의 공덕과 불경계佛境界가 서로 계합하는 수증을 강조하고 있는 것으로 보아, 선사가 지향하는 바의 정토는 바로 유심정토인 것이다. 이와 같이 유심정토를 주장하는 근거로 부처님과 조사들의 법문을 증거로 들고 있다.

"『정명경』에서 이르기를, '불국토를 청정하게 하고자 한다면 마땅히 그 마음을 청정히 하라. 그 마음이 청정함을 따라 곧 불국토도 청정해진다.'라고 하였다. 『법보기단경』에서 이르기를, '마음에 다만 깨끗하지 않음만 없다면 서방이 여기서 멀지 않다. 성품이 깨끗하지 않은 마음을 일으킨다면 어떤 부처가 와서 맞이하겠는가.'라고 하였다. 연수 선사가 말하기를, '마음을 알면 바야흐로 유심정토에 나고, 경계에 집착하면 단지 반연攀緣하는 바의 경계 가운데 떨어질 것이다.'라고 하였다."[341]

보조 선사는 위에서 불조사가 설한 바의 정토왕생은 모두 자기 마음을 여의지 않는다고 말하고, 자기 마음을 떠나서는 그 어디에도 갈 수 없다고 하였다. 또한 지자 대사의 말씀을 인용하여 "불붙은 수레의 상이 나타나더라도 한 생각 고쳐 참회하는 자는 오히려 왕생할 수 있는데, 하물며 계정혜를 익혀 수행한 도의 힘이겠는가. 공력이 헛되이 없어지지는 않는다."[342]라고 하여, 계정혜를 닦은

---

[341] 위의 책. "淨名經云, 欲淨佛土, 當淨其心. 隨其心淨, 即佛土淨. 法寶記壇經云, 心地但無不淨, 西方去此不遠, 性起不淨之心, 何佛即來迎請. 壽禪師云, 識心方生唯心淨土, 着境只墮所緣境中."
[342] 위의 책. "火車相現, 一念改悔者, 猶能往生, 況戒定慧熏, 修行道力, 功不唐損."

공덕과 정토왕생이 일치함을 거듭 주장하고 있다.

비록 염불하여 왕생을 구하지 않더라도 다만 오직 마음뿐임을 깨닫고, 그에 따라 관찰하면 자연히 안양 국토에 나는 것이 반드시 정해져 의심할 필요가 없다고 하였다. 그러면서 당시에 유심의 도리를 밝히지 않고 모양에 집착해서 정토를 구하는 사람들을 향해 비판하고 있다.

아울러 고산지원 법사의 『아미타경소』의 「서문」을 빌려, 심지 본체인 하나[一者: 한 물건]를 들어 작용의 도리까지 자세히 논술하고 있다. 즉 근본인 하나를 증득하면 오직 마음일 뿐 일체의 중생 경계와 정토의 경계가 본래 텅 비어 없음을 통달하게 된다고 하였다. 또한 정토의 장엄과 왕생이 유심의 경계임을 이렇게 토로하고 있다.

"비록 부처님의 명호를 염念하여 부지런히 왕생을 구하지만, 저 부처님 경계의 장엄하는 등의 일이 옴도 없고 감도 없으며 오직 마음을 의지하여 나타난 진여를 여의지 않음을 아는 것이다. 염하고 염하는 가운데 혼침과 산란을 여의고 정혜를 고르게 하여 밝고 고요한 성품에 어긋나지 않으면, 털끝만큼도 차이 나지 않아서 감응의 길이 통함이 마치 물이 맑으면 달이 나타나고 거울이 깨끗하면 그림자가 분명한 것과 같다. 그러므로 『만선동귀집』에서 이르길, '부처님은 실제로 오지 않았고, 마음 또한 가지 않지만, 감응이 교차하면 오직 마음이 저절로 나타난다.'라고 하였다."[343]

보조 선사는 미타의 본원력으로 원력정토에 왕생하는 것 또한 방편법문으로서 철저히 유심의 경계임을 강조하고, 나아가 정토왕생의 취지를 잘못 이해하고 있는 염불행자들을 향해 엄하게 비판하고 있다. 즉 부처님께서 본원력으로써 방편을 시설하여 몸과 국토를 나타내어 환幻과 같은 장엄으로 중생들을 인도하여 오직 마음일 뿐 경계가 없음을 통달하게 함을 알지 못한다고 하였다.

그리고 염불하여 왕생하면 오온의 몸을 가지고 한량없는 낙을 받는다 하고, 수선자들을 향해 염불해서 왕생을 구하지 않으니 어느 때에 삼계를 벗어나겠는가 하는 등, 도리어 거꾸로 말하고 있다고 꾸짖고 있다. 이와 같이 명상名相을 가지고 정토를 구하는 이들은 마치 모난 나무를 가지고 둥근 구멍을 막으려는 것과 같이 어리

---

[343] 위의 책. "雖念佛名, 勤求往生, 知彼佛境莊嚴等事, 無來無去, 唯依心現, 不離眞如. 念念之中, 離於昏散, 等於定慧, 不違明靜之性, 則分毫不隔, 感應道交, 如水澄月現, 鏡淨影分. 故萬善同歸集云, 佛實不來, 心亦不去, 感應道交, 唯心自現."

석은 사람들이라고 하였다.

선사는 줄곧 유심정토를 강조하고 있지만 하근기의 사람들을 위해서는 불명호를 집지하는 칭명염불 또한 희유하다고 찬탄하고, 비록 최상승의 법을 알지 못하고 수행한다고 해서 이것이 어찌 허물이 되겠느냐고 반문하고 있다. 비석 화상의 『고성염불삼매보왕론』을 인용하여 고성염불高聲念佛로 시작하여 염불삼매를 증득하는 것이 정혜를 함께 닦는 것이라고 강조하고 있다.

"큰 바다에서 목욕하는 사람은 이미 백 가지 냇물을 사용한 것이며, 부처님의 명호를 염하는 사람은 반드시 삼매를 이룬다. 또한 마치 맑은 구슬을 흐린 물에 넣으면 흐린 물이 맑아지지 않을 수 없듯이, 염불을 어지러운 마음에 던지면 어지러운 마음이 부처가 아닐 수 없다. 이미 계합된 뒤에는 마음과 부처가 함께 없으니, 함께 없음은 정定이며 함께 비춤은 혜慧이다. 정혜가 이미 균등하다면 또한 어떤 마음이 부처가 아니며, 어떤 부처가 마음이 아니겠는가. 마음과 부처가 이미 그러하다면 만 가지 경계와 만 가지 연緣이 삼매 아님이 없다."[344]

---

[344] 위의 책. "欲大海者, 已用於百川, 念佛名者, 必成於三昧. 亦猶淸珠下於濁水, 濁水

이러한 뜻이 바로 『문수설반야경』에서 설한 "염불로 일행삼매—行三昧를 얻는다."라고 한 것이라고 말하고, 이러한 뜻을 알지 못하는 사람은 도리어 보는 것마다 애착하는 생각을 가지고 저 부처님의 상호를 관하고, 저 부처님의 명호를 염하면서 날이 오래고 달이 깊어지면 마군과 도깨비에 이끌리는 바가 되어 헛되이 공부를 수고롭게 하여 일생을 망치게 된다고 하였다.

이런 사람들은 『기신론』에서 말하고 있는 "오직 마음뿐임을 생각하면 경계가 곧 없어져서 끝내 괴로움이 되지 않는다."[345]는 도리를 모르기 때문이라고 하였다. 보조 선사의 정토관에서 보면, "함께 정토에 난다[同生淨土]."고 하지만, 대승의 유심법문唯心法門을 배워 정혜를 오로지하는 유심정토와 어리석은 범부와 소승이 마음 밖에서 색色과 상相으로 정토를 취하는 것은 하늘과 땅처럼 나누어진다고 하였다. 이로써 선사가 주장하는 바의 정토는 유심의 정토이며, 미타 또한 자심의 미타임을 확연히 알 수 있다.

이와 같이 보조 선사는 종문의 정안 종사로서 선 수증의 극칙으로 정혜 균등의 유심정토를 설파하면서도, 다른 한편으로 위인실

不得不淸, 念佛投於亂心, 亂心不得不佛. 旣契之後, 心佛雙亡, 雙亡定也, 雙照慧也. 定慧旣均, 亦何心而不佛, 何佛而不心. 心佛旣然, 則萬境萬緣, 無非三昧."

345 위의 책. "當念唯心, 境界卽滅, 終不爲惱."

단爲人悉檀의 근기론에 입각하여 『염불요문念佛要門』을 저술하여 중생의 입도방편入道方便을 시설하고 있다. 『염불요문』「서序」에서 다음과 같이 기술하고 있다.

"경전에 염불법문이 많이 있는데, 염불에도 두 가지가 있다. 하나는, 염불삼매 법문이니, 『능엄경』에 '부처님을 생각하고 부처님을 염하면 현재와 장래에 부처를 보나니, 육근을 모두 단속하고 깨끗한 생각(염불심)이 항상 계속하면 방편을 빌리지 않더라도 저절로 마음이 열린다.'라고 하였으니, 이것은 곧 자력自力으로 염불삼매를 닦아 자성을 깨닫는 것이다. 둘째는, 염불정토 법문이니, 『무량수경』에 법장 비구가 세자재왕불 전에 사십팔대원을 세우고 … 만일 이대로 되지 않으면 성불하지 않겠다고 하였다. 이후 무량겁 동안 난행 고행하여 사십팔원을 성취하여 아미타불이 되었으니, 누구나 이 원력을 믿고 염불 발원하면 결정코 정토에 왕생 성불하는 것이다."

상근 수행자는 자력으로 염불삼매를 닦아 진여자성을 깨닫게 하고, 중하근기의 수행자는 아미타불의 본원력에 의해 왕생정토의 성불문을 개시하고 있다.

보조 선사는 『염불요문』에서 열 가지 염불법을 기술하고 있다. 십종염불은 신업身業을 맑히고 하는 염불인 계신戒身염불, 구업口業을 맑히고 하는 염불인 계구戒口염불, 의업意業을 바르게 하고 하는 염불인 계의戒意염불, 움직이면서 하는 동억動憶염불, 움직이지 않고 하는 정억靜憶염불, 말하면서 하는 어지語持염불, 말하지 않고 하는 묵지黙持염불, 부처님 모습을 그리면서 하는 관상觀像염불, 무심으로 하는 무심無心염불, 부처님이 부처님을 염하는 진여眞如염불이 그것이다.

그 가운데 진여염불이 바로 실상염불에 해당되는 수증방편이라 할 수 있다. 그 내용인즉 "염불하는 마음이 이미 끝머리에 이르러 깨달음이 없이 깨닫는다. 스스로 심心, 의意, 식識이 본래 텅 빈 것임을 알아서 한 가지 밝은 성품이 움직이지 않는다. 모자람 없는 깨달음의 큰 지혜가 밝고 두렷하게 드러나게 된다. 이를 진여염불이라 한다."라고 하였다.

거듭 설하기를, "진여염불의 공功이 사무치면 나날이 때때로 어디에나 아미타불의 청정미묘한 진실된 당체[眞體]가 불현듯 그 앞에 나타난다. 그리고 임종할 때는 아미타불이나 관음보살, 성중聖衆들이 마중하여 구품연대九品蓮臺의 상품상생 극락세계에 왕생한다."라고 하였다.

이상에서 살펴본 바에 의하면, 보조 선사는 유심정토 자성미타를 주장하면서도 열 가지 염불문을 시설하여 말세 중생을 차제적 수증방편을 통해 자비로써 섭수하고, 또한 마지막으로 진여염불로써 선정겸수의 방편을 더하고 있다.

고려 말 태고보우太古普愚 선사(1301~1382)는 분명하게 유심정토와 자성미타를 주장하고 있다. 먼저 아미타불에 대해 정의하기를, "아미타불은 범어로서 무량수불無量壽佛이고, 불佛이란 범어이며 각覺이라 한다."고 하였다. 또한 무량수불에 대해 설명하기를, "사람마다 각각 본성에 큰 영각靈覺이 있는데, 본래 생사가 없고 예나 지금이나 신령하고 밝으며, 청정하고 신묘하여 안락하고 자재하니, 이것이 어찌 무량수불이 아니겠는가."346라고 하였다.

"이 마음을 밝힌 이를 불佛이라 하고, 이 마음을 설한 것을 교敎라 한다. 그러므로 부처님께서 말씀하신 일대장교는 사람들 스스로가 성품을 깨닫도록 지적해 보이신 방편이다. 방편이

---

346 『太古語錄』. "是人人箇箇之本性, 有大靈覺, 本無生死, 亘古今而靈明淨妙, 安樂自在, 此豈不是無量壽佛也."

많지만 요점을 말하면, 유심정토唯心淨土와 자성미타自性彌陀이다. 마음이 청정하면 불토가 청정하고, 본성本性이 나타나면 불신佛身이 나타난다고 하였으니 바로 이것을 두고 말한 것이다."347

즉 부처님의 가르침은 사람들에게 스스로 갖추어진 성품을 깨닫게 하는 방편인데, 이 방편의 핵심 종지는 바로 유심정토이며, 자성미타라고 말하고 있다. 아울러 『유마경』의 말씀을 가지고 와서 "마음이 청정하면 불토가 청정하고, 본성이 나타나면 불신이 나타난다."고 강조하고 있다. 그리고 자성미타의 토대 위에 선과 염불의 겸수를 제시하고 있다.

"아미타불의 청정미묘한 법신이 두루 일체중생의 마음자리에 본래 갖추어져 있다. 그러므로 마음·부처·중생, 이 셋이 본래 차별이 없다고 설하는 것이다. 또한 설하기를, '마음이 곧 부처요, 부처가 바로 마음이라 마음 밖에 부처가 없고 부처 밖에 마음이 없다.'라고 하였다. 이와 같이 진실한 염불을 할 때는

347　위의 책. "云明此心之, 謂佛, 說此心之, 謂敎. 佛說一大藏敎, 指示人人自覺性之方便也. 方便雖多, 以要言之, 則唯心淨土, 自性彌陀. 心淨則佛土淨, 性現卽佛身現, 正謂此耳."

십이 시十二時 가운데 행주좌와에 아미타불의 명호를 심두心頭와 안전眼前에 붙여 두어라. 심안心眼과 불명佛名이 한 덩어리가 되어 마음 마음에 상속하여 생각 생각에 어두워지지 않게 오래오래 공功을 이루면 홀연히 찰나지간에 망념이 끊어진다. 그래서 아미타불의 진실된 당체가 확연히 드러나니, 모름지기 예로부터 변함없는 그 이름이 부처임을 믿을지어다."348

태고 선사는 자성미타의 경전적 근거로 바로 미타의 법신이 중생의 마음자리에 본래 갖추어져 있음을 들고 있다. 또한 『화엄』이 설하고 있는 마음과 부처와 중생이 하나라고 말하고, 선禪의 근본 가르침인 "마음이 곧 부처요, 부처가 바로 마음이라 마음 밖에 부처가 없고 부처 밖에 마음이 없다."는 법문을 설하고 있다.

이러한 선의 바탕 위에 진실한 염불로써 일체 시에 아미타불의 명호를 심두心頭에 두고, 마음과 불명佛名이 하나 되어 염념상속하면 홀연히 망념이 단절되어 자성미타의 당체가 드러나게 된다.

---

348 위의 책. "阿彌陀佛淨妙法身, 遍在一切衆生心地. 故云心佛衆生, 是三無差別. 亦云心卽佛, 佛卽心, 心外無佛, 佛外無心. 如是眞實念佛, 十二時中四威儀內, 以阿彌陀佛名字, 帖在心頭眼前. 心眼佛名, 打成一片, 心心相續, 念念不昧, 久久成功則, 忽爾之間, 心念斷絶. 阿彌陀眞體, 卓需現前, 方信舊來不動名爲佛."

이것이 바로 예로부터 변함없는 부처[舊來不動名爲佛]라고 하였다.

이른바 "구래부동명위불"이란 말은 주지하는 바와 같이 화엄의 요지를 밝힌 의상 조사 법성게法性偈의 마지막 구절이다. 이것은 태고 선사가 주장하는 바의 미타는 선과 정토의 융합인 자성미타임을 확연히 밝힌 대목이다.

그리고 「시백충거사示白忠居士」에서는 『아미타경』에서 설하고 있는 서방정토와 아미타불을 소개하면서, "부처님의 이 말씀에는 매우 비밀한 뜻이 있다."고 환기시키고 선정겸수의 구체적 방법에 대해 자세히 일러 주고 있다.

"아미타불의 이름을 마음속에 두어 언제나 잊지 않고, 생각 생각에 틈이 없이 간절히 참구하고 간절히 참구하십시오. 그리하여 생각과 뜻이 다하거든 '생각하는 이것이 누구인가.'를 돌이켜 관찰하고, 또 '이렇게 돌이켜 보는 이것은 누구인가.' 하고 관찰하십시오. 이렇게 자세히 참구하고 또 자세히 참구하여, 이 마음이 홀연히 끊어지면, 자성미타가 앞에 우뚝 나타나리니 힘쓰고 힘쓰십시오."[349]

---

349 위의 책. "阿彌陀佛名, 當在心頭, 常常不昧, 念念無間, 切切參思, 切切參思. 若思

여기서 말하고 있는 이른바 "생각하는(念하는) 이것이 누구인가[念者是誰]?"와 "돌이켜 보는 이것은 누구인가[返觀者是阿誰]?"는 염불과 화두의 융합인 선정겸수의 전형으로 참구염불 혹은 염불화두법이라고 한다. 태고 선사가 유학한 바 있는 원나라 불교계에서는 몽산덕이 선사 이래, 이미 참구염불이 유행하고 있었기에 그 영향을 받았으리라 유추할 수 있다.

이와 같이 태고 선사는 철저히 유심정토 자성미타를 주장하면서도, 한편으로 칭명염불을 수용하면서 선정겸수의 방편으로 선과 정토를 융회하는 염불화두법을 제시하고 있다고 하겠다.

태고 선사와 동시대를 살다 간 나옹혜근懶翁惠勤 선사(1320~ 1376) 역시 선정겸수의 방편을 제시하고 칭명稱名과 실상實相을 아우르는 염불방편으로 말세 중생을 접인하고 있다. 먼저 자성미타自性彌陀를 표방하며 선정겸수를 제시하고 있는 두 게송을 음미해 보기로 하자.

아미타불이 어디에 있는가. 　　　　　　　　阿彌陀佛在何方

盡意窮, 則返觀念者是誰, 又觀能恁麼返觀者, 又是阿誰. 如是密密參詳, 密密參詳, 此心忽然斷絶, 卽自性彌陀, 卓爾現前, 勉之勉之."

마음에 묶어 간절히 잊지 말지니	着得心頭切莫忘
생각하고 생각 다해 무념처에 이르면	念到念窮無念處
온몸에서 항상 자금색 광명이 빛나리.	六門常放紫金光
자성미타가 어느 곳에 있는가.	自性彌陀何處在
항상 생각 생각에 잊지 말지니	時時念念不須忘
하루아침에 홀연히 번뇌 망념 떨어지면	一朝忽得情塵落
거꾸로 쓰나 횡으로 잡으나 늘 떠나지 않는다.	倒用橫拈常不離

이른바 "아미타불이 어디에 있는가." 혹은 "자성미타가 어느 곳에 있는가."라는 구절은 "염불시수念佛是誰"와 같은 염불화두念佛話頭이며 참구염불參究念佛이다. 다음에 "마음에 묶어 간절히 잊지 말라."고 하는 것과 "항상 생각 생각에 잊지 말라."고 하는 것은 모두 염념상속念念相續하여 끊어짐이 없는 일심염불一心念佛을 말하는 것이다.

그리고 "생각하고 생각 다해 무념처에 이른다."는 것과 "하루아침에 홀연히 번뇌 망념 떨어진다."라는 말은 일념불생一念不生이며 일심불란一心不亂의 염불삼매를 증득하여 능소能所가 끊어진 경지를 나타내는 것이며, 또한 "온몸에서 항상 자금색 광명이 빛난다."라는 것과 "거꾸로 쓰나 횡으로 잡으나 늘 떠나지 않는다."라는 것은 드디어 견불見佛에 이르니, 자성미타가 현전하여 견문각지見聞覺知의 일용日用에 무장무애無障無礙함을 나타내고 있는 것이다.

나옹 선사의 이러한 정토관은 그의 많은 게송에서도 분명히 드러나고 있다. 영창 대군에게 주는 게송에서는 이렇게 말하고 있다.

한 생각을 잊을 때 밝고 분명하니	一念忘時明了了
아미타불 다른 고향에 있지 않네.	彌陀不在別家鄕
온몸이 앉으나 누우나 다 연꽃나라요,	通身坐臥蓮華國
곳곳마다 극락당 아님이 없네.	處處無非極樂堂

나옹 선사의 정토염불관은 연수 선사의 선정일치와 보조 선사의 유심정토唯心淨土 자성미타自性彌陀의 사상을 계승하고 있음을 알 수 있다. 심지어 「완주가」에서는 칭명염불을 할 필요가 없다고 말하면서 염불보다 참선 우위를 드러내기도 한다.

아침에는 죽 먹고 재할 때는 밥 먹으며	喫粥齋時飯
피곤하면 잠자기에 어긋남이 없어라.	打眠也不差
어긋남도 그것이요 바름도 그것이라	差也他正也他
애써 입을 열어 미타를 염할 필요가 없다.	不勞開口念彌陀

다른 한편 나옹 선사는 말법 중생의 근기에 따른 방편으로 서방 정토에 왕생하기를 권장하고 있는 염불정토를 주장하기도 하였다. 「서왕가」와 「승원가」에서 이와 같은 정토관을 피력하고 있다. 「승원가」는 부처님께서 49년 설법에서 이고득락離苦得樂의 길을 보였지만 오탁악세의 말법 시대에 태어나 그 죄가 무거운 까닭에 염불이 유익하다고 하는 가사이다.

「서왕가」는 이미 청정한 불성과 항하사와 같은 공덕을 갖추고 있지만, 말법으로 말미암아 서방 왕생은 더욱 멀어지고 지옥은 가깝다는 내용이다. 그 일부를 살펴보면 다음과 같다.

"염불하지 않는 중생들아! 몇 생을 살려고 속세의 일들만 탐내고 집착하여 애욕에 잠겼느냐? 하루는 열두 시간이요, 한 달은 서른 날인데 어느 날에 한가할 것인가? 청정하고 자비로운 부처님의 성품은 사람마다 가졌거늘, 어느 날에 생각하며 항사공덕은 본래 구족한들 어느 때에 내어 쓸까? 극락세계는 멀어지고 지옥은 가깝구나."

"삼계윤회를 어느 날에 그칠까? 잠깐 동안을 생각하고 마음을 깨쳐 먹고 태허太虛를 생각하니, 산은 첩첩이고 물은 졸졸

흐르고, 바람은 쓸쓸하게 불고 꽃은 밝고 소나무와 대나무는 떨어지는 화장바다를 건너 저어 극락세계 들어가니, 칠보금지七寶金池에 칠보망을 둘렀으니 구경하기 더욱 좋네. 구품연대에 염불 소리 자자하고 푸른 학과 흰 학과 앵무새와 공작새와 금빛 봉황새와 푸른 빛 봉황새가 하는 것은 염불이다. 맑은 바람이 불어오니 염불 소리 아련히 들려오네. 아아! 슬프다. 우리도 인간에 나왔다가 염불 말고 어이할까?"

「서왕가」와 「승원가」에 나타난 염불 사상은 시대와 근기에 상응한 방편을 세워야 하고, 이 시대에 맞는 가르침은 서방정토를 향한 정토일문淨土一門이라는 내용이다. 나옹 화상의 염불선 사상은 염불과 화두의 융합이 아니라, 유심정토 자성미타라는 사상적인 측면에서 염불과 선을 융회하는 선정일치를 주장하며, 수증의 측면에서는 선정겸수적 방편을 제시하고 있다고 할 수 있다.

청허휴정淸虛休靜 선사(1520~1604)는 『선가귀감』에서 유심정토와 자성미타를 강조하면서도 방편으로서의 서방정토와 아미타불을 동시에 권장하고 있다. 먼저 유심정토 자성미타에 대한 소회를 살펴보기로 하자.

"오조 선사가 이르기를, '본래 참마음을 지키는 것이 시방세계의 모든 부처님을 염하는 것보다 수승하다.' 하였고, 육조 대사는 '항상 다른 부처[他佛]를 염하면 생사를 면하지 못할 것이요, 나의 본래 마음을 지키면 곧 피안에 이른다.' 하였다. 또 이르기를, '부처는 성품 가운데서 지을 것이며, 몸 밖에서 찾지 말라.' 하고, 또 '미혹한 사람은 염불하여 왕생하기를 구하지만 깨달은 사람은 스스로 그 마음을 청정하게 한다.'고 하였다. 또 이르기를, '대저 중생이 마음을 깨달아 스스로 제도하는 것이지, 부처님이 중생을 제도하는 것이 아니다.'라고 하였다."[350]

여기서 청허 선사는 오조 홍인 선사의 수본진심守本眞心과 육조 혜능 선사의 자성자도自性自度의 법문을 인용해서 선문의 바른 가르침을 제시하고, 자기 성품이 미타임을 강조하고 있다. 또한 근기론의 입장에서 미혹한 사람과 깨달은 사람의 근기에 따라 염불왕생과 자정기심自淨其心을 나누어 설명하고 있다. 이른바 자정기심自淨其心 오심자도悟心自度의 법문은 마음이 부처요, 청정심이 정토라고 하는

---

[350] 『禪家龜鑑』. "五祖云, 守本眞心, 勝念十方諸佛. 六祖云, 常念他佛, 不免生死, 守我本心, 卽到彼岸. 又云, 佛向性中作, 莫向身外求. 又云, 迷人念佛求生, 悟人自淨其心. 又云, 大抵衆生, 悟心自度, 佛不能度衆生."

유심정토 자성미타의 가르침이며, 수증론에서 보면, 자력의 성도문聖道門에 해당하는 것이다.

즉 이근利根 보살은 마음자리를 바로 깨달아 생사를 돈망頓忘할 수 있지만, 둔근鈍根 중생은 근기가 하열하여 불보살의 한량없는 자비의 본원력本願力을 빌리지 않을 수 없다. 사정이 이러하기에 휴정 선사는 최상승의 심지법문心地法門을 설하면서, 한편으로 염불방편을 수용하여 정토왕생을 권하고 있다.

> "이치로는 실로 그렇지만, 또한 적문迹門(방편문)에서는 진실로 극락세계 아미타불의 사십팔대원이 있으니, 무릇 열 번만 염하는 자는 이 원력의 힘으로 연꽃 태 속에 왕생하여 곧바로 윤회를 벗어난다는 것을 삼세의 모든 부처님이 이구동성으로 말하였고, 시방의 보살들이 함께 왕생하기를 원하는 것이다. 하물며 고금에 극락세계에 왕생한 사람들의 전기가 밝고 밝으니, 원하건대 모든 행자들은 삼가 그릇되게 알지 말고 힘쓰고 또 힘쓰라."[351]

---

[351] 위의 책. "理實如是, 然迹門, 實有極樂世界, 阿彌陀佛, 有四十八大願, 凡念十聲者, 承此願力, 往生蓮胎, 徑脫輪廻. 三世諸佛, 異口同音, 十方菩薩, 同願往生. 又況古今往生之人, 傳記昭昭, 願諸行者, 愼勿錯認, 勉之勉之."

그리고 청허 선사는 염불수행의 방법에 대해 소략하게 언급하고 있다.

"염불이란 입에 있으면 외운다[誦]라고 말하고, 마음에 있으면 생각한다[念]라고 말하는 것이니, 만약 입으로 외우기만 하고 마음으로 생각하지 않는다면, 도道에는 아무 이익이 없느니라."352

이어서 거듭 말하기를, "나무아미타불 여섯 자 법문은 결정코 윤회를 벗어나는 지름길이다. 마음으로는 부처님의 경계를 반연하여 기억하고 받아 지녀 잊지 않으며, 입으로는 부처님의 명호를 분명하게 불러서 어지럽지 않아야 한다. 이와 같이 마음과 입이 상응한 것을 염불이라고 말한다."353라고 하였다.

이와 같이 청허 선사는 방편으로 과감하게 칭명염불을 도입하면서, 입으로만 부르는 송불頌佛을 지양하고 입으로의 송頌과 마음으로의 염念이 하나 되는 송념일치頌念一致가 염불수행의 올바른 방

352　위의 책. "念佛者, 在口曰誦, 在心曰念, 徒誦失念, 於道無益."
353　위의 책. "阿彌陀佛六字法門, 定出輪迴之捷徑也. 心則緣佛境界憶持不忘, 口則稱佛名號分明不亂, 如是心口相應名曰念佛."

편임을 제시해 주고 있다.

그리고 혹시 직지본심直指本心만을 고집하여 "자기 마음이 정토인데 다시 정토에 나기를 바랄 것이 없고, 자기 성품이 아미타불인데 따로 아미타불을 보려고 애쓸 것이 없다."[354]고 말하면서, 염불의 방편이 필요 없다고 하는 이들을 향해 "이 말은 옳은 듯하면서도 그른 것이다."[355]라고 말하면서 다음과 같이 경책하고 있다.

"사람마다 성품은 비록 부처이지만 실지 행동은 중생이므로 그 이치와 현실을 말한다면 하늘과 땅의 차이가 있다. … 그러면 자기 성품이 아미타불이라는 사람에게 말해 보자. 어찌 저절로 된 석가가 있으며 자연히 된 미타가 있겠는가. … 임종을 당하여 숨 끊어지는 마지막 큰 고통이 일어날 때 반드시 자유자재하겠는가. 만약 그와 같이 안 된다면 한때에 억지를 부리다가 길이 악도에 떨어지지 말아야 할 것이다."[356]

---

354 위의 책. "有人云, 自心淨土, 淨土不可生, 自性彌陀, 彌陀不可見."
355 위의 책. "此言, 似是而非也."
356 위의 책. "人人性則雖佛, 而行則衆生, 論其相用, 天地懸隔. … 然則寄語自性彌陀者, 豈有天生釋迦, 自然彌陀耶. … 臨終命時, 生死苦際, 定得自在否. 若不如是, 莫以一時貢高, 却致永劫沈墮."

선禪에서는 중생이 본래부처라고 말한다. 이것은 본각本覺의 입장에서 말한 것이고, 실제 현실에서는 불각不覺의 중생임이 분명하다. 불각의 중생이 본각을 회복하기 위해서는 반드시 수행을 통해 시각始覺을 성취해야 한다. 이 시각과 본각이 합치되는 것이 진정한 깨달음이다. 또한 수행에 있어서는 중생의 근기가 높고 낮음이 있는 까닭에 거기에 맞는 방편이 필요하다. 그래서 이근利根 수행자와 둔근鈍根 수행자를 위한 방편이 다르게 시설되는 것이다.

이에 『선가귀감』에서도 근기에 따른 방편을 달리 설하고 있다. 즉 『아미타경』에 설하기를, "서방정토가 여기서 멀다. 십만 억 국토를 지나가야 한다."라고 한 것은 둔근 중생을 위하여 현실만을 말한 것이요, 역대 조사가 "정토가 멀지 않다.", "마음이 곧 부처이다."라고 말한 것은 영리한 사람들을 위하여 성품을 바로 가리킨 것이다. 그러므로 팔만사천법문에는 권실權實(방편과 실상)이 있고, 교문에는 현밀顯密(드러남과 비밀)이 있는 것이다. 권실에 자재하고 현밀이 융회될 때에 생사해탈의 진여문眞如門이 열리게 된다고 하였다.

청허 선사 역시 여러 선문의 조사들과 마찬가지로 먼저 유심정토 자성미타를 주장하면서도, 다른 한편 중생을 향한 자비로 방편에 따른 염불수행을 제시하고 있다.

조선 말을 살다 간 허주덕진虛舟德眞 화상(1815~1888)은 선사이면서도 교화문에서는 정토의 방편으로 쉽게 말법 중생을 인도하였다. 『정토감주』서문에 이르길, "일찍이 종승宗乘을 깨달아 현풍을 크게 밝혔으니, 진실로 총림의 영수요, 말법의 나루터이자 다리이다."357라고 평하고 있는 것으로 이를 짐작할 수 있다. 선사는 종문의 선정일치禪淨一致에 관한 요긴한 법문을 모아 일심一心으로부터 사십팔원四十八願에 이르기까지 숫자로 배열한 법수法數로 엮어 『정토감주』를 저술하였다.

『정토감주』를 편찬한 연유는 선과 정토의 길이 다르지 않음을 보이는 것이라, "어찌 자비심이 간절하고 사람 제도하는 것을 급한 일로 여겨 생사윤회에서 벗어나는 지름길을 보여 준 것이 아니겠는가."358라고 기술하고 있다.

허주 선사는 『정토감주』에서 『보현행원기』를 참고하여 사종염불四種念佛을 논술하고 있다.

첫 번째는 칭명염불稱名念佛이니, 아미타불의 명호를 부르는 것을 이른다. 밤낮으로 온 마음을 기울여 1만 번을 부르거나 10만 번을 부른다. 이와 같이 하여 오랜 세월이 흐르면 생각마다 끊어지지 않

---

357 虛舟 德眞, 김석균 옮김, 『淨土紺珠』「序」. "早悟宗乘, 大闡玄風, 眞叢林之領袖, 末法之津梁也."
358 위의 책. "豈非慈悲心切, 度人爲急, 指示出要之捷徑也."

고 순일하고 다른 생각이 섞이지 않아 목숨을 마치려 할 때에 반드시 저 부처님이 몸을 나타내어 영접하는 것을 보고 결정코 극락세계에 왕생할 것이다.

두 번째는 관상염불觀像念佛이니, 아미타불의 형상과 상호를 관찰하는 것을 이른다. 입으로 부처님 이름을 부르면 마음이 산란하지 않고, 마음이 산란하지 않으면 본성불本性佛이 따라서 나타난다. 이와 같이 생각마다 끊어지지 않고 순일하고 다른 생각이 섞이지 않으면 목숨을 마치려 할 때 반드시 저 부처님이 몸을 나타내어 영접하는 것을 보고 결정코 극락세계에 왕생할 것이다.

세 번째는 관상염불觀想念佛이니, 단정히 앉아 생각을 바르게 하고 얼굴은 서쪽을 향하며, 마음은 묘관妙觀을 짓는 것을 이른다. 아미타불의 미간에 있는 백호상白毫相의 빛을 생각하거나 나아가 발바닥에 있는 천복륜상千輻輪相을 생각한다. 이와 같이 위에서 아래에 이르고, 아래에서 위로 이르면서 차례대로 관찰하여 관상이 순수해지고 익숙해지면 삼매가 앞에 나타나 목숨을 마치려 할 때에 결정코 극락에 왕생할 것이다.

네 번째는 실상염불實相念佛이니, 아미타불의 법성法性으로서의 몸을 생각하여 바로 실상實相의 이치를 얻는 것을 이른다. 형체도 없고 모양도 없는 것이 허공과 같아 마음과 중생이 본래 평등하다.

이와 같은 생각이 바로 참된 생각이니, 생각마다 상속하여 삼매가 앞에 나타나 결정코 극락세계에 왕생할 것이다.[359]

『정토감주淨土紺珠』에서 언급하고 있는 사종염불은 주지하는 바와 같이 일찍이 남종인 하택종의 조사이며 화엄종의 오조인 규봉 종밀圭峰宗密 선사가 『보현행원품소초』 제4에서 논술한 바 있다. 종밀 선사가 언급하고 있는 사종염불의 대강은 첫째, 부처님의 명호를 염하는 칭명염불稱名念佛, 둘째, 부처님의 원만한 덕상德像을 관찰하는 관상염불觀像念佛, 셋째, 부처님의 무량한 공덕과 공능을 상념想念하는 관상염불觀想念佛, 넷째, 불생불멸의 중도실상을 관하는 실상염불實相念佛이다.

선종과 정토종에서 실행되고 있는 염불수행은 이 4종의 염불을 벗어나지 않는다. 순수 정토종에서는 불명호를 집지하는 전수염불로서의 칭명염불을 주로 하면서 관상觀像과 관상觀想염불을 겸하는 경우가 많으며, 선종에서는 실상實相염불을 강조하며 조도助道로서 칭명稱名·관상觀像·관상觀想염불을 권장하고 있다.

『대지도론』「차제학품장」에서는 실상염불에 대해 설하는 부분이 있다.

---

359 위의 책, 「사종염불四種念佛」. 『普賢行願記』, (동국대학교출판부), p.135.

"수보리야, 어떻게 보살마하살이 염불을 닦느냐 하면, 보살마하살의 염불은 색色으로써 염하지 않고, 수受·상想·행行·식識으로도 염하지 않느니라. 왜냐하면 이 색은 자성自性이 없고 수상행식 또한 자성이 없기 때문이다. 만약 법法에 자성이 없다면 이것은 곧 있는 것이 아니다[無所有]. 왜냐하면 억념할 것이 없기 때문이다. 이것이 곧 (참다운) 염불이니라."

『대지도론』의 설명에 의하면, 초발심 보살은 아직 선정의 힘이 미약하므로 우선은 부처님만을 관하게 한다. 그러나 이미 선정의 힘을 얻은 보살은 부처님의 원만상호를 관하는 관상觀像염불과 부처님의 공덕을 관하는 관상觀想염불에서 더 나아가 중도실상中道實相의 진여불성眞如佛性을 관하는 실상實相염불로 나아가게 하는 것이다.

이와 같이 중도실상의 진여불성을 관하게 하는 실상염불은 바로 선수행과 일치하게 된다. 선수행 또한 중도실상의 진여불성을 깨치는 수증방편에 의거하기 때문이다.

허주 선사는 자조종주慈照宗主 선사의 설을 빌려 일념을 규정하면서 "만일 이 생각이 일어나는 곳을 간파한다면 자성미타요, 바로 조사께서 서쪽에서 온 뜻이다."³⁶⁰라고 하여 선과 정토를 일치시키고 있다. 이와 같이 선정일치, 자성미타를 주장하면서, 다른 한편으로 정토염불을 강조하고 있다.

"염불삼매念佛三昧란 무엇인가? 생각이 전일하고 상想이 고요함을 이른다. 생각이 전일하면 뜻이 하나가 되어 어지럽지 않으며, 상이 고요하면 기氣가 비고 신神이 밝아진다. 기가 비면 지혜는 그 비춤을 편안히 하며, 신이 밝아지면 그윽하여 통하지 않는 곳이 없다."³⁶¹

먼저 염불삼매의 효용을 말하고, 뒤이어 역대 종사로 염불을 외친 이가 십백十百이고, 서방극락에 왕생한 이도 만천萬千이라고 강변하였다. 또 염불하는 사람이 신심이 순수하고 지극하면 정인正因이 늠름하여 생사를 거듭 생각하고 윤회를 절실히 생각하면 허망한 연緣은 구름처럼 흩어지고 어지러운 상想은 얼음 녹듯 사라질 것이라고 하여 염불수행의 중요성에 대해 말하고 있다.

---

360 위의 책. "若覷破此念起處, 卽是自性彌陀, 卽是祖師西來意."
361 위의 책. "念佛三昧者何. 思專想寂之謂. 思專則志一不撓, 想寂則氣虛神朗. 氣虛則智恬其照, 神朗則無幽不徹."

"부처에 즉한 염불[卽佛之念]은 칼끝이 예리한 태아검太阿劍을 옆에 차고 수레에 오른 것과 같고, 염불에 즉한 부처[卽念之佛]는 큰 화륜火輪이 불똥을 튕기며 활활 타는 것과 같다. … 오랫동안 하여 염불이 이루어지면 염불 밖에 다른 부처 없고[念外無別佛], 부처 외에 다른 염불이 없어서[佛外無別念] 몸과 마음이 일치하여 주체와 객체 두 가지를 다 잊으니 생사의 닫힌 문을 부수는 우레이고 미망의 어두운 거리를 밝히는 해와 달이라 할 만하다."362

이른바 "즉불지념[卽佛之念]과 즉념지불[卽念之佛]"이라는 염念과 불佛이 상응하는 염불은 일시에 번뇌망념을 소멸시키고, 몸과 마음, 주와 객을 돈망頓忘하여 생사를 해탈하고 미망을 맑히는 첩경이 된다는 것이다. 허주 선사는 염불을 행함에 있어서 칭명稱名을 수용하면서 특히 "명호를 집지하여 일심불란할 것"을 강조하고 있다.

"지금 단지 '명호를 집지執持하되 일심불란하다[執持名號, 一心不

---

362 위의 책 「自序」. "卽佛之念, 如太阿鋒, 橫按當軒. 卽念之佛, 如大火輪, 星騰燄熾, … 久久念成, 念外無別佛, 佛外無別念, 身心一致, 能所兩忘, 可謂破生死蟄戶之雷霆, 燭迷妄幽衢之日月."

亂].'라는 이 여덟 글자가 바로 집착과 속박에서 벗어나는 비밀스러운 법문이요, 바로 생사를 벗어나는 당당한 큰 길이다. 아침에도 염불하고, 저녁에도 염불하고, 움직일 때도 염불하고, 앉을 때도 염불하여 생각마다 이어지면 저절로 삼매를 이룰 것이다."363

허주 선사는 『연종보감』의 일념一念을 빌려, 명호를 집지하여 일심불란에 이르는 칭명염불을 말하면서, 동시에 선과 정토, 염불과 화두를 융합한 참구염불을 제시하고 있을 뿐만 아니라, 더 나아가 칭명염불과 참구를 함께 행하는 칭참겸수稱參兼修를 말하고 있다.

"지혜의 빛을 돌이켜 '성품을 보면 부처를 이루리니, 그렇다면 끝내 무엇이 나의 본성의 아미타인가?'라고 하며 스스로 살펴보라. 그러고 나서 또 '지금 들고 있는 이 한 생각은 어디에서 일어났는가?'라고 하며 비추어 보라. 이 한 생각을 보아서 타파하고 다시 '이 보고 있는 것은 누구인가?'라는 것을 보고

---

363 위의 책. "今但執持名號, 一心不亂, 此八箇字, 卽是解黏去縛秘密法門, 卽是出生死堂堂大路. 朝念暮念, 行念坐念, 念念相續, 自成三昧."

타파하라. ○ 한참 동안 참구하고 또 나무아미타불을 소리 내어 염불하라. 다시 이와 같이 보고 이와 같이 참구하되 급하고 간절하게 공부해서 끊어지지 않게 하라. … 이와 같이 염불하고 이와 같이 보고 이와 같이 참구하면 홀연히 가거나 머물거나 앉거나 눕는 곳에서 소리를 듣고 빛깔을 볼 때에 막힘없이 밝게 깨달아 직접 본성미타를 볼 것이다. 그러면 안팎의 몸과 마음을 한꺼번에 벗어나고 온 세상이 바로 서방정토이고 삼라만상이 자기 아님이 없게 되니 고요하되 비춤을 잃지 않고 움직이되 고요함을 떠나지 않을 것이다."[364]

보도普度 선사의 『연종보감』이 편찬된 원나라 시기의 중국 불교는 대체로 선과 정토를 겸수하는 수증론이 대세를 이루고 있었으며, 염불과 화두가 결합된 형태인 참구염불이 유행하고 있었다. 허주 선사는 이러한 선정겸수의 수증방편을 그대로 수용하여 자세히 기술하고 있다.

---

[364] 위의 책. "廻光自看云, 見性則成佛, 畢竟那箇, 是我本性彌陀. 却又照覷看, 只今擧底這一念, 從何處起, 覷破這一念, 復又覷破這覷底是誰. ○參良久, 又擧念南無阿彌陀佛, 又如是覷, 如是參, 急切做工夫. … 亦如是擧, 如是看, 如是參, 忽於行住坐臥處, 聞聲見色時, 豁然明悟, 親見本性彌陀, 內外身心一時透脫, 盡乾坤大地, 是箇西方, 萬象森羅, 無非自己, 靜無遺照, 動不離寂."

그리고 허주 선사는 『문수반야경』에서 일행삼매를, 『보왕론』에서 일상삼매를 인용하여 설명하고 있다. 선종과 정토종의 많은 조사가 선정겸수를 거론할 때 반드시 경전상의 일행삼매와 일상삼매를 인용하여 경증을 삼고 있음을 볼 수 있다. 일행삼매와 일상삼매는 선정과 염불을 매개로 얻어지는 삼매이다. 이 두 삼매로 인해서 선정겸수의 방편을 세울 수 있는 근거가 마련되는 것이다.

허주 화상이 선사이면서 동시에 선정겸수를 집대성한 『정토감주』를 편찬한 것은 불교 사상사의 측면에서 이미 각 종파의 수증 방편이 자파의 전유물로 내세울 수 없는 시대가 되었기 때문이다. 선을 닦든 염불을 행하든 화두와 염불을 겸수하든 상관없이 생사해탈이라는 일대사를 해결하면 되기 때문이다.

오늘날 우리와 동시대를 살다 간 무주청화無住淸華 선사(1923~2003) 또한 선정겸수의 입장에서 염불선念佛禪을 주창하였다. 선사의 염불선 사상은 염불이 선이 되고, 선이 염불이 되는 회통적 의미의 사상이다. 선과 염불에 대한 질문에 답한 글의 요지를 살펴보면 그것은 더욱 명확해진다. "자성미타自性彌陀 유심정토唯心淨土라, 우리 본래면목이 바로 아미타불이요, 마음이 청정하면 현실세계 그대로 극락세계이니 염불도 근본 성품을 안 여의고 한다면 참선이요, 참선과 염불이 다를 것이 하나도 없다."³⁶⁵라고 설하고 있다.

다시 말하면 중도실상을 여의지 않는다면 화두참구, 관법, 주력, 염불 모두 다 똑같이 참선이 된다는 회통적 관점에서 염불선 사상을 조명하고 있다. 종문에 전통적으로 내려오는 사상적 계보에서 볼 때 염불선에는 두 종류가 있다. 첫째, 화두에 의한 염불선이요, 둘째, 실상관에 의한 염불선이다. 청화 선사도 이 문제에 대해 언급한 바 있다.

"염불선에는 두 종류가 있다. 하나는 염불에 시심마是甚麼화두를 붙이는 것으로, 염불을 하면서 '염불하는 자가 이 누구인가[念佛是誰]?'라고 참구하는 것이고, 다른 하나는 본래가 부처라는 확신을 가지고 부처님의 법신法身을 관觀하는 것으로, 이것을 실상염불實相念佛이라고도 한다. 중도실상中道實相을 아울러 관觀하는 것이다."³⁶⁶

이른바 '염불시수'를 참구하는 염불선은 송대 법안종의 삼조 영

---

365 『원통불법의 요체』, (벽산문도회, 2008), p.663.
366 『전통선의 향훈』, p.321.

명연수에 의해 선정일치가 주창되고, 송宋·원元·명明대의 많은 선사들에 의해 참구염불이 제시되어, 염불과 화두의 융합으로 이루어진 것이다. 그리고 실상염불에 의한 염불선은 선종의 사조 도신대사로부터 역대 수많은 조사들이 유심정토 자성미타의 입장에서 무상실상無相實相의 불이중도를 깨닫는 수증을 염불선이라 할 수 있다.

청화 선사는 중도실상中道實相, 진여불성眞如佛性, 본래면목本來面目을 관하는 관법觀法에 의한 염불선을 주창하고 있다. 그러면 우선 선사가 말하는 염불의 의의부터 살펴보기로 하자.

"염불이라고 할 때의 염念이란 사람 사람마다 마음에 나타나는 생각을 염이라 하고, 불佛은 사람 사람마다 갖추고 있는 깨달은 근본 성품을 말한다."[367]

염불이란 우리의 생각이 본각의 참성품을 각오覺悟하는 것이라 말한다. 즉 부처와 내가 본래 하나임을 재확인하는 공부라고 말하고 있다. "본래시불本來是佛이니, 자성청정심을 염하는 것이 참다운

---

367 『원통불법의 요체』, p.253.

염불이 되는 것이다."³⁶⁸ 그러므로 생각 생각에 부처를 여의지 않고서 염하는 것이 참다운 상근인의 염불이 되는 것이다.

염불의 종류는 전통 염불의 방법인 칭명염불稱名念佛, 관상염불觀像念佛, 관상염불觀想念佛, 실상염불實相念佛을 그대로 제시하고 있다. 단 이 가운데 특히 실상염불을 강조하며, 실상염불에 대해 "부처의 법신은 있지도 않고 또 공하지도 않은[非有非空] 중도실상의 생명의 광명을 관조하는 염불"³⁶⁹이라고 정의하고 있다.

아울러 실상염불의 중도실상, 진여불성의 실상관에 입각해서 염불을 하게 되면 위에 열거한 모든 염불이 다 실상염불로 회통되어진다고 주장하고 있다. 즉 '관념상 내 본바탕도 역시 부처고, 우주가 모두 다 부처뿐이구나.' 이렇게 생각하면서 그냥 이름만 불러도 그때는 실상염불이 된다는 것이다. 그런데 실상염불이 되면 실상염불 그대로가 염불선이라고 말하고 있다.

"실상염불은 모든 상을 떠나서 부처님의 진리, 중도실상中道實相이라, 이른바 우주에 두루해 있는 부처님의 참다운 생명의

---

368 『마음의 고향』, p.321.
369 『원통불법의 요체』, p.254.

실상, 그 자리를 생각하고 있는 염불이다. 따라서 실상염불이 되면 그때는 바로 염불참선이 된다. 실상염불은 염불선과 둘이 아니다."370

"다음은 실상염불實相念佛이다. 이것은 현상적인 가유假有나 허무에 집착하는 무無를 떠나서 중도실상中道實相의 진여불성眞如佛性 자리, 이른바 법신法身 자리를 생각하는 염불인 것이다. 따라서 진여불성 자리를 생각하는 실상염불이 참다운 본질적인 염불이다. … 부처의 법신法身은 있지도 않고 또한 공空하지도 않은 중도실상中道實相의 생명의 광명을 관조하는 염불이 곧 실상염불이다."371

일반 정토종에서 행하는 순수염불은 아미타불의 명호를 부르고 극락세계를 관상觀像하고, 아미타불의 부사의한 무량공덕을 관상觀想하여 극락세계에 왕생함을 그 종지로 한다. 그러나 염불선에서는 자심自心을 비롯한 일체 존재가 본래부처요, 우주의 실상이 바로 극

---

370 『마음의 고향』, pp.323~324.
371 위의 책, p.225.

락세계임을 관념하며 닦을 것을 주문한다.

"우리 중생들은 부처님을 저 밖에다 두고 부르고 외우면 복을 주고 도움도 준다는 식으로 염불을 한다. 이런 것은 참선이 못 된다. 오로지 '내 마음이 바로 부처님이요, 우주가 부처 아님이 없다.' 이렇게 생각하고 해야 진정한 염불선이 되는 것이다."[372]

물론 부처님 이름만 부르고, 마음 밖에 부처를 두고 복을 비는 염불을 하더라도 공덕이 없는 것은 아니라고 한다. 모든 불보살님들의 서원력이 있고, 특히 관세음보살은 어렵고 힘든 이가 내 이름만 불러도 다 구원해 주겠다는 원력이 있으므로 그 수분에 따라 유루有漏의 공덕을 성취할 수도 있겠지만, 염불은 이행문易行門이라 이왕 부르는 이름에 중도실상을 관하며 부르게 되면 실상염불이 되고 또한 염불선이 된다고 하였다.

청화 선사는 염불의 의의意義에 대해 『대지도론』의 법문을 인용하여 설명하고 있다.

---

[372] 위의 책, p.321.

"염念이란 사람 사람마다 마음에 나타나는 일념이며, 불佛이란 사람 사람마다 갖추고 있는 본래 깨달은 참성품이다. 지금 일어나는 한 생각이 본래 깨달은 참성품임을 아는 것은 곧 상근인의 염불이다. 부처와 더불어 둘이 아니요, 부처와 더불어 여의지 않는 행이다."373

염불 공부란 사람마다 눈앞에 일어나고 있는 현전일념現前一念이 본각本覺의 참성품을 깨닫는 것이라고 정의하고, 이것이 참다운 염불이라고 말하고 있다. 다시 말하면 부처와 내가 본래 하나임을 재확인하는 공부라고 주장하고 있다. 생각은 누구나 가지고 있는 것이고, 부처도 우리가 본래 가지고 있는 본각진성本覺眞性인데 생각 생각에 부처를 여의지 않고서 염念하는 것이 참다운 상근인의 염불임을 『지도론』을 통하여 강조하고 있다.374

그리고 염불과 선이 둘이 아님을 부처님의 설법을 경증으로 하여 이렇게 피력하고 있다.

---

373 『大智度論』. "念者人人現前一念也. 佛者人人本覺之眞性也. 現前一念覺悟本覺眞性, 卽是可謂, 上根人念佛也. 是與佛不二, 與佛不離之行也."
374 『원통불법의 요체』, p.223.

"염불은 부처님 당시부터 염불念佛 · 염법念法 · 염승念僧이라고 무슨 경전에나 다 나와 있고 원래 우리가 부처이기 때문에 또 부처가 되어야 하기 때문에, 염불은 따지고 보면 내가 참나를 생각하는 것이다. 본래부처가 부처를 생각하기 때문에 역시 선禪이 된다."[375]

선수행과 정토염불이 모두 본래부처를 드러내기 위해 수증하는 것이기 때문에 선정겸수가 되고 선정일치가 되는 것이다. 따라서 청화 선사는 선과 염불을 함께 닦는 것을 염불선念佛禪이라 하고, "염불선도 역시 원래 최상승선 도리이다."[376]라고 주장하고 있다.

또한 "염불도 부처가 밖에 있다고 생각하고 행복스러운 극락이 십만 억 밖에 있다고 생각할 때에 방편이 되는 것이지만, 자기 마음이 바로 부처요, 만법이 본래부처일 때는 바로 선禪이 되는 것이다."[377]라고 강조하고 있다.

그리고 중도실상의 진여불성을 밝히기 위해 닦아 가는 염불삼매에 대해 인因과 과果의 두 경계가 있다고 하였다. "일심으로 부처

---

[375] 위의 책. p.218.
[376] 위의 책. p.215.
[377] 위의 책. p.216.

님의 상호를 관하는 관상염불觀像念佛을 하거나, 또는 일심으로 법신의 실상을 관하는 실상염불實相念佛을 하거나, 혹은 일심으로 부처의 명호를 외우는 행법을 인행因行의 염불삼매라고 한다. … 또 우리가 견성하기 전에, 인행의 염불삼매가 성숙되면 마음이 선정에 들어가서 혹은 시방불十方佛이 현전現前하며 혹은 법신의 실상, 이른바 진여불성에 계합되는데 이것을 과성果成의 염불삼매라고 한다."[378]

인행因行의 염불삼매와 과성果成의 염불삼매가 원만하게 이루어지게 되면 저절로 중도실상의 진여불성을 증득하게 되는 것이다. 이것이 실상염불이며, 염불선이 되는 것이다. 이로써 선禪과 염불은 하나의 수증으로 귀결되어 선정겸수가 이루어지게 된다. 이상과 같이 청화 선사는 철저히 선정일치의 입장에서 중도실상을 염하는 실상염불에 의한 염불선을 강조하고 있다.

---

[378] 위의 책, p.228.

| 결론 |

　본서本書는 선과 정토라는 불교 수행 전통이 각각의 역사와 전통에 의한 실천체계를 발전시켜 왔음에도 불구하고, 궁극적으로 동일한 해탈과 성불을 지향한다는 근본적인 통찰에 기반하여 수증론적 회통의 역사를 탐구하였다.

　특히 선종과 정토종이 전개해 온 다양한 사상과 실천 방법론을 천착하면서, 선정겸수라는 융합적 수행 방편을 중심으로 정합성을 이론적이고 실천적으로 밝히고자 하였다. 이러한 문제의식은 오늘날처럼 다변화된 사회 속에서 수행 전통 간의 융합이 필연적으로 요청되는 시대적 상황을 일부 반영하고 있다. 따라서 본서 집필의 결론은 단순한 역사적 정리나 교리의 비교를 넘어 현대적 수행의 방향성에 대한 탐색으로 이어지길 기대한다.

선은 자력自力수행에 의거하여 직지인심直指人心 견성성불見性成佛을 강조한다. 따라서 수선자는 일체의 외적 경계를 떨쳐 내고, 오로지 자기 본성(본심)을 직관하여 깨달음을 성취한다. 이 과정은 반조, 좌선, 참선, 화두참구 등을 통해 이루어지며, 본래면목本來面目을 밝혀 생사를 해탈하는 데 초점이 맞추어져 있다.

반면에 순수 정토는 타력의 의존을 통해 왕생정토往生淨土를 추구한다. 염불자는 아미타불의 본원력本願力에 의거하는 지속적인 염불을 통해 신信·원願·행行을 갖추어 극락정토에 왕생하는 것을 목표로 삼는다. 여기서 신은 절대적 믿음, 원은 간절한 발원, 행은 끊임없는 염불수행을 의미한다.

이와 같이 선과 정토는 수행방법과 표면적 지향점에서 큰 차이를 보인다. 하지만 두 전통 모두 종국에는 중생이 본래 지닌 청정심淸淨心, 즉 불성佛性을 발현하여 해탈하고자 하는 것을 최종 귀착점으로 함에 있어 깊은 동질성을 공유하고 있다.

선정겸수禪淨兼修란 선의 자력수행과 정토의 타력수행을 함께 실천하는 수행방법론을 말한다. 이는 선과 정토가 본질적으로 대립되는 것이 아님을 전제로 하며, 오히려 상호 보완적 관계를 이룰 수 있다는 깊은 이해에 기반하고 있다. 선종에서는 일념불생一念不生의 경지와 정토종의 일심불란一心不亂의 경지가 동일한 수증의 경지임을 시사한다. 이는 선정겸수가 교리적 논리뿐만 아니라, 수행적 실천에서도 융합이 가능하다는 것을 보여 준다.

이런 의미에서 『관무량수경』의 '시심시불是心是佛 시심작불是心作佛'은 선과 정토, 양 방면에서 모두 융합의 경증으로 채택되고 있다. 또한 『대승기신론』과 같은 대승불교의 핵심 논서에도 일심一心의 청정성과 본각本覺의 실현을 강조하고 있으며, 이는 선·정토 양측의 궁극적 이상과 상통한다. 이러한 점에서 선정겸수는 교리의 절충이 아니라, 오히려 대승불교의 본래 정신인 원융무애圓融無碍 사상의 구체적 실현이라고 평가할 수 있다.

특히 선에서 말하는 견성見性과 정토에서 말하는 견불見佛은 각각 표현에서 차이를 나타내지만 모두 중생의 본래심성本來心性을 깨닫고, 불생불멸不生不滅의 중도실상中道實相을 증득하는 것으로 수렴된다.

즉 선은 일념불생一念不生의 견성見性을 말하고, 정토는 일심불란一心不亂의 견불見佛을 말한다. 본래의 성품을 바로 보는 것이 선이라고 한다면, 자성의 미타를 보는 것이 정토다. 즉 선의 종지는 견성見性하는 데 있고, 정토淨土의 종지는 견불見佛하는 데 있다.

견성見性이 성품[性]을 보는[見] 것이라면, 성품[性]이란 무엇인가. 성품[性]이란 일체의 상相이 공空한 자리를 드러내는 이름이다. 상相을 보되 상에 집착하지 않고 상相이 텅 빈 공空의 자리, 즉 성性을 보는 것이 견성見性이다.

정토에서는 염불삼매念佛三昧를 통해 서방미타西方彌陀를 친견하든, 자성미타自性彌陀에 득입하든 미타의 경지를 증득하는 것이 바로 견불見佛이다. 그런데 경에 설하길, "상相을 보지 않는 것이 부처를 보는 것[見佛]이다."라고 하였다.

따라서 상相이 공한 자리인 성性을 보는 것이 선禪에서는 견성見性이요, 정토淨土에서는 견불見佛이 되는 것이다. 그러므로 선禪의 견성見性과 정토淨土의 견불見佛은 결코 둘이 아니다. 견성과 견불이 결코 둘이 아닐진대 참선과 염불이 어찌 다를 수 있겠는가. 따라서 선의 참구參究와 정토의 염불念佛을 함께 닦는 선정겸수禪淨兼修가 성립되는 것이다.

다시 말하면, 선은 견성見性, 즉 스스로의 본래면목本來面目을 깨닫는 것을 최고의 목적으로 삼고, 정토는 아미타불의 본원력本願力과 중생의 신행을 통해 왕생을 이루어 성불成佛에 이르는 길을 제시한다. 외형적으로 보기에는 주체와 방법, 언어와 형식이 다르지만, 양자는 모두 본질적으로 중생의 본성本性에 내재한 불성佛性(中道實相)을 실현하는 데 초점을 두고 있으며, 이러한 본질적인 면에서 선과 정토는 근원적으로 일치할 수밖에 없다.

특히 초기 선종에서는 일념불생一念不生과 정토의 일심불란一心不亂을 융회하여, 안심安心과 염불을 중도실상中道實相의 이치로 회통시키고 있음을 볼 수 있다. 당말 오대로부터 원명대에 이르기까지 영명연수, 몽산덕이, 중봉명본, 감산덕청 등 여러 선사들도 칭명염불稱名念佛의 방편으로부터 실상염불實相念佛로 나아가는 선정일치禪淨一致, 선정겸수禪淨兼修의 방향성을 제시하였다.

한편, 정토종의 조사들도 선禪적 요소를 적극적으로 수용하였다. 남북조 시대의 여산혜원 선사는 백련결사白蓮結社를 결맹하여 염불念佛과 수선修禪을 병수하였다. 또한 당대 정토종의 담란 대사는 『왕생론주』에서 무생법인無生法忍의 이치를 밝히며, 정토로의 왕생이 단순한 공간 이동이 아니라, 본질적으로는 중생의 심성 자각임을 역설하였다.

선도 대사 역시 아미타불의 본원력本願力에 의지하는 신행을 강조하면서도, 궁극에는 일심一心의 깨달음을 지향하였다. 또한 혜일, 법조 대사 등도 선과 정토가 둘이 아님을 역설하여 정토의 수행도 본질적으로는 자성의 정화와 깨달음을 추구하는 것임을 주장하였다.

이와 같이 정토종 계열의 여러 조사들도 단순한 정토왕생淨土往生을 넘어서 무생무멸無生無滅의 실상實相을 지향하였음을 볼 때, 선과 정토는 중도실상中道實相의 자각과 실천이라는 궁극의 지향점이 다르지 않음을 알 수 있다. 특히 선과 정토 양종兩宗의 조사로 추앙받는 연지대사 운서주굉은 "염불은 곧 참구參究이며, 참구는 곧 염불"이라 하여 선과 정토의 수행론적 일치를 강조하였다.

이러한 사상과 실천을 바탕으로 하여 본서에서 선정일치禪淨一致와 선정겸수禪淨兼修의 연원과 수증의 체계를 탐색해 본 결과는 다음과 같다.

선종에서 가장 먼저 선정일치의 사상적 융합을 시도한 선사는 사조 도신이다. 도신 선사는 『문수설반야경』의 일행삼매一行三昧를 인용하여 선과 염불의 융회를 도모하였다. 즉 일행삼매의 방법론적 내용인 반야바라밀을 통해 선수행과 염불수행을 통합하고, 『반야경』의 "생각하는 바가 없는 것[無所念]이 염불"이라는 것으로 선염병수禪念幷修를 주장하였다.

신라의 원효 대사는 일찍이 『무량수경종요』에서 "예토와 정토도 본래일심本來一心이요, 생사와 열반도 궁극에는 둘이 아니다."라고 하여 일심정토一心淨土를 주장하였다. 정토의 상相과 생生에 대해 "무상無相에 들어갔기에 상相 아닌 바가 없고, 무생無生을 깨달았기에 생生하지 않는 바가 없다."라고 하여 무상無相의 상相으로 정토를 장엄하고 무생無生의 생生으로 정토의 왕생을 설하여 일심정토一心淨土

내지 법성정토法性淨土를 말하고 있다.

북종의 신수 선사 또한 무생방편無生方便의 수증에 있어서 좌선입도坐禪入道와 일시염불一時念佛의 수행을 통해 좌선과 염불을 병수하는 전통을 전승하고 있다. 그리고 남종의 혜능 선사 역시 『단경』에서 유심정토唯心淨土와 자성미타自性彌陀를 주장하며, 출가와 재가를 막론하고 자성청정自性淸淨을 깨달아 유심唯心의 정토에 무생無生의 생生을 돈증頓證할 것을 독려하고 있다.

신라의 무상 선사 또한 일찍이 당唐나라에 건너가 오조 홍인의 제자 지선 선사 계통의 법맥을 계승하여 심인心印을 인가받았다. 자주(사천) 지역에서 정중종淨衆宗을 설립하여 인성염불引聲念佛을 행한 뒤에, 무억無憶 · 무념無念 · 막망莫忘의 삼구설법을 제창하여 선수행과 염불수행의 융합을 도모하였다. 이 또한 선정겸수의 연원으로 기여하고 있다.

홍인 선사의 또 다른 십대 제자의 한 분인 선십宣什 선사 또한 자주를 중심으로 남산염불문선종南山念佛門禪宗을 창립하여 '전향존불법傳香存佛法'이라는 독특한 수증방편을 통해 선과 염불을 융회하고 있다. 여기서 행해지는 일자염불一字念佛은 칭명의 염불수행에 존불存佛이라는 선수행이 도입되는 염선병수念禪幷修의 방편으로 이루어지고 있다.

한편 정토종 계통에서도 선도 대사가 왕생往生의 생生을 무생無生이라고 정의하였다. 이른바 무생이란 바로 무생무멸無生無滅의 중도실상中道實相을 증득하는 것으로 선禪과 정토淨土에서 함께 설하는 종지이다.

이를 계승한 정토종의 자민혜일 대사 또한 『문수설반야경』의 일행삼매一行三昧에 의거하여 선정겸수를 논하고 있다. 아울러 정토왕생을 '순식지간瞬息之間에 환지본토還至本土하는 것'이라고 하여 선禪수증의 경지로 표현하고 있음을 볼 수 있다.

정토종의 법조 대사 또한 오회염불五會念佛을 통한 염불삼매를 제창하고, '염불삼매가 진정한 무상심묘無上深妙의 선문禪門'이라고 주장하고 있다. 아울러 오회염불을 통한 염불삼매가 이사쌍수理事雙修이며, 상무상념相無相念이며, 중도실상中道實相의 정관正觀과 상응한다고 하여 선정겸수의 종지를 표방하고 있다.

선문禪門에서 사상과 실천적 방면에서 본격적으로 선정일치禪淨一致와 선정겸수禪淨兼修를 확립한 분이 바로 선종 5가 가운데 법안종의 3대 조사인 영명연수 선사이다. 선사는 일심중도一心中道를 바탕으로 선교겸수禪敎兼修, 선정쌍수禪淨雙修, 삼교일치三敎一致 등을 주장한 일대 종사이다.

연수 선사는 『종경록』 100권과 『만선동귀집』 등의 저술을 통해 마음으로 종지를 삼기에[以心爲宗], 일심一心이 미혹하면 중생이요, 일심을 깨달으면 부처라고 정의하고, 마음이 밝은 거울과 같기 때문에 거울의 본체는 적이상조寂而常照하고, 거울의 작용은 조이상적照而常寂하여 언제나 일심중도一心中道를 드러내고 있다고 하였다.

연수 선사의 선정겸수 사상 역시 일심중도一心中道의 내용인 제법실상諸法實相의 바탕 위에서 전개되고 있다.『종경록』에서 "제법의 실상을 보는 것을 견불見佛"이라 하고, "필경에 공空하여 있는 바가 없는 법이 염불"이라고 정의하였다. 중생들이 마음이 부처임을 알지 못하여 밖을 향해 부처를 구하므로 중하근기를 위해 칭명염불과 관상염불의 방편을 통하여 밖으로부터 안을 밝혀 점차적으로 자기 마음을 깨닫게 하고, 상근기를 위해 바로 색신色身의 실상實相을 깨닫게[見性] 하니, 부처를 보게[見佛] 하는 것도 마찬가지라고 하였다.

이와 같이 근기론에 대응하여 상근기를 위해서는 유심정토 자성미타를 바로 깨닫게 하고, 중하근기를 위해서는 칭명이나 관상의 염불을 통한 점진적 방편을 권장하였다. 특히 제법의 실상을 단박에 깨칠 수 있는 이근利根 수행자를 위해 실상을 바로 보아 견불에 이르는 즉심염불卽心念佛을 강조하고 있다.

그리고『주심부』에서는 "마음마다 부처를 지으니 한 마음도 불심 아님이 없고, 곳곳마다 도가 이루어지니 한 티끌도 불국토 아님이 없다."라고 하여 유심唯心의 불국과 자성自性의 미타를 연설하고 있다. 아울러 선정일치의 관점에서 "유심으로 염불하고 유심으로 관하면 두루 만법을 포섭하니, 이미 경계가 유심임을 요달하면, 요달한 그 마음이 곧 부처이다. 그러므로 염念하는 바를 따라 부처 아님이 없다."라고 하였다. 이는 선정일치의 사상과 실천의 극치를 보여 주고 있다.

연수 선사는 유심정토唯心淨土를 강조하면서도 한편으로 말법 중생들을 위해 원력정토願力淨土를 권장하고 있다. 원력정토의 가르침은 금생에 염불삼매를 성취하여 아미타불을 친견하여 정법으로 살아가고, 임종 시에 즉시 아미타불의 접인으로 극락정토에 수생하여 무생법인無生法忍을 증득하는 염불수행법이다.

아울러 선정쌍수의 이론과 실천이 이理와 사事의 양 방면에서 이루어지고 있음을 밝히고 있다. 즉 중도실상中道實相의 이치[理]에서 선과 정토가 불이不二라는 입장에서 선정일치禪淨一致를 제창하고, 구체적 실천의 방편인 사事의 입장에서 선과 정토가 상보적相補的 수행으로서의 선정겸수禪淨兼修를 주장하고 있다.

또한 선정겸수의 백미라고 할 수 있는 「선정사료간」을 설하여 이후 전개되는 종문에 지대한 영향을 미치고 있다. 요간料簡 가운데 '유선유정토有禪有淨土'에서 "선禪이 있고 정토가 있으면 마치 뿔난 호랑이와 같아서 현세에는 사람의 스승이 되고 내생에는 부처와 조사가 된다."라고 하여 선정겸수의 표본을 제시하였다.

영명연수 선사의 정토관을 계승하고 있는 원대의 몽산, 중봉, 천여 등 선사들은 선정겸수의 구체적 방법론에 입각하여 임제종 계열의 화두수행과 정토종 계통의 염불수행을 접목하는 염불화두법을 제시하고 있다.

몽산덕이 선사는 「몽산화상염불화두법」을 제시하여, 구체적으로 "염불하는 자가 누구인가[念者是誰]?"와 "염불하는 자가 어느 곳으로 돌아가는가[念者歸何處]?" 등을 참구하도록 하였다. 중봉명본 선사 또한 연수 선사의 일심 사상을 계승하여 '만법귀일심萬法歸一心'을 주장하고 화두참구에 의한 간화선의 중흥을 염원하고 아울러 실참실오實參實悟할 것을 강조하였다. 즉 실참實參이란 결정코 생사의 무상無常을 초월하고 한 점의 불법의 지해知解를 구하지 않는 것이며, 실오實悟란 지금 한 생각에 생사의 무상無常이 단박에 공空함을 깨달아 한 점의 불법의 지해知解가 없어야 하는 것이라고 말하였다.

중봉 선사는 선과 정토를 일심一心으로 회통하여 "선정과 정토는 모두 같은 일심이니, 체는 하나지만 이름이 둘일 뿐이다."라고 하였다. 아울러 "내 마음이 곧 미타요[我心卽彌陀], 이곳이 곧 정토다[此方卽淨土]."라고 말하여, 자성미타 유심정토를 주장하였다. 심지어 "아미타불은 염불하는 중생이다."라고 하여 수오일여修悟一如에 의한 인즉불人卽佛의 인불人佛 사상을 고취시키고 있다.

그리고 선정일치의 입장에서 "선은 곧 정토의 선이며, 정토는 곧 선의 정토다."라고 주장하고, 선정겸수의 구체적인 한 방편으로 "본래면목本來面目화두를 염불하는 마음에 두라."고 제시하였다. 이에 비해 중봉 선사의 제자 천여유칙 선사는 "아미타불 네 글자를 가지고 화두를 지어 가라."고 말하고 있다. 그런데 중봉과 유칙 두 선사 모두 구체적 참구방법을 제시하지 않고 다만 본래면목화두를 염불하는 마음에 두라고 하고, 혹은 아미타불 네 글자를 가지고 화두를 지어 가라고만 하고 있을 뿐이다.

감산덕청 선사 역시 일심一心을 종지로 하여 유심정토와 자성미타를 강조하고 있다. 그래서 "지금 염하는 바의 부처는 곧 자성미타요, 구하는 바의 정토는 곧 유심극락이다. 모든 사람이 만일 능히 생각마다 잊지 않는다면 마음마다 미타가 출현하고 걸음마다 극락의 고향인데, 또 어찌 멀리 십만 억 국토 밖에 따로 있는 정토에 돌아가겠는가?"라고 하였다.

또한 참선은 생각을 떠나는 것[離想]이고, 정토는 생각을 오로지

하는 것[顚想]이라고 하였다. 생각을 떠나든 오로지하든, 생각이 공空한 무상실상無相實相의 그 자리를 체득할 뿐이다. 다만 무상실상의 본질인 성품을 보면 견성見性이요, 무상실상의 현상인 부처를 보면 견불見佛이 되는 것이다.

견성하는 참선과 견불하는 염불이 많은 공통점을 가지고 있으나, 모두 생사해탈로 귀결된다. 그러나 감산 선사는 실천수행의 입장에서 보면 선보다는 염불이 간단하고 용이하므로 이를 이행도易行道라고 말하였다. 따라서 "선을 참구하여 깨닫기는 어렵지만[參究難悟], 염불로 이루기는 용이하다[念佛易成]."라고 하였다.

그리고 또한 "많은 선자禪者들이 생사해탈에 실패하는 반면, 정토를 행하는 사람들은 쉽게 생사를 해탈한다."라고 진단하고, 그 이유가 바로 "선에서는 생각을 떠나야[離想] 하지만, 염불에서는 생각에 집중하기[顚想] 때문"이라고 하였다. 선의 화두참구는 참구를 통해 망념을 떨쳐 내어 여의는 데 그 효용이 있으므로 이상離想이라 말하고, 정토의 염불삼매는 일심을 통해 본성을 드러내는 데 그 작용이 있으므로 전상顚想이라고 한 것이다.

여기서 감산 선사가 참구염불參究念佛을 강조하는 것은 '염불시수念佛是誰'라는 염불화두법이 이상離想과 전상顚想을 동시에 작동시키는 공용이 있기 때문인 것이다. 이는 칭명의 전수염불專修念佛은 왕생에 그 주안점을 두지만, 참구염불參究念佛은 생사의 뿌리를 끊어 내 해탈하는 데 그 목적이 있기 때문이다.

참구염불의 방편이 오로지 부처를 염念하는 동시에 부처를 증장시키는(드러내는) 공능을 함께 이루는 것이다. 중생이란 불각不覺이라는 현재태를 가지고 살아가지만, 그 본래태에 있어서는 본각本覺의 부처라는 중층적 내용을 동시에 갖추고 있기 때문에 불각의 입장에서는 부처를 염해야 되겠지만, 본각의 입장에서는 부처를 드러내 증장시켜야 한다.

이러한 수증의 효용에 입각하여 감산 선사는 몽산덕이 선사의 '염자시수念者是誰'와 단운지철 선사의 '염불적시수念佛的是誰'를 계승하여 본격적으로 '염불시수念佛是誰'를 참구하는 참구염불로서의 참선염불공안을 제시하고 있다. 다시 말하면, 오늘날 종문에서 참구하고 있는 '염불시수念佛是誰'라는 정형화된 화두의 완정完整한 형태는 원대元代 몽산 선사의 '염자시수念者是誰'로 시작되어 지철 선사의 '염불적시수念佛的是誰'를 거쳐 명말明末 감산 선사 시대에 이르러 '염불시수念佛是誰'로 보편화되고 있음을 볼 수 있다.

감산 선사는 참구염불이란 "화두를 참구하는 마음으로 하는 염불"이라고 말하고, "한 소리 아미타불을 화두로 하여 참구하는 것으로 다만 한 소리 아미타불을 제시하여 곧 '염불하는 자가 누구인가?'라고 의심하는 것"이라고 하였다. 이것이 바로 염불화두선念佛話頭禪이라고 주장하였다. 이로부터 염불과 화두를 병합하는 염불선이 확립되고 있다.

그런데 여기서 '염불시수念佛是誰'의 화두는 정토의 '염불자念佛者'와 선의 '누구[誰]?'라고 하는 화두의 조합이라고 할 수 있다. 또한 여기서 말하는 누구[誰]는 결국 '이것이 무엇인가[是甚麼]?'라는 화두의 전형으로서 곧 '염불하는 이것이 무엇인가[念佛是甚麼]?'라는 의미로 물어야 하는 화두인 것이다. 그래서 '염불시수念佛是誰'가 염불과 화두의 결합 형태로 본다면, '염불시심마念佛是甚麼'가 그 내용이 되는 까닭에 이것을 네 자로 축약하면 염불시사念佛是啥(염불하는 이것이 무엇인가?)'로 대치되는 것이 더욱 적합할 것이다.

다시 말하면, 염불시수念佛是誰의 '수誰'는 '누구' 혹은 '어떤 사람'이라는 막연하지만 모종의 인격체人格體를 전제로 하고 있기 때문에, '시심마是甚麼'라고 하는 무전제無前提, 무규정無規定이라는 화두의 절대성에 비추어 볼 때 '무엇인가[甚麼, 什麼]?'라는 물음과 어감상의 차이가 존재하고 있다. 그러하기 때문에 염불念佛과 시심마是甚麼의 결합이라는 의미에서 보면 염불시사念佛是啥가 더욱 적확한 물음(참구)이 되는 것이다.

다시 말하면, '염불시수念佛是誰'와 '염불시사念佛是啥'가 궁극적 참

결론 • 435

구의 입장에서는 같은 의미이지만, '수誰'라고 하는 말은 이미 '누구'라는 인격적 의미가 내포되어 있는 반면, '심마甚麽'의 뜻을 대신하고 있는 '사啥'는 '무엇'이라고 하는 화두의 근원적 물음에 더 적합한 용어가 될 수 있기 때문이다. 그래서 염불과 화두의 조합적인 측면에서 보면 전통의 '염불시수念佛是誰(염불하는 자가 누구인가?)'보다는 '염불시사念佛是啥(염불하는 이것이 무엇인가?)'로 참구하는 것이 더 바람직한 것이 될 수 있다.

지금까지 천착하고 도출한 선정겸수의 관점은 단순한 사상적 조합을 넘어, 수행자의 실제 생활과 실천 과정에 있어서도 깊은 함의를 제공하고 있다. 일상 속에서 염불하며 동시에 무심無心을 지향하는 수행자는 번뇌 속에서도 불성佛性을 잊지 않고, 현실 세계 속에서도 열반의 경지를 추구할 수 있다. 이것이 바로 "삶이 수행이요, 생활이 참선(염불)이다."라고 하는 생수일여生修一如의 경지이다. 선불교의 실천정신과 정토종의 신앙심을 조화시켜 항상 삶 속에서 "깨어 있고 열려 있는" 매우 구체적이고 현실적인 수행방식이다.

현대적 명상이나 선수행의 맥락에서도 선정겸수의 논의는 매우 유의미하다. 오늘날의 수행자들은 급변하는 사회적·심리적 환경 속에서 심각한 번뇌와 불안에 직면해 있다. 이러한 상황에서 오직 자력만을 의지하거나, 반대로 오직 타력만을 의지하는 수행방식은 한계를 지닌다.

선과 정토를 통합하는 선정겸수의 방편은, 자력과 타력, 통찰과 신행을 함께 아우름으로써 현대인의 복합적인 영적 요구에 효과적으로 대응할 수 있다. 실제로 현대 불교계에서도 "선정일치禪淨一致", "염선병수念禪幷修"를 강조하는 흐름이 점차 축적되고 있으며, 이는 선과 정토의 통합적 이해가 단순한 이론적 주장에 그치지 않고, 실천적 필요에 의한 요청임을 방증하고 있다.

이상의 논의를 종합하면, 선과 정토는 각기 독립적인 수행 전통으로서 고유한 특징과 깊이를 지니고 있으면서도, 궁극의 목표인 본성 자각과 해탈성불解脫成佛이라는 지향점에서는 근본적으로 일치한다. 그리고 선정겸수는 이러한 이질성과 동질성의 긴장 관계를 창조적으로 통합함으로써, 수행의 완성과 심화, 그리고 대중적 확산까지 모두 아우를 수 있는 길을 제시한다.

따라서 본서의 집필은 선과 정토의 통합적 이해를 단순한 종합이나 절충이 아닌, 대승불교 본연의 원융적 정신에 부합하는 심오한 수증론으로 평가한다. 앞으로의 연구에서는 선정겸수의 다양한 구체적 실천법, 현대 사회에서의 적용 가능성, 그리고 선과 정토 융합의 심리적·사회적 효과에 대한 심층적 탐구가 지속되어야 할 것이다. 아울러 한국 불교를 비롯한 다양한 문화권에서의 선과 정토의 통합 양상에 대한 비교 연구도 병행함으로써, 보다 입체적이고 세계불교적 시각에서 이 문제를 조명할 필요가 있다.

궁극적으로 선과 정토는 둘이 아니며, 모든 중생이 자신의 본성 속에 이미 갖추고 있는 청정한 진여불성의 자각을 실현하는 길임을 깊이 인식할 때, 우리는 수행과 신행의 양극단을 넘어서는 진정한 자유와 해탈의 길에 한 걸음 더 다가설 수 있을 것이다.

선정겸수
禪淨兼修
생각 생각 화두, 걸음 걸음 정토

초판 1쇄 발행 2025년 8월 25일

●
지은이   월암

펴낸이   오세룡
편집   손미숙 박성화 윤예지 김윤미
기획   곽은영 이수연
디자인   고혜정 김효선 최지혜
홍보·마케팅   정성진

●
펴낸곳   담앤북스
주소   서울특별시 종로구 새문안로3길 23 경희궁의 아침 4단지 805호
대표전화   02-765-1251(영업부) 02-765-1250(편집부)
전송   02-764-1251
전자우편   dhamenbooks@naver.com

●
출판등록   제300-2011-115호

●
ISBN 979-11-6201-553-7 (03220)
정가 28,000원

●
이 책은 저작권법에 따라 보호받는 저작물이므로 무단 전재와 복제를 금합니다.
이 책 내용의 전부 또는 일부를 이용하려면 반드시 저작권자와 담앤북스의 서면 동의를 받아야 합니다.